**Architektur Jahrbuch**
Architecture Annual

1994

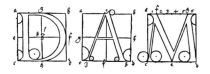

Architektur Jahrbuch
Architecture Annual

Herausgegeben vom

Deutschen Architektur-Museum, Frankfurt am Main
Vittorio Magnago Lampugnani und Annette Becker

Mit Beiträgen von

Achim Felz, Niels Gormsen, Hans Kollhoff, Stefan W. Krieg,
Ansgar Steinhausen und Anette Struck

und Baukritiken von

Wolfgang Bachmann, Katharina Hegewisch, Falk Jaeger,
Lothar Juckel, Ursula Kleefisch-Jobst, Steffen Krämer,
Karin Leydecker, Angeli Sachs, Romana Schneider,
Sabine Schneider, Ulrich Maximilian Schumann
und Wilfried Wang

Prestel
München · New York

Herausgegeben von Vittorio Magnago Lampugnani
und Annette Becker im Auftrag des Dezernats für
Kultur und Freizeit, Amt für Wissenschaft und Kunst
der Stadt Frankfurt am Main

Redaktion: Annette Becker
Übersetzungen ins Englische: Ishbel Flett

Umschlagmotiv:
Christoph Mäckler, Umbau eines Bürohauses,
Frankfurt am Main. Verglastes Treppenhaus
(Foto: Waltraud Krase)

Die Deutsche Bibliothek – CIP-Einheitsaufnahme:

Deutsches Architektur-Museum <Frankfurt, Main>:
DAM Architektur Jahrbuch.../hrsg. vom Deutschen
Architektur-Museum, Frankfurt am Main. Hrsg. im Auftr.
des Dezernats für Kultur und Freizeit, Amt für Wissenschaft
und Kunst der Stadt Frankfurt am Main. – München: Prestel.
Erscheint jährlich. – Aufnahme nach 1992
Bis 1991 u. d. T.: Jahrbuch für Architektur
ISSN 0942-7481
NE: HST

© Prestel-Verlag, München/New York und
    Deutsches Architektur-Museum, Frankfurt am Main, 1994

Prestel-Verlag
Mandlstraße 26, D-80802 München
Tel. (0 89) 38 17 09-0, Fax 38 17 09-35

Deutsches Architektur-Museum
Schaumainkai 43, D-60596 Frankfurt am Main
Tel. (0 69) 21 23 84 71, Fax 21 23 77 21

Gestaltung: Heinz Ross, München

Umschlagkonzept: KMS·Graphik, München
Reproduktionen: Karl Dörfel Reproduktions-GmbH, München
Satz: Max Vornehm GmbH, München
Druck: aprinta GmbH & Co. Druck-KG, Wemding
Bindung: Ludwig Auer GmbH, Donauwörth
Papier: Arctic Natura Book, TCF,
der Firma Håfreströms AB, Schweden

Printed in Germany

ISSN 0942-7481
ISBN 3-7913-1395-5

Inhalt Contents

Vorwort

Dieses ist das zwölfte Jahrbuch, welches das Deutsche Architektur-Museum herausgibt, und das dritte, das mit einem neuen Konzept erscheint. Die Publikation nimmt, so hoffen wir wenigstens, nach und nach eine schärfere und deutlichere Kontur an. Und sie hat sich, das bestätigt der ansehnliche Kreis unserer Leser, als Ort der kritischen Bilanz über jeweils ein Jahr Architekturproduktion in Deutschland etabliert.

Im letzten Jahrbuch versuchten wir, die Kriterien der Auswahl, die ein Buch wie das unsere natürlich immer verlangt, zu artikulieren. Wir faßten sie unter dem Begriff der Neuen Einfachheit zusammen.

Diesen Auswahlkriterien bleibt auch das vorliegende Jahrbuch treu. Sollte die damalige theoretische Formulierung Anlaß zu Mißverständnissen gegeben und eine enge oder gar tendenziöse Wahl suggeriert haben, so denken wir, daß die Projektauswahl des letzten und vor allem dieses Jahrbuchs dieses Mißverständnis aus dem Weg zu räumen vermag. Zu viel Unterschiedliches ist dort und hier zusammengetragen, als daß wir guten Gewissens der Orthodoxie oder der Ideologisierung bezichtigt werden könnten. Über die Auswahl selbst freilich kann, ja muß im Detail Dissens herrschen: dementsprechend stellen wir sie zur Diskussion. Kein Dissens kann indessen über unser Bemühen bestehen, innerhalb einer klaren Linie, die wir zu verfolgen uns vorgenommen haben, die Offenheit walten zu lassen, die jeder lebendigen Kultur eignet.

Die Unterscheidung ist wichtig. Die zeitgenössische Architekturdebatte scheint uns zuweilen nur eine Gewißheit (man könnte auch sagen: ein Dogma) zu pflegen, nämlich jene, daß es keine Gewißheit gibt und auch keine geben kann. Als Aussage einer seriösen kritischen Auseinandersetzung mit zeitgenössischem Bauen scheint uns dies zu wenig. Natürlich sind wir weit davon entfernt zu glauben, den Stein der Weisen gefunden zu haben und der Architektur den Weg weisen zu können. Doch meinen wir, Hypothesen aufstellen zu können und müssen über die Richtung, die das Bauen in den nächsten Jahren einschlagen sollte. Wir wollen nicht nur Zeugen der architektonischen Kultur der Gegenwart sein, sondern, so gut es uns gelingen mag, auch aktiv zu ihr beitragen.

Dieses tut in seiner Arbeit das Deutsche Architektur-Museum, und dieses tut auch das vorliegende Jahrbuch. Es hat, wie alle anderen Jahrbücher zuvor, ein Thema, das wir für aktuell, ja brisant halten: den Massenwohnungsbau.

Wir haben uns bemüht, mit den einleitenden Essays dieser Bauaufgabe unter den unterschiedlichsten Gesichtspunkten näherzutreten. Wir haben uns daran anschließend auf die Suche begeben nach jenem Massenwohnungsbau – ein fürchterliches Wort oder, wie Achim Felz schreibt, zumindest ein martialischer Begriff, aber zur Bezeichnung einer großen Anzahl von Wohnungen durch keinen besseren Terminus zu ersetzen –, und sind dabei immer mehr zu der Erkenntnis gelangt, uns auf der Suche nach einem ›verlorenen Wohnungsbau‹ zu befinden. Zwar ist es nur die Romangestalt des Architekten in Ayn Rands ›The Fountainhead‹, der seine durch viele beteiligte Institutionen veränderte Architektur sprengt und zerstört; aber ein Architekt, der seinen Bau beschreibt als »zum Schluß vom Bauherrn in der Ausführung ohne Architekten übernommen, was man an den veränderten Fenstern, dem Eingang, den Regenrohren, der Ecklösung und einem ganzen niemals geplanten Anbau sähe«, mag ähnlich empfinden. Es überwiegt also mit wenigen Ausnahmen auch in diesem Jahrbuch doch die kleinere architektonische Einheit: ganz einfach, weil sich dort die Entwurfsidee konsequenter durchsetzen läßt.

Bei allem Interesse für die Form haben wir den Maßstab der Neuen Einfachheit nicht rein ästhetisch angelegt. Er bezieht sich, viel weiter ausgreifend, auf die Architekturhaltung, die wir in den einzelnen Projekten gewärtigen zu können glaubten. Sie berücksichtigt die ideologischen, politischen, ökonomischen, funktionalen und kulturellen Implikationen von Architektur und zieht sie zu ihrer kritischen Bewertung hinzu. Denn weder der Begriff der Neuen Einfachheit noch seine Handhabung sollen restriktiv verstanden werden im Sinn der Ausschließung von Komplexität; im Gegenteil. Die Handhabung muß Architektur als Ganzes umfassen, von ihrer Benutzung bis hin zu ihrer Mitteilungskraft. Und der Begriff selbst, weit davon entfernt, Armseligkeit zu umschreiben, steht für die Sublimierung von Reichtum.

Daß dieser Reichtum mit überflüssiger materieller Opulenz und anmaßendem Protz nichts gemein hat, sondern im Zeichen der Intelligenz stehen muß, ist, davon sind wir überzeugt, ein Imperativ unserer Zeit.

Vittorio Magnago Lampugnani
Annette Becker

Unsere Bitte an unsere Leser möchten wir wiederholen. Es ist möglich, Fachpublikationen zu verfolgen, an Jurysitzungen teilzunehmen und sich selbst umzuschauen, um neue Architektur kennenzulernen; dies alles aber kann durch eine aufmerksame Leserschaft sehr bereichert werden. Wir möchten daher unsere Leser erneut bitten, sich mit Projektvorschlägen und Anregungen an die Redaktion des Architektur-Jahrbuchs, Deutsches Architektur-Museum, Hedderichstraße 108–110, 60596 Frankfurt am Main, zu wenden.

Foreword

This is the twelfth issue of the DAM Annual and the third to be based on our new concept, which, we hope, has by now given the publication a distinctive profile. A steadily increasing readership would certainly seem to indicate that the Annual has established itself as a widely esteemed critical survey of each year's architectural output in Germany.

In the previous issue, under the heading 'A New Simplicity', we described the criteria underlying the selection process that inevitably belongs to a publication of this kind. The work presented in the present Annual has been chosen according to those same criteria. If our theoretical outline gave rise to misunderstandings, or if it seemed to suggest a narrow, even tendentious selection, we feel that the content of the last Annual, and most certainly of this one, should dispel any doubts. The range of architecture covered in both volumes is far too broad to justify accusations of orthodoxy, let alone of ideological dogmatism. Admittedly, one could, and indeed should, argue about this or that choice – that is precisely the point of putting the selection up for discussion. On the other hand, we have no intention of allowing divergent opinions to side-track us from the clear-cut approach we have elected to pursue or of permitting them to restrict the kind of open-mindedness we regard as indispensable to cultural vitality.

It is important to make this distinction. We feel that the current architectural debate tends, at times, to do little more than perpetuate a certainty (some might call it a dogma): the certainty that nothing is certain and never can be. For us, that falls well short of a serious and critical analysis of contemporary architectural trends. We are, of course, far from finding the philosophers' stone; we do not claim to be able to point architecture in the right direction. Even so, we do feel that we can – and should – propose a few hypotheses concerning the path that architecture ought to take over the next few years. We want to do more than simply bear witness to the architecture of today: we want, as far as possible, to make an active contribution. That is an integral part of the work of the Deutsches Architektur-Museum and an important function of this Annual.

Like previous issues of the Annual, this one addresses a subject we consider to be of crucial topical significance. This time, that subject is mass housing construction (not an elegant term by any means – Achim Felz even describes it as 'martial' – but retained here for want of a better one). In our introductory essays we sought to approach the matter from a number of angles. We then set out to find contemporary examples of quality mass housing, only to come to the conclusion that we were engaged in a search for something that had already been made to disappear. In Ayn Rand's novel *The Fountainhead* the architect-hero demolishes his own building after it has been disfigured to the point of unrecognizability by the many institutions involved. The architect who told us that his building had eventually been 'taken over by the client without the architect, as you can see from the altered windows, the entrance, the guttering, the corner and an extension that was never planned' may well wish that he could do the same. Hence, in this Annual it is again the smaller architectural unit that predominates, quite simply because it permits a more consistent realization of the design idea.

In spite of the importance we attach to form, our New Simplicity is no purely aesthetic yardstick. It refers, much more broadly, to an architectural attitude that we felt we could detect in the individual projects. It takes into account the ideological, political, economic, functional and cultural implications of architecture and includes them in its critical appraisal. After all, neither the concept of New Simplicity nor its application should be regarded in the narrow sense of excluding complexity. On the contrary, it must be employed in a way that comprises every aspect of architecture, from function to expression. The term itself, far from circumscribing poverty, stands for the sublimation of richness. The kind of richness we are talking about has nothing whatsoever in common with superfluous material opulence and pomp, and has everything to do with the kind of intelligent, thinking approach that we believe is urgently needed in our day and age.

Vittorio Magnago Lampugnani
Annette Becker

Once again, we wish to ask a favour of our readers. It is fine for us to read the relevant literature, to serve on competition panels and to investigate new architecture ourselves. Our work can, however, be enriched by an attentive readership. If you have any ideas or suggestions for projects suitable for inclusion, please send them to the editors of the *Architecture Annual* at the Deutsches Architektur-Museum, Hedderichstrasse 108–110, D-60596 Frankfurt am Main, Germany. It would be much appreciated.

Hans Kollhoff **Markt und Wert**

Die Industrialisierung des Bauens, eine Zauberformel der modernen Architektur, vielleicht ihre radikalste Vision, kann als ausgelotet betrachtet werden. Vom Kunststoffhaus in Pillenform bis zur Produktion ganzer Städte in Betonfertigteilen vom Fließband – es wurde alles versucht, und die Bilanz ist ernüchternd. Selbst die als revolutionär eingestuften Beispiele stehen in einem bemitleidenswerten Zustand, viele sind inzwischen abgerissen. Das hat seine Logik, denn nicht wenige der Projekte, die mit industriellen Fertigungsmethoden produziert wurden, hatten provisorischen Charakter – das Haus wird nicht mehr für die Ewigkeit geplant, hieß es, das Haus ist dem Verschleiß ausgesetzt, wie das Auto, es wird nach einigen Jahren abgerissen und durch ein moderneres ersetzt.

Wir sind inzwischen weit entfernt von dieser fortschrittseligen Naivität; ökologisch und ökonomisch sensibilisiert, stehen wir den Produkten unserer Überfluß- und Wegwerfgesellschaft kritisch gegenüber. Was so verheißungsvoll begann, die Teilhabe des Bauens an den Segnungen der Massenproduktion, schlägt heute, den wertfreien Gesetzen des Marktes folgend, unerbittlich zurück. Produziert wird, was Käufer findet. Gekauft wird, was billig ist und etwas hermacht, also das raffiniert dekorierte Billigprodukt auf unterstem Anspruchsniveau. Dieses Massenprodukt rückt jede anspruchsvollere Alternative, sei sie auch noch so bewährt, in die Luxuskategorie: Der einfache Holzstuhl wird plötzlich unbezahlbar, weil er nur noch von Nostalgikern und Querköpfen gekauft wird. Dem Stuhl aus der Plastikspritze dagegen, erhältlich in 100 ›Designs‹ und in 1000 Farbkombinationen, gehört die Zukunft.

Neulich wollte ich einen einfachen Holzliegestuhl mit Segeltuchbespannung kaufen – es war aussichtslos. Unter Bergen von Plastikfreizeitmöbeln fand sich kein einziger Holzliegestuhl! Ich landete schließlich in einem Spezialgeschäft für skandinavische Möbel – dort zeigte man mir den gewünschten Stuhl im Katalog und vertröstete mich auf die nächste Saison.

Warum erwähne ich diese Episode? Mir scheint inzwischen durch die Symbiose von industrieller Produktion und Eigengesetzlichkeit des Marktes stillschweigend ein Austausch vollzogen vom bewährten Gebrauchsgegenstand, der umfassenden Ansprüchen gerecht wird, der haltbar und formschön ist und den man gerne in die Hand nimmt, zum schnellebigen ›Design‹, das kaum einem Anspruch genügen muß, außer neu und auffällig zu sein, wenn es auf den Markt kommt.

So finden wir uns in einer Welt aus Produkten, die alle einmal für einen Moment aktuell waren, aber plötzlich veralten und rasch verrotten. Daraus läßt sich kein Haus bauen und schon gar keine Stadt. Wir müßten also den Begriff des Sozialen in unserer Marktwirtschaft umfassender auslegen oder ihm einen Wertbegriff an die Seite stellen. Unter dieser Voraussetzung gäbe ich der Industrialisierung im Bauen noch eine Chance.

Denn das Haus will ein Ort sein, der Geborgenheit vermittelt, und dabei spielt der Faktor Zeit eine wesentliche Rolle, wenngleich sich heute eine Familie nur noch selten über mehrere Generationen an ein Haus bindet. Und eine Stadt ist auf Wachstum angewiesen, sie bedarf der Permanenz des Gebauten, in dem sich das kollektive Gedächtnis manifestieren kann. Selbstverständlich spreche ich von einer europäischen Stadt, allen nomadisierenden Tendenzen zum Trotz.

Im industrialisierten Bauen bleibt das additive Fertigungsprinzip im Gegensatz zum herkömmlichen Bauen sichtbar, oder es ist nur außerordentlich schwierig zu kaschieren. Wer will aber schon in einer zusammengeschraubten Karosserie wohnen mit endlosen Fugen, die verhindern, daß vier Wände, Boden und Decke sich zu einem Raumganzen vereinen. Ein Haus ist eben das Gegenteil eines Autos – durch diese schmerzliche Erfahrung waren wir seit Le Corbusier gezwungen zu gehen.

Der Industrialisierungsprozeß im Bauen hat aber nicht nur einen Wertverfall der Produkte bewirkt, sondern in gleichem Maße den Verfall eines handwerklichen Berufsverständnisses auf dem Bau. Konnte man mit einem Ziegelstein noch jede Toleranz, für das Auge nicht mehr wahrnehmbar, ausgleichen, so wird dies um so schwieriger, je größer die vorgefertigten Elemente werden. Die Ungenauigkeiten summieren sich, und weil man das

Market and Value

The industrialization of architecture would appear to have reached an end-point. Many projects produced using industrial manufacturing methods are provisional – and not even houses are built for eternity any more.

The concept of a social market economy must be interpreted more fully to emphasize the social element, or it must be given a new concept of value if industrialization in architecture is to have any chance.

The industrialization of architecture has led to a decline both in the value of products and in the appreciation of craftsmanship in building. Nevertheless, industrial techniques do offer possibilities of more economic and, perhaps, even better building. The potential lies in the fact that factory production is not affected by weather conditions, that assembly is more precise, assembly times

1
Hans Kollhoff,
Kindertagesstätte,
Frankfurt am Main,
1994, Fassadendetail
(Foto: Dieter Leistner)

shorter and building site organization more rational.

As a number of building regulations have made construction more complicated in recent years, the advantages of industrial architecture may be found to lie particularly in the construction of one and two-storey housing.

Industrialization should be reconsidered critically and market logic should be confronted with a concept of value. Both involve a return to the values of craftsmanship and therefore have to begin at the architect's drawing-board.

2
Hans Kollhoff,
und Christian Rapp,
Wohnhaus ›KNSM-Island‹,
Amsterdam, 1989–94,
Fassadendetail (Foto:
Heinrich Helfenstein)

durch die fabrikmäßige Fertigung eingesparte Geld nicht in eine Uhrmacherpräzision bei der Montage stecken will, werden Vorschriften erlassen, die zentimeterbreite Toleranzen erlauben, welche sich bei entsprechendem Montagetempo zu armdicken Silikonwülsten, siehe Märkisches Viertel, siehe Marzahn, mausern. Man kann mit Betonfertigteilen auch präzise arbeiten, wenngleich man sich dabei einer Schweizer Firma bedienen muß, denn in der Bundesrepublik ist dazu niemand mehr in der Lage. Aber dann schmilzt die Konkurrenzfähigkeit gegenüber einem konventionell erstellten Bau dahin. Also bleibt nur, was in den neuen Ländern flächendeckend geschieht: die Einkleidung holpriger Plattenbauten mit Thermohaut. Ob das dem alten Traum von der Industrialisierung des Bauens entspricht?

Nein, ganz so hoffnungslos will ich das Bild nicht malen. Es gibt durchaus Möglichkeiten, mit industriellen Mitteln ökonomischer, vielleicht sogar besser zu bauen – man sollte sich aber von der Hoffnung verabschieden, daß dies ohne deutlichen Verfall des Ausführungsstandards gegenüber einer herkömmlichen Bauweise zu drastischen Einsparungen führen könnte. Das Einsparungspotential liegt in der witterungsunabhängigen Fabrikfertigung und in der kürzeren Montagezeit sowie in einer optimierten Organisation der Baustelle. Wenn man aber eine saubere Fügung nicht durch die Silikonspritze ersetzen will, wird man einen beträchtlichen Teil des gesparten Geldes in eine präzisere Montage stecken müssen.

Wir sollten dabei nicht außer acht lassen, daß das Bauen durch die in den vergangenen Jahren ständig hochgeschraubten Vorschriften, vor allem im Bereich des Wärmeschutzes, aufwendiger und komplizierter geworden ist, so daß die Vorteile des industrialisierten Bauens vor allem im ein- bis zweigeschossigen Hausbau zu erwarten sein dürften – aber da gab es ja schon in den zwanziger Jahren überzeugende Lösungen, die in den skandinavischen Ländern bis heute Anwendung finden und zu sehr ansprechenden Beispielen geführt haben. In ähnlicher Weise könnte die traditionelle nordamerikanische ›Balloon-Frame‹-Bauweise, gerade weil sie nicht voll industrialisiert ist, sondern aus der Normierung des Lumber-Yard-Angebotes hervorgeht, beispielgebend sein.

Es wird uns nicht erspart bleiben, wenn das Bauen hierzulande nicht noch minderwertiger werden soll, die Möglichkeiten der Industrialisierung kritisch zu überdenken und die Marktlogik mit einem Wertbegriff zu konfrontieren. Beides bedeutet eine Rückbesinnung auf handwerkliche Tugenden, und damit muß im Architekturbüro angefangen werden. Auf dieser Grundlage wäre es eine Herausforderung und ein Vergnügen, neu über die Industrialisierung des Bauens nachzudenken.

Stefan W. Krieg **Gußeiserne Elementbauten**

Die Vorfertigung von Bauelementen ist im Bauwesen die Regel. Auch im traditionellen Stein- oder Holzbau können Gebäude erst errichtet werden, wenn die einzelnen Bauteile vorgefertigt sind und auf der Baustelle bereitliegen. Mit Ausnahme von Ziegeln, deren Standardisierung schon in der römischen Kaiserzeit eine vom Einzelbau unabhängige Vorfertigung erlaubte, wurden Bauelemente üblicherweise nur im Hinblick auf ein bestimmtes Bauprojekt gefertigt. Als nun im 18. Jahrhundert Gußeisenbauteile in Bauten der englischen Textilindustrie Eingang fanden, um die Brandgefahr zu senken, änderte sich daran zunächst nichts. Die Gußeisenbauteile wurden für den jeweiligen Verwendungszweck und das Einzelgebäude entworfen und einzeln angefertigt. Doch gestattete der Herstellungsprozeß eine Sonderentwicklung, wie sie für Beton- und Holzbauteile erst im 20. Jahrhundert maschinentechnisch möglich wurde. Es sei daher zunächst kurz die Herstellungstechnik erläutert.[1]

Der Guß eiserner Bauteile

Als Abraham Darby 1709 zum ersten Mal Steinkohlenkoks statt Holzkohle zur Eisenverhüttung einsetzte, eröffnete er damit den Weg zu vorher ungeahnter Produktionssteigerung. Denn es zeichnete sich im 18. Jahrhundert in ganz Europa ein Holzmangel ab, der auch zu einer Verknappung der Holzkohle führte. Dagegen stand Steinkohle praktisch unbegrenzt zur Verfügung, nachdem mit der Einführung der atmosphärischen Dampfmaschine Newcomens die Wasserhaltung auch in tieferen Kohlegruben mit einer entsprechenden Ausweitung der Förderung möglich geworden war. Schließlich ließ die Benutzung von Steinkohlenkoks eine erhebliche Vergrößerung der Hochöfen und damit der Menge des erzeugten Roheisens zu. Da diese den Bedarf zur Stahlherstellung deutlich überstieg, war es möglich, das Roheisen auch für andere Zwecke nutzbar zu machen. Dies um so mehr, als durch weitere Verbesserungen wie die Winderhitzung (also die Vorwärmung der dem Hochofen zugeführten Luft) der Koksverbrauch gesenkt und zugleich der Eisenertrag je Tonne Erz erheblich gesteigert werden konnte. Zudem war das Koksroheisen durch seinen (aus der Steinkohle stammenden) höheren Schwefelgehalt schlechter zur Stahlerzeugung geeignet. Während Darby zunächst nur an die Herstellung gußeiserner Töpfe gedacht hatte, sollte die eigentliche Bedeutung ab der Wende zum 19. Jahrhundert bei der Anfertigung von Bauteilen für Bauten überwiegend industrieller oder technischer Nutzung und für den Maschinenbau liegen.

Doch war diese Entwicklung nur durch Darbys Einführung der Sandformen (für seine Töpfe) anstelle der vorher üblichen Lehmformen (wie für den Bronzeguß) möglich, da sie die Kosten und die Dauer der Herstellung einer Form erheblich senkte.[2] Der Name Roheisen rührt daher, daß es zunächst üblich war, beim Abstich des Hochofens das flüssige Eisen durch kleine Rinnen im Sandboden der Hütte unmittelbar zu der in den Boden eingetieften Form zu leiten (sog. offener Herdguß). Die Nachteile des Verfahrens – schwankende Eisenqualität, Abhängigkeit des Gusses vom Gang des Hochofens, geringe Produktivität durch die notwendige Nähe der Gußform zum Hochofen – glich man vor allem in der ersten Hälfte des 19. Jahrhunderts durch wichtige Neuentwicklungen aus: Als Gußform verwendete man nun (wie heute noch) einen Formkasten aus Holz oder Stahl, der zusammen mit einem zweiten als Deckel auch den Guß allseitig verzierter Teile ermöglichte; zudem konnte nun die Form vorbereitet werden, während in eine andere gegossen wurde. Für Hohlteile entwickelte man Kerne aus Stahlspindeln mit Strohseilumwicklung und einer dünnen Lehmschicht, die in die Formkästen eingelegt wurden. Um mit dieser kontinuierlichen Formfertigung (die durch Formmaschinen noch beschleunigt wurde) Schritt halten oder

Building with Cast Iron

Cast iron was first employed as a building material in England, which was to remain the leader in this field. The earliest use of cast-iron columns and floor beams was aimed at reducing the fire hazard in the mills of a burgeoning textile industry. Though cast-iron supports were also employed at a fairly early stage in church construction, this never really caught on in England or elsewhere. Visible cast-iron structures were, however, used in civic buildings, such as Henri Labrouste's Bibliothèque Ste-Geneviève.

On the Continent, cast iron began to compete with wood and stone in the 1830s and 1840s; it was used, for example, in civil engineering works, such as bridge construction. However, iron production was not as widespread on the Continent as it was in England.

The casting house of the Bendorf-Sayn foundry, built by Karl Ludwig Althans in 1828–30, has a cast-iron load-bearing structure. It is unusual to find an almost entirely iron-built foundry erected by an industry that normally constructed its production works from cheaper materials: brick masonry spanned with a simple roof structure.

The wings of the Wilhelma in Stuttgart-Bad Canstatt, constructed to designs by Karl Ludwig Zanth in 1842–6, constitute the earliest German instance of a non-industrial edifice built almost wholly of cast-iron components. About the same time, the orangery (1845/51), the main stairway and the entrance tract (both 1851) of the

1
Seite aus dem Musterbuch der von Rollschen Eisenwerke in Clus (CH).
Die Schaftlänge zwischen den Verzierungen ist als »beliebig« angegeben.

2
Montluçon, St-Paul,
Entwurfszeichnung von
Louis-Auguste Boileau

besonders große Stücke gießen zu können, wurden zunächst zusätzliche kleine Öfen neben den Hochöfen aufgestellt, die Teile einer Charge aufnehmen und flüssig halten konnten, bis sie vergossen wurden. Sie führten im Lauf der Zeit zu einer völligen Trennung von Roheisenerzeugung und -guß.

Es erwies sich nämlich als praktischer, das Roheisen am Hochofen in sogenannte Masseln, also Barren zu gießen, um es nach dem Erkalten und einem eventuellen Transport erneut in speziellen Öfen zu schmelzen und zu vergießen. Denn nur am erkalteten Eisen ließen sich mit den damaligen Analysemöglichkeiten Zusammensetzung und Qualität einer Charge beurteilen und durch eine geeignete Mischung verschiedener Roheisensorten für den Guß beeinflussen. Zudem konnten sich so die Gießereien in der Nähe ihrer Kunden, also in den großen Städten, ansiedeln, während die Eisenerzeugung weiter bei Kohle- und Erzminen konzentriert blieb.

Für die Herstellung der Formen benutzte man vielfach Modelle aus Holz, Gips oder (bei häufiger Benutzung) Metall. Sie wurden in den Formsand gepreßt und gestatteten so eine beliebig häufige Wiederholung von Gußstücken in gleichbleibender Qualität. Für ganze Architekturteile wurden freilich oft keine Modelle angefertigt, da sie zu teuer und sperrig gewesen wären, vielmehr wurden die verzierten Teile mit Teilmodellen eingeformt, deren Verbindung untereinander dem Geschick des Formers überlassen war (er war daher nach dem Gießmeister der höchstbezahlte Arbeiter einer Gießerei). Dies mag auch der Grund dafür sein (neben einer vergleichsweise geringen Betriebsgröße der damaligen Gießereien), daß es offenbar keine Versuche gegeben hat, die Technik der Abformung eines Modells zur Normung von Bauteilen über ein Einzelgebäude hinaus zu nutzen. Vielmehr geben

die Musterbücher der Gießereien die Gesamtlänge eiserner Stützen bei vorgegebener Höhe der Dekorteile als »beliebig« an (Abb. 1).[3] Bezeichnenderweise sind die ersten Normungsbemühungen erst bei den Walzprofilen aus Stahl Ende des 19. und Anfang des 20. Jahrhunderts zu verzeichnen, da sie angesichts der aufwendigen Walzgerüste wesentliche Kostenvorteile versprachen. Gußeisenbauteile sind also zwar auf den ersten Blick ein typisches serielles Produkt des Industriezeitalters, von ihrer Herstellungstechnik her mit ihrem hohen Anteil an Handarbeit und Erfahrungswissen aber handwerklich geprägte Einzelstücke. Zeitgenössische Quellen rühmen an gewalzten Stahlprofilen daher auch die Fehlerfreiheit und größere Gleichmäßigkeit im Vergleich zu Gußstücken. Denn trotz einer rudimentären Qualitätskontrolle gab es immer wieder Stücke mit Blasen oder Lunkern, die versteckt im Innern lagen oder an der Oberfläche durch Vergießen mit Blei unsichtbar gemacht worden waren; da die Gießer im Akkord arbeiteten, war ihnen an solcher Vertuschung gelegen.

Die Einführung von Gußeisen in das Bauwesen

Die geschilderten technischen Entwicklungen machen es verständlich, warum England zum Ausgangspunkt der Gußeisenverwendung im Bauwesen wurde und praktisch während der gesamten Gußeisenphase der Architektur die Führung behielt. Nicht von ungefähr wurden die ersten Gußeisenstützen und dann auch die ersten gußeisernen Skelettbauten für die Textilindustrie errichtet, die in der Zeit um 1780 durch die Entwicklung von Maschinen für alle Schritte der Produktion einen gewaltigen Aufschwung nahm.[4] Die berechtigte Furcht vor verheerenden Bränden mit dem Verlust der teuren Maschinen ermöglichte die Einführung der Gußeisenteile, obwohl sie im Vergleich zu den vorher verwendeten hölzernen Bauteilen erheblich teurer waren.

Auch die frühe Verwendung von Gußstützen im englischen Kirchenbau läßt sich mit praktischen Erwägungen erklären: Sie treten vor allem in Pfarrkirchen für die schnell wachsenden Arbeiterwohnviertel als Emporenstützen auf, weil sie tragfähiger als Holzstützen und weniger sichtbehindernd als steinerne Stützen sind.[5] Doch hat sich Gußeisen im Sakralbau weder in England noch anderswo durchsetzen können. Englische Bischöfe weigerten sich, gußeiserne Kirchen zu weihen.[6] Das bekannte Beispiel St-Eugène in Paris (Abb. 3) schuf Louis-Auguste Boileau 1854/55 ebenfalls für eine Arbeitergemeinde[7]; er hatte freilich seinen Entwurf bereits vorher für einen anderen Bauplatz vorgelegt[8], so

daß wir bei ihm auch eine gewissse Faszination durch das Material vermuten dürfen. Eine Entwurfszeichnung (Abb. 2) für den Schwesterbau, die 1863 geplante Kirche St-Paul in Montluçon, zeigt allerdings auch, daß eine derart weitgehende Verwendung von Gußeisen für einen Gewölbebau nur durch die Anwendung erheblicher Mengen Stahl erkauft wird, die im Dachstuhl oberhalb der Gewölbe versteckt werden.

Daß Gußeisen in diesen Jahren ›salonfähig‹ wurde, läßt sich auch an seiner sichtbaren Verwendung in Bauten für die Kultur wie etwa der Bibliothèque Ste-Geneviève von Henri Labrouste zeigen. Im Sakralbau wie auch bei öffentlichen Monumentalbauten oder dem Wohnungsbau kamen die Vorteile der Gußeisenskelette weniger zur Geltung, die schon in den ersten Fabrikbauten erkennbar geworden waren: die besondere Eignung für die Rasterbauweise und die Schnelligkeit bei der Montage. Es ist immer wieder betont worden, wie sich diese beiden Vorteile exemplarisch am Kristallpalast in London von Joseph Paxton (1850/51) zeigen lassen (obwohl dieser noch erstaunlich viele Holzteile enthielt).[9]

Die technische Entwicklung brachte es mit sich, daß die 1830er und 1840er Jahre auf dem Kontinent eine Zeit der Experimente waren. Trotz des Puddelprozesses war Stahl immer noch sehr teuer. Dagegen senkten die Verbesserungen im Hüttenwesen vor allem die Kosten für Gußeisen und machten es konkurrenzfähig gegenüber Holz und Stein bei herkömmlichen Bauaufgaben – Dachstühle und Kuppelkonstruktionen – oder für neue Aufgaben wie die zahlreichen Brücken beim Ausbau des Straßennetzes oder der Eisenbahnen. Zeitgenössische Berechnungen ergaben zunächst freilich beim Geschoßbau oder Dachstuhl einen höheren Preis für die Eisenkonstruktion gegenüber der Konstruktion in Holz,

der nur durch zusätzliche Vorteile – Feuersicherheit, aber auch Unabhängigkeit von streikenden Zimmerleuten oder Maurern – aufgewogen wurde.[10] Erst Mitte der 1850er Jahre sprachen die Kosten bei großen Spannweiten für die Verwendung von Eisen.[11] Hinzu kam der gestiegene Bedarf an Dachkonstruktionen für Markthallen, Bahnhöfe etc. Karl Friedrich Schinkel hatte auf seiner Englandreise die Bedeutung der Gußeisenkonstruktionen sofort erkannt und plante in den folgenden Jahren neben Idealprojekten wie einem Kaufhaus oder einer Bibliothek die Verwendung von Gußeisenstützen auch im Musterbau der Bauakademie, die ihm freilich aus Kostengründen untersagt wurde. Die Eisenerzeugung auf dem Kontinent reichte – da sie weiterhin vornehmlich mit Holzkohle erfolgte – nicht zu einer England vergleichbar breiten Anwendung im Bauwesen aus, typisch ist vielmehr die punktuelle Verwendung für einzelne Bauteile, und dies bevorzugt nach Bränden der Holzdachwerke an Bauten mit besonderem Prestige. So erklärt sich der gußeiserne Dachstuhl der Kathedrale von Chartres oder die Kuppel der Halle au Blé in Paris, aber auch die Verwendung in Bauten für die Fürstenhäuser. Zwei Beispiele mögen dies im folgenden belegen. Allenfalls die Textilindustrie hat offenbar mit den Maschinen auch die umgebende Konstruktion aus England übernommen, wobei für frühe Beispiele auch schon die Vermutung geäußert wurde, daß die Skelettglieder aus England importiert wurden. In anderen Fällen wurden nur die Gußstützen übernommen und mit einer hölzernen Decken- bzw. Dachkonstruktion kombiniert (Textilfabrik Müller in Euskirchen-Kuchenheim, Abb. 4).

4
Euskirchen-Kuchenheim
(bei Köln), Tuchfabrik
Müller, Inneres eines
Fabriksaals mit Holzdecken
auf Gußeisenstützen
(Foto: Steinhoff)

5
Bendorf-Sayn,
Sayner Hütte vor
der Restaurierung
(Foto: Landesamt
für Denkmalpflege
Rheinland-Pfalz)

Gußeisenbauten in Deutschland

Sayner Hütte

Die 1769/70 gegründete Hütte in (Bendorf-)Sayn war 1815 an den preußischen Staat übergegangen und wurde in den folgenden Jahren unter Karl Ludwig Althans erweitert.[12] Er errichtete vor dem wohl 1821 erneuerten Hochofen 1828–30 die Gießhalle als tragende Gußeisenkonstruktion mit dorisierenden Säulen und Dachbindern in gotischen Formen, die die drei Schiffe zusammenfassen (Abb. 5). Während die Schmalseiten niedrige Mauern zeigen, ist die Front in große Fenster mit gußeisernen Rippen aufgelöst. Die außerordentliche architektonische Qualität des Baues ist bereits eingehend gewürdigt und mit dem Hinweis auf Althans' Rückgriff auf Schinkels ›Sammlung architektonischer Entwürfe‹ verständlicher gemacht worden. Ebenso ungewöhnlich ist aber auch die Tatsache, daß ein Fabrikationsgebäude der Eisenindustrie fast vollständig aus Eisen errichtet wurde. Denn diese Bauten waren aus Kostengründen üblicherweise schlichte Ziegelbauten mit einfachen Dachstühlen, die nur selten aus Stahlprofilen gearbeitet waren. Noch das 1858/59 errichtete Gebäude für Alfred Krupps Dampfhammer ›Fritz‹, der mit seinem Fallgewicht von 600 Zentnern eine technische Sensation war, hatte einen hölzernen Dachstuhl, der freilich schon 1864 durch Austrocknung gefährdet schien und verstärkt werden mußte.[13] Es ergibt sich so für die Sayner Hütte das Paradox eines Industriegebäudes, dessen Konstruktion gerade keine Anregung aus dem Industriebau, sondern eher aus dem

Bereich der Gewächshäuser, Sakralarchitektur und Bauten etwa von David Gilly aufgriff.[14] Der Längsschnitt Althans' (Abb. 6) zeigt auch, wie konsequent die Konstruktion auf die Materialbedingungen des Gußeisens einging: Die durch das Mittelschiff laufenden Kranbahnen waren durch gußeiserne Hängewerke mit schmiedeeisernen Zugstangen ausgesteift, bei einer zusätzlichen Kranbahn im Joch vor dem Hochofen ist die Fischbauchform zu einem eleganten Ornament aufgelöst.

Die Wilhelma in Stuttgart

Wohl das früheste nicht industrielle Gebäude in Deutschland, das fast vollständig aus Gußeisenteilen errichtet ist, sind die Seitenflügel der Wilhelma in Stuttgart-Bad Cannstatt (Abb. 8).[15] Der Architekt Karl Ludwig Zanth errichtete sie 1842–46 mit Gußteilen aus den königlichen Hüttenwerken in Wasseralfingen. König Wilhelm von Württemberg wünschte sich ein Badehaus im maurischen Stil in Quellnähe, das aber auch eine Wohnung für sich und seine Familie und einen Festraum enthalten sollte. Außerdem sollten sich Gewächshäuser anschließen, als Zierde wie auch zur Unterbringung der wachsenden Botanischen Sammlungen.

Für Zanth war es die erste Arbeit mit Gußeisen, und seine ersten Entwürfe fielen daher noch nicht sehr materialgerecht aus. Denn er dimensionierte die Tragglieder zunächst zu stark, vermutlich eher in der Art von Holzkonstruktionen, da ihm das Tragvermögen eiserner Bauteile nicht recht klar war. Erst ein Gespräch mit Obergießmeister Stotz von der Wasseralfinger Hütte brachte ihn hier zu realistischen Maßen. Auch in einem zweiten Punkt

6
Bendorf-Sayn,
Sayner Hütte, Längsschnitt,
Zeichnung von Karl
Ludwig Althans, 1830

7
Stuttgart-Bad Cannstatt,
Wilhelma, Ansicht eines
Flügelbaus. Deutlich ist
die Reihung gleicher
Elemente zu sehen.

8
Stuttgart-Bad Cannstatt,
Wilhelma, Gesamtansicht
vor der Zerstörung.
Farblithographie von
Karl Ludwig Zanth

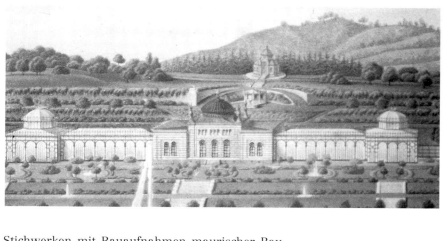

Stichwerken mit Bauaufnahmen maurischer Bauten in Spanien den Eindruck einer völligen Regellosigkeit und überbordenden Ornamentik. So schreibt er in der Erläuterung seiner Entwürfe zur Begründung, warum er die »Grundsätze der griechischen Kunst« seiner Anwendung der maurischen Bauweise zugrunde gelegt habe, »deren Grundsätze, wenn ihr dergleichen eigen sind, aus den vorhandenen Gebäuden nicht hervorleuchten; denn diese tragen vielmehr das Gepräge des Waltens einer fessellosen Eingebung, als anerkannt giltiger Gesetze. Es handelte sich also in der That darum, die Verirrungen dieser Bauweise zu meiden, ohne den Vortheilen zu entsagen welche ihre, oft verführerische, im Allgemeinen aber launenhafte Ausschmückung bietet.«[18] Genauere Betrachtung hätte ihn lehren können, wie regelhaft und repetitiv die Formensprache ist und wie gut sie sich zur seriellen Herstellung aus Gußeisen eignete.

war das Gespräch mit Stotz hilfreich. Denn er war es wohl, der Zanth den erfolgversprechendsten Weg zu einer vom König befohlenen Kostensenkung wies: die Reduzierung der Zahl der Einzelteile der Konstruktion. Der Entwurf wurde vereinheitlicht und setzte sich nun aus weniger unterschiedlichen Teilen zusammen, die vielfältiger und in größerer Zahl Verwendung fanden (Abb. 7, 9).

Dieses Prinzip hätte Zanth auch beim Entwurf der Verzierungen noch stärker berücksichtigen können, wenn er eine klarere Vorstellung von maurischer oder arabischer Architektur gehabt hätte. Seine Kenntnisse verdankte er der Sizilienreise, die er als Begleiter des in Paris lebenden Kölner Architekten Jakob Ignaz Hittorff 1822–24 unternommen hatte.[16] Neben den antiken Bauten der griechischen Kolonien nahmen sie dort auch die neuere Architektur Siziliens auf, worunter sie den Bauten der Normannen besondere Aufmerksamkeit schenkten. Deren eigenwillige Formen erklärten sie sich als von den Sarazenen, also den Arabern, beeinflußt und führten zum Vergleich neben Bauten in Palermo auch die Alhambra an[17]; dies entsprach dem damaligen Forschungsstand. Zanth selbst gewann aus diesen Vorbildern, aber wohl auch aus

9
Stuttgart-Bad Cannstatt,
Wilhelma, Kapitellzone
einer Innenstütze, zusammengesetzt aus mehreren
Einzelelementen

Das Schloß Schwerin

Etwa gleichzeitig mit der Wilhelma ist ein erheblicher Einsatz konstruktiver Glieder aus Gußeisen im Schweriner Schloß zu beobachten. Am augenfälligsten ist es an der Orangerie, deren Hoffassade und gesamtes Traggerüst aus Gußeisen gefertigt sind (Abb. 11, 12). Sie entstand wohl noch in der ersten Neubauphase 1845–51 unter Georg Adolph Demmler, der zur Vorbereitung der Schloßplanung 1844 eine Studienreise nach Frankreich (u. a. zu den Loireschlössern) und nach England unternommen hatte[19], auf der er wohl außer den königlichen Schlössern auch gußeiserne Gewächshäuser kennengelernt hatte. Die Möglichkeiten der Reduktion der Bauglieder auf wenige Typen sind hier überzeugend genutzt.

Der zweiten Neubauphase unter Friedrich August Stüler nach der Entlassung Demmlers[20] 1851 entstammen die Haupttreppe des Schlosses mit ihrer filigranen Gußkonstruktion und die Hauptkuppel über dem Eingangstrakt, bei deren Materialwahl wohl Rücksicht auf die unsicheren Baugrundverhältnisse mitgespielt haben mag. Doch hat Stüler auch bei anderen Bauten gerne von gußeisernen Baugliedern Gebrauch gemacht, so etwa im Neuen Museum auf der Museumsinsel in Berlin (Abb. 14). Stüler war – wie Demmler – ein Schüler Schinkels, der schon vor seiner Englandreise keine Vorurteile bei der Verwendung von Gußeisen hatte. Denn schon vor den genannten unausgeführten Projekten, die die englischen Erfahrungen reflektieren, steht eine Vielzahl von Anwendungen vom kleinsten bis zum größten Maßstab in anderen Bereichen. Zu denken wäre an das Luisendenkmal in Gransee, das Kreuzbergdenkmal in Berlin, die Gefallenendenkmäler in Großbeeren und anderen Orten und das Courbièredenkmal in Graudenz sowie die Grabdenkmäler Toussaint und Scharnhorst, aber auch an frühe Gußeisenteile in Bauten für die preußischen Prinzen oder im Palais Redern am Brandenburger Tor neben einer Vielzahl von Gußeisenmöbeln und Gebrauchsgegenständen, Schmuck und dem Eisernen Kreuz.[21] Auf seiner Englandreise hatte Schinkel die Verwendung von Gußeisen nicht nur in Industriegebäuden, sondern auch in bedeutenden öffentlichen Gebäuden (British Museum) und am Royal Pavilion in Brighton für König Georg von John Nash beobachten können (Abb. 13).[22]

11 Schwerin, Schloß, Orangerie, Hoffassade (Foto: Peter Brückner)

12 Schwerin, Schloß, Orangerie, Hoffassade, Details der Gußeisenkonstruktion (Zeichnung: Peter Brückner)

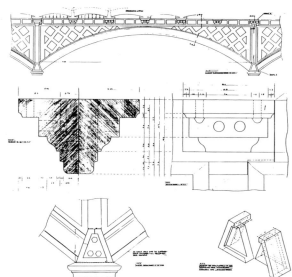

14
Berlin, Neues Museum,
Gußeiserne Deckenbalken
mit stählerner Unter-
spannung

Die Ravensberger Spinnerei in Bielefeld

Ein für Deutschland frühes und durch seinen Umfang wie seine architektonische Gestaltung bemerkenswertes Beispiel eines Industriebaus mit gußeisernem Skelett ist die 1855–58 errichtete Ravensberger Spinnerei in Bielefeld (Abb. 15). Sie steht in unserem Zusammenhang als Beispiel für eine Vielzahl von Skelettbauten für die Industrie, die in ihrem Grundtyp auf die englischen Textilfabriken am Ende des 18. Jahrhunderts zurückgehen und den größten Anteil an der Gußeisenverwendung im Hochbau hatten. Wie schon beim Schweriner Schloß kann man hier nur bedingt von einem gußeisernen Elementbau sprechen, da das gußeiserne Tragskelett eingefaßt wird von tragenden Mauerwerkswänden und seinerseits Kappengewölbe aus Ziegeln trägt. Die Bauweise wurde wegen ihrer Feuersicherheit gewählt, aber auch, weil sie zusammen mit einer Abdeckung der Fußböden mit Kacheln einen besseren Ablauf des beim Verspinnen der Flachsfasern reichlich anfallenden Wassers ohne Schaden für die Konstruktion versprach. Anders als bei späteren Bauten dieser Art ist die Verwendung von Stahl auf wenige Spannanker, kleine Montageringe und natürlich Schrauben beschränkt (Abb. 16); die Träger sind als Fischbauchträger aus Gußeisen gebildet, wie man heute in einem Deckendurchbruch sehen kann. Die Konstruktionsteile stammen aus zwei deutschen Gießereien, deren Kapazität nur gemeinsam für die Lieferung aller Gußteile ausreichte.[23]

15
Bielefeld, Ravensberger
Spinnerei, Innenansicht
eines Spinnsaals während
der Umnutzung (Foto:
Richter System, Griesheim)

KEIL
ZUGANKER
OBERE GUSS-STÜTZE
DOPPEL-T-
GUSSTRÄGER
DISTANZ-
ZYLINDER
SICHERUNGS-
RING
UNTERE GUSS-STÜTZE

16
Bielefeld, Ravensberger
Spinnerei, Konstruktion
(Zeichnung: Hildebrandt)

17
Remagen-Rolandseck,
Bahnhof, Umgang mit
gußeiserner Konstruktion

18
Remagen, Bahnhof,
Bahnsteigüberdachung
aus Gußeisen

Bahnhöfe Rolandseck und Remagen

Etwa gleichzeitig mit der Ravensberger Spinnerei
entstanden auch im Zuge des Baus der linksrheini-
schen Eisenbahn von Köln nach Koblenz die Bahnhöfe Rolandseck und Remagen. Zunächst war 1855
Rolandseck zeitweiliger Endpunkt der Bahn und
erhielt als Ausflugsziel mit Blick auf das Siebenge-
birge einen prächtigen Bau im Stil einer Villa mit
Festsälen und umlaufender gußeiserner Galerie.[24]
Gußeiserne Säulen und Träger stützen weitgespannte preußische Kappen, ahmen also einen
Mauerwerksbau in überaus schlanken Proportionen nach (Abb. 17).

Sehr viel schlichter ist der nur wenig spätere
Bahnhof in Remagen, an dem sich freilich noch eine
überwiegend aus Gußeisen gefertigte Bahnsteigüberdachung erhalten hat, wie sie für die Frühzeit
typisch war. Die wiederum als klassische Säulen
gebildeten Stützen tragen einen Dachstuhl aus
gußeisernen Längsträgern und Sparren, die durch
stählerne Zugstangen verspannt werden (Abb. 18).
Später wurden derartige Konstruktionen durch
stählerne Konstruktionen verdrängt, bei denen nur
noch die Stützen aus Gußeisen sind, wie sie etwa
eine zweite, wohl nahezu gleichzeitige Überdachung in Remagen repräsentiert (Abb. 19).

Warum keine ›Ferromania‹ in Deutschland?

Warum hat sich die Errichtung ganzer Gebäude aus
Gußeisen in Deutschland nicht durchsetzen können? Dafür lassen sich wohl mehrere Erklärungen
nennen. Eine erste ist die bis etwa 1880 wesentlich
geringere Eisenerzeugung in Deutschland. Bis ins
Kaiserreich hinein hielten sich zahlreiche kleinere
Hütten, die aus lokalen Erzen Holzkohleroheisen
erzeugten, das bei ständig sinkenden englischen
Koksroheisenpreisen zu teuer war, um in größerem
Umfang zur Produktion von Bauelementen eingesetzt werden zu können.

Neben der Erzeugung war aber auch die Nachfrage nicht genügend. Die Hochblüte der Gußeisenarchitektur aus britischen und amerikanischen
Gießereien entsprach einem akuten Bedarf oder
besonders günstigen Handelsumständen. Die Guß-
eisenbauten in den USA entstanden aus der Not-

19
Remagen, Bahnhof,
Bahnsteigüberdachung
aus Gußeisen und Stahl

wendigkeit, für schnell wachsende Industriebetriebe oder nach Betriebsunterbrechung durch Brand so schnell wie möglich Geschäfts- oder Produktionsräume zu schaffen. Das Bautempo ergab sich auch aus den hohen Grundstückspreisen und der daraus resultierenden Forderung nach einer schnellen Rendite, die ihrerseits aus der Konzentration der Geschäftsviertel resultierten: »Der Amerikaner will seine Bureaus in möglichster Nähe der großen Geschäftszentren haben, damit er diese leicht erreichen kann; dieses Streben führte zu einer Zusammenballung des ganzen oft ungeheuren Geschäftsverkehrs auf verhältnismäßig kleinem Raume«.[25] Ein vergleichbares Wirtschaftswachstum ist in der zweiten Jahrhunderthälfte auch in Brasilien zu beobachten, wo die einheimische Bauwirtschaft mit den Bauwünschen der aufstrebenden Kommunen nicht Schritt halten konnte und zudem der Import europäischer Bauteile aller Art als besonders elegant galt.[26] Daß Fortaleza (im Norden Brasiliens) sogar ein ganzes gußeisernes Theater erhielt, erklärt sich zunächst aus einem schon seit dem 18. Jahrhundert bestehenden Handelsvertrag zwischen Portugal und England, der englische Eisen- und Glasexporte nach Brasilien nachdrücklich unterstützte (wohl als Gegengewicht für die englischen Portweinimporte), zum andern aber auch aus den niedrigen Frachtkosten für englische Eisenexporte. Sie waren als Ballast der leeren Handelsschiffe hochwillkommen, die bei ihrer Rückkehr Kautschuk oder Rohrzucker nach England brachten. Ebenso verhielt es sich im Verkehr Englands mit seinen Kolonien; für einen gußeisernen Bungalow in Bombay betrug die Frachtgebühr von London nur 2 Prozent der Baukosten.[27] In welchem Umfang Großbritannien etwa Gußeisenarchitektur exportiert hat, läßt sich heute kaum noch feststellen, doch muß er nach den eher zufällig publizierten Beispielen beträchtlich gewesen sein.[28]

Deutschland fehlte ein derartiges Betätigungsfeld; als das Kaiserreich mit Kamerun eine Kolonie in Afrika besaß, war die Blütezeit des Gußeisens vorüber, und so haben wir nur Nachricht von einem architektonisch anspruchslosen Stahlskelettbau mit Wellblechverkleidung.[29] Ein vergleichbarer Boom wie in den USA war in Deutschland nicht zu verzeichnen, die Scheinblüte durch die französischen Reparationen nach 1871 endete schon 1873 im sogenannten ›Gründerkrach‹. Ein Problem war sicher auch die gute Wärmeleitfähigkeit des Gußeisens, die die Errichtung ganzer Gebäude aus diesem Material in Deutschland weniger sinnvoll erscheinen ließ als etwa in Kolonien mit milderem Klima.

Hinzu kam sicherlich auch, daß die aufstrebenden Industriebetriebe, die als mögliche Auftragge-

ber in Frage gekommen wären, in ihrer Selbstdarstellung besonderen Wert auf traditionelle Formen legten. Das bedeutete nicht nur Neorenaissanceformen für die Fabrikantenvilla[30], sondern auch und vor allem eine massive Steinfassade für die Stahlskelettfabrikhallen, die ihr wahres Gesicht allenfalls zum Hof hin zeigen durften. Wie weit diese Haltung außer durch gewisse Attitüden Neureicher auch durch Vorsicht gegenüber den mißtrauischen Banken geprägt war, denen die massiven Fassaden als Beweis für ein solides Geschäftsgebaren dienen sollten, ist in der Rückschau kaum noch zu entscheiden. Auch Stahlfachwerkfassaden, wie sie Viollet-le-Duc propagierte und wie sie sich in Frankreich in einigen bemerkenswerten Exemplaren – etwa der berühmten Schokoladenfabrik Noisiel – erhalten haben, hatten in Deutschland zunächst keine Chance gegenüber Stein-, Sichtziegel- und Putzfassaden.

Doch neben den Auftraggebern hatten auch die Architekten Vorbehalte gegen die ästhetische Wirkung von Eisenkonstruktionen. So war Gottfried Semper 1849 »noch nicht ein einziges Beispiel einer künstlerisch genügenden sichtbaren Eisenconstruction an monumentalen Bauwerken vorgekommen«. Nach einer Kritik an dem »unglücklichen sichtbaren eisernen Dachstuhl [...] und [...] noch dazu mit dunkelgrünem Anstriche« der Bibliothèque Ste-Geneviève nennt er auch die Gründe für das Mißlingen: »Doch so viel steht fest, daß das Eisen und überhaupt jedes harte und zähe Metall, als constructiver Stoff seiner Natur entsprechend in schwachen Stäben und zum Theil in Drähten angewendet, sich wegen der geringen Oberfläche, welche es in diesen Formen darbietet, dem Auge um so mehr entzieht, je vollkommener die Construction ist und daß daher die Baukunst, welche ihre Wirkungen auf das Gemüth durch das Organ des Gesichtes bewerkstelligt, mit diesem gleichsam unsichtbaren Stoffe sich nicht einlassen darf, wenn es sich um Massenwirkungen und nicht blos um leichtes Beiwerk handelt.« Daher soll Eisen in der schönen Baukunst »nicht als Träger großer Massen, als Stütze des Baues, als Grundton des Motivs« verwendet werden.[31]

Ein weiterer Grund mag auch mit der Zeitverzögerung zu tun haben, mit der die gußeisernen Konstruktionen in Deutschland aufgenommen wurden. Lag die erste Anwendung von gußeisernen Skelett-Teilen in Deutschland rund vierzig Jahre nach den ersten englischen Beispielen, möchte man gußeiserne Fassaden am ehesten in den 1880er Jahren erwarten, als sich Gußeisen im Bauwesen durchgesetzt hatte und eine erneute Ausweitung der Bautätigkeit zu beobachten ist. Zudem häufen sich

20
Typische Verbindung
von Gußeisenstützen mit
Walzträgern aus Stahl
im Musterbuch der von
Rollschen Eisenwerke
in Clus (CH)

ab dieser Zeit die Beispiele für gußeiserne Ladenfronten – teils auch als nachträgliche Einbauten in bestehende Häuser –, wie sie in Frankreich seit etwa 1830 üblich waren.

Zu dieser Zeit verwendete man freilich keine gußeisernen Balken mehr. Spektakuläre Brückeneinstürze der ersten Eisenbahnbrücken aus Gußeisenteilen hatten zu Untersuchungen der statischen Eigenschaften von Gußeisen und Stahl geführt; für England sind hier die Namen Tredgold, Hotchkinson, Fairbairn und Kirkaldy zu nennen. Man erkannte, daß Gußeisen zwar einer Druckbeanspruchung in hohem Maße gewachsen war, aber sehr schnell versagte, wenn es auf Zug oder Biegung beansprucht wurde. Auch die Fischbauchform der frühen gußeisernen Deckenbalken hatte daran nichts ändern können. Man ersetzte sie daher schnell durch stählerne Balken und entwickelte für mehrgeschossige Skelette Gußeisenstützen mit rechteckigen Öffnungen für die durchlaufenden Stahlträger (Abb. 20). Es war nur noch eine Frage der Zeit, bis Preissenkungen für Stahl zur Verdrängung auch der letzten Gußeisenteile aus dem Bauwesen führen würden. Denn Stahlteile ließen sich untereinander vernieten, während Gußeisenteile bestenfalls miteinander verschraubt, üblicherweise

aber durch bloßes Ineinanderstecken miteinander verbunden wurden.

Die Verdrängung des Gußeisens durch den Stahl ist in allen Bereichen der Architektur, selbst bei einfachsten Bauten, zu beobachten. So tauchen in Deutschland zugleich mit den gußeisernen Ladenfronten auch ihre Gegenstücke aus stählernen Normprofilen auf, für die die Firma Mannstädt gewalzte Zierprofile aus Stahl lieferte, mit denen eine den Gußkonstruktionen ähnliche Wirkung zu erzielen war. Noch charakteristischer zeigt sich der Wandel an Thomas U. Walters Umbau des Kapitols in Washington. Sein Ersatzbau für den am 24. Dezember 1851 ausgebrannten Flügel der Kongreßbibliothek ist ein Gußeisenskelett einschließlich gußeiserner Bücherschränke innerhalb der erhaltenen Mauern (Abb. 21), nur der Dachstuhl besteht aus Stahl. Dagegen ist die 1855–64 errichtete Kuppel mit ihrem hohen Tambour eine Stahlkonstruktion (Abb. 23), in der die gußeisernen Säulen keine statische Funktion mehr haben, sondern als Zierat auf stählernen Konsolen aus der Wand auskragen (Abb. 22). Die relativ dünnen Mauern der Kuppelrotunde hätten keine Mauerwerkskonstruktion von solcher Höhe tragen können, wie sie als Ausgleich für die neu angebauten Flügel erforderlich war. Manche technische Anregung kam freilich von der vollständig aus Gußeisen errichteten Kuppel der St. Isaaks-Kathedrale in St. Petersburg.[32]

Auch Brände trugen dazu bei, die ursprünglich als feuersicher eingeführte Bautechnik vollständig abzulösen.[33] Beim Stadtbrand von Chicago vom 8. bis 10. Oktober 1871 sowie einem weiteren am 14. Juli 1874 in einem Teil der Stadt, der 1871 verschont geblieben war, hatten die ›feuerfesten‹ Bauten mit Gußeisenskelett genauso versagt wie andere Gebäude. Daher forderte der National Board of Underwriters, der amerikanische Verband der Feuerversicherungsanstalten, die Bauvorschriften zu ändern und in sie ein Verbot für Gußeisensäulen aufzunehmen sowie ihren Ersatz durch schweres Holzfachwerk vorzuschreiben.[34] Sie konnten sich zwar nicht durchsetzen, doch war dies der Anlaß zur Entwicklung eines Verkleidungssystems mit Terracotta-Hohlziegeln, das ab 1880 allgemein angewandt wurde und die Hochhausentwicklung mit Stahlskelett wesentlich mitbestimmte. Der Brand eines Fabrikgebäudes mit gußeisernem Skelett in Berlin 1883 war der Anlaß zu einer Vorschrift des Königlichen Polizeipräsidiums Berlin vom 4. April 1884, die die Verwendung von unverkleideten Gußeisenstützen unter tragenden Hauswänden untersagte. Brände wie auch Brandversuche in München und Hamburg zeigten in den folgenden Jahren, daß die als Ersatz geforderten unverkleide-

21
Washington, D.C.,
Kapitol, Kongreßbibliothek
nach der Wiederherstellung
durch Thomas U. Walter

ten Stahlstützen ein noch ungünstigeres Brandverhalten hatten. Mit der Entwicklung der graphischen und rechnerischen Statik, der Verbilligung des Stahls durch die Flußstahlerzeugung nach dem Bessemer-, Thomas- und dem Siemens-Martin-Verfahren ging die Verwendung des Gußeisens im Bauwesen immer mehr zurück, um Stahlskelettkonstruktionen mit Steinverkleidung oder Steinbauten mit Massivdecken unter Verwendung stählerner Walzträger Platz zu machen. Seit der Jahrhundertwende kamen noch die Stahlbetonkonstruktionen hinzu, die sich besser eigneten, Außenwände und Tragskelett ›aus einem Guß‹ herzustellen. Ein frühes Beispiel dafür ist etwa die Elektrogerätefabrik der Robert Bosch AG in Stuttgart von 1911 (Breitscheidstr. 6, Architekten Karl Heim, Jakob Früh) mit ihrer unverputzten Stahlbetonfassade, die lediglich steinmetzmäßig überarbeitet wurde.

Zur weiteren Entwicklung

Während bei dem eben genannten Bau die Verbindung zum Gußeisen nur in der Gießtechnik liegt, der Guß jedoch auf der Baustelle erfolgt und gerade keine Vorfertigung bedeutet, hat es in Amerika auch Versuche gegeben, die Erfahrungen mit Gußeisen-Fertigteilen auch für die Betontechnologie nutzbar zu machen. Durch eine Vielzahl von Patenten hat sich beispielsweise Ernest L. Ransome 1902–03 ein System von Betonfertigteilen schützen lassen, mit denen sich Fabrikgebäude mit Betonskelett und großen Fenstern in feuersicherer Bauweise in kurzer Zeit errichten ließen. Eine sorgfältige Zusammenstellung von Stützen, Wandelementen und Bodenplatten berücksichtigt den Wunsch nach unterschiedlichen Raumhöhen und die nach oben geringer werdenden aufzunehmenden Lasten.

22
Washington, D. C.,
Kapitol, Kuppel von
Thomas U. Walter,
Detail der Tambour-
konstruktion

23
Washington, D. C.,
Kapitol, Kuppel von
Thomas U. Walter,
Schnitt

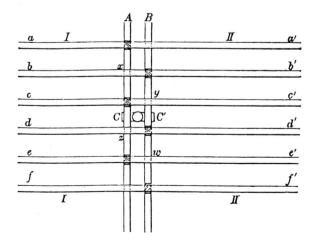

24
Betonfertigteilsystem
von Ernest L. Ransome

25
Zwillingsunterzüge
in der Fabrik der
Pacific Coast Borax
(Foto: Reyner Banham)

26
Zwillingsunterzüge
mit abwechselndem
Balkenauflager zur
Vermeidung von
Biegespannung in
Gußeisenstützen

Die ersten Ideen zu diesem System hatte Ransome vielleicht bereits in den 1870er Jahren gehabt, als er in Kalifornien ein erdbebensicheres Zementblock-Bausystem verkaufen wollte, aber offenbar wenig Erfolg damit hatte. Das vollentwickelte System 1911 hat einen regelrechten Baukastencharakter (Abb. 24). Banham sieht eine Nähe zum Gußeisen in der Ausführung der Stützen als Hohlkörper. Sie erklärt sich aus der praktischen Erwägung, daß sie auch die Dachentwässerung übernehmen sollten, wie wir es schon von Paxtons Kristallpalast kennen. Wichtiger scheint mir hier die Tatsache, daß Ransome auf diese Weise nach unten zunehmende tragende Querschnitte mit derselben (kostenträchtigen) Außenform herstellen, damit die Baukosten senken und darüber hinaus dem Gebäude ein in allen Geschossen einheitliches Gesicht geben konnte. Auch die Verdopplung der Unterzüge erklärt sich beim Blick auf Skelettbauten der 1880er Jahre mit gußeisernen Stützen: Dort nämlich diente sie dem Ausgleich exzentrischer Bodenbelastung oder der Stabilität im Brandfall, um jegliche Biegebeanspruchung von den Gußstützen fernzuhalten

(Abb. 25, 26). Vielleicht ist dies ein Kennzeichen dafür, daß Ransome seinen Betonstützen ebenfalls keine Biegespannungen zumuten wollte. Doch ist ebensogut denkbar, daß die Verdoppelung der Unterzüge auch der Logik des Systems diente und auf diese Weise einzelne, voneinander unabhängige Deckenfelder geschaffen werden sollten. Dieses Bausystem hat sich zwar auf die Dauer nicht durchsetzen können, doch war Ransome der Schrittmacher der mit Tageslicht belichteten mehrgeschossigen Fabrik.[35] Die Zukunft lag bei Skelettbauten aus Ortbeton, die größere monolithische Einheiten bildeten. Damit wiederholte sich auch für die Betonskelette der Prozeß, der von Gußeisenteilskeletten zu Stahlverbundskeletten geführt hatte.

Es ist heute wohl nicht mehr mit Sicherheit zu ermitteln, ob Gropius diese amerikanischen Experimente bekannt waren, als er in der Siedlung Dessau-Törten am Ort gefertigte Betonteile einsetzte, doch spricht manches dafür. Eine erste Kenntnis konnte er bekommen, als er 1911 zusammen mit Adolf Meyer für Karl Benscheidt die Fagus-Werke in Alfeld errichtete. Denn Benscheidt stützte sich auf Kredite der United Shoe Machinery Company in Beverly, Massachusetts, für die Ransome 1903–06 eine Fabrik unter Benutzung seiner Betonfertigteile errichtet hatte.[36]

1911 betraute Karl Ernst Osthaus dann Gropius mit der Zusammenstellung einer Fotoausstellung über vorbildliche Industriebauten, die als Teil des Deutschen Museums für Kunst in Handel und Gewerbe ab Oktober 1911 mehrfach gezeigt wurde.[37] Gropius konnte sich auf zwei Teilsammlungen von Osthaus und von Professor Wilhelm Franz an der Berliner TU stützen, die vor allem Bauten in Deutschland betrafen. Er ergänzte sie mit Osthaus' Unterstützung um Fotos amerikanischer Fabrik-, Büro- und Silogebäude, die als Reproduktionen nach entsprechenden Aufnahmen in der

Städtebauausstellung in Berlin und Düsseldorf 1912 und nach Werbeprospekten in die Ausstellung aufgenommen wurden. Unter den erhaltenen Fotos ist zwar kein Bau in Fertigteiltechnik von Ransome vertreten, doch kann Walter Gropius derartige Fotos – wenn sie ihm vorlagen – bewußt ausgeschieden haben. Denn Ransomes Bauten widersprachen als Konfektionsware, die ohne Architekten errichtet werden konnten, Gropius' Credo, daß »eine Verbindung von Kunst und Industrie in der Zusammenarbeit von Fabrikherrn und Architekten glückliche Resultate gebracht hat und zu Hoffnungen auf die Zukunft Berechtigung gibt«.[38] Wieweit diese Hoffnung mit und ohne Verwendung von Fertigteilen in den folgenden Jahrzehnten in Erfüllung gegangen ist, mag jeder Leser selbst entscheiden. In der heutigen Architektur spielen jedenfalls Gußteile nur eine Nebenrolle, obwohl es an Versuchen zu ihrer erneuten Einführung nicht gefehlt hat[39]; als aufgrund ihrer architektonischen Qualität bemerkenswerte Beispiele seien die Dachbinder in der Frankfurter Karmeliterkirche und die Pendelstützen in Santiago Calatravas Bahnhofsvordach in Luzern genannt.

Anmerkungen

1 Im ganzen Text werden der Verständlichkeit halber die Begriffe Eisen und Stahl gemäß heutigem deutschen Sprachgebrauch verwendet. Im 19. Jahrhundert wurde hier je nach Frischverfahren und -ergebnis zwischen Schmiedeeisen, Puddeleisen, Flußstahl, weichem Stahl, Halbstahl etc. unterschieden, um nur einige der Begriffe zu nennen. Stahl wird im folgenden als ein Eisenmaterial verstanden, das – im Gegensatz zum Gußeisen – Zug- und Biegespannungen aufnehmen kann. Dabei spielt es für den gestalterischen und konstruktiven Zusammenhang nur eine geringe Rolle, welcher der oben genannten ursprünglichen Begriffe hier zutrifft. Zur Vorfertigung insgesamt vergleiche: Heinrich Wurm, ›Vorgefertigte Bauwerke des 19. Jahrhunderts‹, in: *Technikgeschichte* 33, 1966, S. 228–255. Kurt Junghanns, *Das Haus für alle. Zur Geschichte der Vorfertigung in Deutschland*, Berlin 1994

2 Zum folgenden vgl. meine ausführlichere Darstellung: Stefan W. Krieg, ›Der Guß eiserner Stützen im 19. Jahrhundert. Technologie und Material‹, in: *Jahrbuch 1990 des Sonderforschungsbereichs 315*, Berlin 1992, S. 223–248

3 [*Musterbuch der*] *Gesellschaft der L.[udwig] von Roll'schen Eisenwerke*, Clus 1902, passim

4 Eine gute Zusammenfassung der Entwicklung bei Akos Paulinyi, *Industrielle Revolution. Vom Ursprung der modernen Technik*, Reinbek 1989, S. 39–89

5 Dionysius Lardner, *A Treatise on the progressive improvements and present state of the manufactures in metal*. Band 1, *Iron and steel*, London 1831, S. 67

6 Henry-Russell Hitchcock, *Architecture. Nineteenth and Twentieth Centuries*, Harmondsworth 4. Aufl. 1977, S. 188

7 Christian Beutler, *Paris und Versailles*, Stuttgart 1970 (Reclams Kunstführer Frankreich, 1), S. 189–191

8 Robin Middleton und David Watkin, *Klassizismus und Historismus*, Stuttgart 1987, S. 380

9 Erich Schild, *Zwischen Glaspalast und Palais des Illusions. Form und Konstruktion im 19. Jh.*, Berlin 1967, S. 43–59. Georg Kohlmaier und Barna von Sartory, *Das Glashaus: Ein Bauty-*

pus des 19. Jahrhunderts, München 1981 (Studien zur Kunst des 19. Jhs., 43), S. 410–425 und öfter

10 A. D., ›Von der Anwendung des Eisens bei der Construction der Balken‹, in: *Zeitschrift für Praktische Baukunst* 5, 1845, S. 273f.

11 Plathner, ›Ueber Anwendung des Eisens beim Gebäudebau‹, in: *Zeitschrift für Bauwesen* 4. 1854, Sp. 582–592; 5. 1855, Sp. 373–377, 564–566, hier Sp. 565f.; 6.1856, Sp. 543–545; 7. 1857, Sp. 69f. Die Kostenfrage blieb kontrovers in: ›Die Verhandlungen über eiserne Balkendecken in den Versammlungen des königl. Architektenvereines in London‹, in: *Allgemeine Bauzeitung* 19, 1854, S. 142–166

12 Paul-Georg Custodis, ›Die Sayner Hütte und ihre baugeschichtliche Einordnung‹, in: *Eisen Architektur. Die Rolle des Eisens in der historischen Architektur der ersten Hälfte des 19. Jahrhunderts*, Mainz/Hannover 1979, S. 46–51. Paul-Georg Custodis, *Die Sayner Hütte in Bendorf*, Köln 2. Aufl. 1986 (Rheinische Kunststätten. 241)

13 Dieter Spiegelhauer, ›Fabrikbau. Nutzbau – Zweckbau – Industriearchitektur‹, in: *Kunst des 19. Jhs. im Rheinland*, Band 2 *Architektur II*, Düsseldorf 1980, S. 287–328, hier S. 308f.

14 Paul-Georg Custodis, *Technische Denkmäler in Rheinland-Pfalz. Spuren der Industrie- und Technik-Geschichte*, Koblenz o. J. [1989], S. 42–45

15 Neben der Publikation des Architekten Ludwig von Zanth, *Die Wilhelma. Maurische Villa seiner Majestät des Königes Wilhelm von Württemberg*, o. O. [Stuttgart] 1855, grundlegend Elke von Schulz, *Die Wilhelma in Stuttgart. Ein Beispiel orientalisierender Architektur im 19. Jahrhundert und ihr Architekt Karl Ludwig Zanth*, Diss., Tübingen 1976, in der freilich die technologischen Aspekte zu kurz kommen. Vgl. auch Kohlmaier/ von Sartory 1981 (Anm. 9), S.484–491, sowie die vorzüglichen Abbildungen der Farblithographien Zanths und alter Fotos bei Stefan Koppelkamm, *Exotische Architekturen im 18. und 19. Jahrhundert*, Ausst. Kat. Stuttgart 1987, Berlin 1987, S.65–75

16 Karl Hammer, *Jakob Ignaz Hittorff. Ein Pariser Baumeister 1792–1867*, Stuttgart 1968, S. 43–67

17 J. J. Hittorff, *Architecture moderne de la Sicile, ou recueil des plus beaux monumens religieux, et des édifices publics et particuliers les plus remarquables de la Sicile, mesurés et dessinés par J. J. Hittorff et L. Zanth, architectes*, Paris 1835, S. 9

18 Zanth 1855 (Anm. 15), VII

19 Renate Krüger, *Schwerin und sein Schloß*, Rostock 1990, S. 66

20 *Zeitschrift für Praktische Baukunst* 11, 1851, Sp. 255f.

21 Eigene – keineswegs vollständige – Zusammenstellung nach: *Karl Friedrich Schinkel. Architektur Malerei Kunstgewerbe*, Ausst. Kat. Berlin 1981

22 *Karl Friedrich Schinkel: Reise nach England, Schottland und Paris* (Hg. Gottfried Riemann), Berlin 1986, S. 14, 18, 164–166

23 Susanne Prinz, ›Die Ravensberger Spinnerei‹. Magisterarbeit München 1990, S. 104. Hier zitiert nach: Ulrike Robeck, ›Eiserne Moderne. Zur Konstruktion der Spinnerei von Ermen & Engels‹, in: *Sheds & Schlote. Industriebauten im Aggertal*, Köln 1992, S. 88–95, hier S. 91 und 95

24 Ulrich Krings, ›Hochbauten der Eisenbahn‹, in: *Kunst des 19. Jahrhunderts im Rheinland 2, Architektur II. Profane Bauten und Städtebau*, Düsseldorf 1980, S. 63–95, hier S. 67f. Custodis o. J. (Anm. 14), S. 114f.

25 Otto Rappold, *Der Bau der Wolkenkratzer. Kurze Darstellung auf Grund einer Studienreise für Ingenieure und Architekten*, München/Berlin 1913, S. 28

26 Ein gutes Beispiel dafür bildet das Teatro Amazonas in Manaus, in dem sich Logenränge und einige Treppen aus englischem Gußeisen mit einem stählernen Dachstuhl aus Paris und Leuchtern aus Murano vereinen, um nur einige Beispiele zu nennen. Vgl. dazu: Mário Ypiranga Monteiro, *Teatro Amazonas*, 3 Bde. Manaus 1965–66, passim, mit dem Wortlaut zahlreicher Lieferverträge

27 Malcolm Higgs, ›The Exported Iron Buildings of Andrew Handyside & Co. of Derby‹, in: *Journal of the Society of Architectural Historians* 29, 1970, S. 175–180, hier S. 177

28 Vgl. etwa den Bericht über die Saracen Foundry in Glasgow bei: Gilbert Herbert, *Pioneers of Prefabrication. The British Contribution in the 19th Century*, Baltimore/London 1978, S. 173–186 und die vorige Anm.

29 Daniels, ›Eisernes Wohn- und Warenhaus für Kamerun‹, in: *Centralblatt der Bauverwaltung* 5, 1885, S. 549 f.

30 Tilmann Buddensieg (Hrsg.), *Villa Hügel. Das Wohnhaus Krupp in Essen*, Berlin 1984

31 Gottfried Semper, ›Der Wintergarten zu Paris‹, in: *Zeitschrift für praktische Baukunst* 9, 1849, Sp. 515–526, hier Sp. 521

32 Glenn Brown, *History of the United States Capitol*, Bd. 2, Washington 1903 (Reprint New York 1970), S. 119–142. Turpin C. Bannister, ›The Genealogy of the Dome of the United States Capitol‹, in: *Journal of the Society of Architectural Historians* 7, 1948, S. 1–31

33 Vgl. dazu und zum folgenden meinen Beitrag: Stefan W. Krieg, ›„Feuerfest“ oder „nicht feuerbeständig“? Das Brandverhalten historischer gußeiserner Stützen und heutige feuerpolizeiliche Auflagen‹, in: *Jahrbuch 1991 des Sonderforschungsbereichs 315*, Berlin 1993, S. 161–182, und ausführlicher: Stefan W. Krieg, ›Zum Brandschutz bei historischen Skelettkonstruktionen aus Gußeisen und Stahl‹, Vortrag Duisburg 1992, im Druck in einem Arbeitsheft des Landeskonservators Rheinland. Die früheste mir bekannte (und unberechtigte) Warnung vor dem Bruch erhitzter Gußstützen im Löschwasserstrahl findet sich in: Rodowicz-Oswięcimsky, ›Auszug aus dem Rapport des Verwaltungsrathes des Feuer-Departement-Fonds in New York 1851‹, in: *Zeitschrift für Praktische Baukunst* 19, 1859, Sp. 341–354, hier Sp. 349 f.

34 Gerald R. Larson, ›Der Eisenskelettbau. Entwicklung in Europa und den Vereinigten Staaten‹, in: *Chicago Architektur 1872–1922*, München 1987, S. 39–57, hier S. 48

35 Reyner Banham, *A Concrete Atlantis. U.S. Industrial Building and European Architecture 1900–1925*, Cambridge, Mass./London 1986, S. 32

36 Banham 1986 (Anm. 35), S. 11 und 185. Weitere Überlegungen Gropius' zu Vorfertigung und Betonverwendung schildert Junghanns 1994 (Anm. 1), S. 63–67

37 Karin Wilhelm, ›Ein didaktisches Kunst-Schaustückchen. Die Ausstellung „Vorbildliche Industriebauten“ von Walter Gropius‹, in: *Von der Künstlerseide zur Industriefotografie. Das Museum zwischen Jugendstil und Werkbund*, Ausst. Kat. Krefeld 1984, S. 197–206. *Moderne Baukunst 1900–1914. Die Photosammlung des Deutschen Museums für Kunst in Handel und Gewerbe*, Ausst. Kat. Krefeld, Hagen 1993/94 mit Einführung von Sabine Röder und Abbildung aller erhaltenen Fotos

38 *Industriebauten*. Bearbeitet von Walter Gropius, Berlin. Wanderausstellung 18 d. Deutschen Museums für Kunst in Handel und Gewerbe, Hagen i. W. Prospekt 1911. Abgedruckt in: *Moderne Baukunst* 1993/94 (Anm. 37), S. 176 f.

39 Hier ist beispielsweise auf Anton-Peter Betschart und sein Entwicklungsinstitut für Gießerei- und Bautechnik in Bad Boll zu verweisen. Vgl. A. P. Betschart, *Neue Gußkonstruktionen in der Architektur*, Stuttgart 1985 (*Gießen + Bauen* 1)

Ansgar Steinhausen

Plattenbau
Eine architekturhistorische Darstellung

»In der Industrialisierung sehe ich das Kernproblem des Bauens unserer Zeit. Gelingt es uns, diese Industrialisierung durchzuführen, dann werden sich die sozialen, wirtschaftlichen, technischen und künstlerischen Fragen leicht lösen lassen.«[1] Mies van der Rohes grenzenloser Optimismus ist typisch. Er beruht auf den Pionierleistungen der Ingenieure des 19. Jahrhunderts. Und er wird getragen von der Aufbruchstimmung nach dem Ersten Weltkrieg. Hektisch arbeitet man an Modellen, mit denen das drängende Problem der Zeit, die Wohnungsnot, zu lösen sein soll. Lange blockierte Experimente haben nun eine Chance. Neue Materialien, neue, rationale Konstruktionsweisen und eine straffere Organisation der Arbeit werden erprobt und eingeführt. Schnelleres, billigeres Bauen ist das Ziel. Zudem glaubt man die Formensprache der Moderne mit neuen Bauweisen besser in Einklang gebracht, will den Lebensstandard der Bevölkerung mit besseren Wohnungen erhöhen.

Exemplarisch für den Stand der Diskussion ist auch Peter Behrens' und Heinrich de Fries' Schrift ›Vom sparsamen Bauen. Ein Beitrag zur Siedlungsfrage‹. Hierin wird schon 1918, angesichts des akuten Arbeitskräftemangels, eine stark rationalisierte Bauproduktion gefordert: »Die Möglichkeit einer erheblichen Verkürzung der Bauzeit durch Anwendung großkörperlicher und schnelltrocknender Materialien ist ... für die unmittelbar dringenden Aufgaben der nächsten Zukunft von großer Bedeutung.«[2] Mit einheitlichen Maßen und Formen wollen Behrens und de Fries »die Grundlagen zu einer industriellen Massenproduktion« im Wohnungsbau schaffen.[3]

In diesem Sinn argumentiert auch Le Corbusier. Wie andere fasziniert durch einen Topos der Moderne, die Fließbandfabrikation der amerikanischen Automobilindustrie[4], verlangt er das fabrikmäßig hergestellte Montagehaus: »Die Großindustrie muß sich des Bauens annehmen und die einzelnen Bauelemente serienmäßig herstellen. Es gilt, die geistigen Voraussetzungen für den Serienbau zu schaffen. Die geistige Voraussetzung für die Herstellung von Häusern im Serienbau. Die geistige Voraussetzung für das Bewohnen von Serienhäusern. Die geistige Voraussetzung für den Entwurf von Serienhäusern.«[5]

Le Corbusiers Vision wurde Wirklichkeit. Das vollindustrialisierte Bauen hat die Architektur des 20. Jahrhunderts entscheidend geprägt. Charakteristisch ist die Vorfertigung zahlreicher Elemente. Im Großtafelbau, der gemeinhin auch als Plattenbau bezeichnet wird, hat sich dieses Prinzip besonders konsequent durchgesetzt. Ein Gebäude wird aus wenigen montagefertigen und tragfähigen Ele-

menten zusammengefügt. An die Stelle des kleinteiligen, arbeitsintensiven Mauerwerks treten großflächige Bauteile, meist aus Beton, manchmal aus Metall, Holz oder anderen Materialien. Diese Elemente finden nichttragend auch im Skelettbau als Vorhangfassaden, Zwischenwände und Decken Verwendung. Damit können viele Skelettkonstruktionen in einem weiteren Sinne ebenfalls zum Plattenbau gezählt werden. Äußerlich sind die konstruktiven Unterschiede oft kaum feststellbar.

Die Anfänge des Elementebaus

Bevor die Plattenbauweise nach dem Zweiten Weltkrieg in fast allen industrialisierten Ländern Verbreitung fand, bevor Le Corbusiers Traum vom Haus aus der Fabrik wahr werden konnte, waren umfangreiche Experimente durchzuführen. Sie sind so zahlreich, daß sie hier nur in Auswahl skizziert werden können. Schon im 19. Jahrhundert begannen vielversprechende Versuche mit dem Elementebau. Transportable, standardisierte Fachwerkbaracken wurden etwa von der preußischen Armee bereits um 1807 als Feldlazarette verwendet.[6]

Während der kolonialen Expansion fertigte man gegen Mitte des 19. Jahrhunderts ganze Häuser in Holz/Eisenkonstruktion vor und verschiffte sie nach Übersee. Nicht nur kleinere ›Emigrants' Houses‹ gelangten beispielsweise nach Neuseeland oder Australien. Auch Bausätze für Kirchen und mehrgeschossige Geschäftsbauten wurden ausgeliefert.[7] Zu den führenden Unternehmen im gußeisernen Fertigteilbau zählten die des Engländers Samuel Hemming aus Bristol und des Amerikaners James Bogardus aus New York.

An Architectural History of 'Prefab' Building

The decisive breakthrough in the use of prefabricated slab components came after the Second World War. Initial experiments had been carried out in the nineteenth century: around 1807 the Prussian army used transportable standardized half-timbered barracks and, by mid-century, entire houses were being transported to overseas colonies.

Early prefab building in Germany was based on the technical achievements of the American engineer Grosvener Atterbury at the beginning of the present century. His slab construction method was taken one step further under the name 'System Occident' and was first applied in 1924/5, in the experimental housing estate of Berlin-Friedrichsfelde (Sewanstrasse / Splanemannstrasse). Ernst May also looked to Atterbury's assembly techniques when he be-

1
Samuel Hemming, Hotel, um 1854. Standardisierte Holz / Eisenkonstruktion für den kolonialen Elementebau

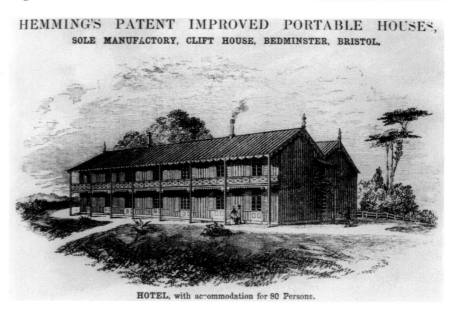

HEMMING'S PATENT IMPROVED PORTABLE HOUSES,
SOLE MANUFACTORY, CLIFT HOUSE, BEDMINSTER, BRISTOL.

HOTEL, with accommodation for 80 Persons.

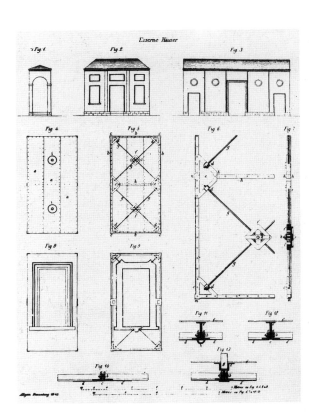

2
Der frühe Plattenbau:
Das Walzblechtafelsystem
des belgischen Ingenieurs
Delavelaye, um 1845

came city planning adviser in Frankfurt am Main in 1925. Starting with ten pilot houses in Frankfurt-Praunheim (1926), prefab building was to be the foremost construction technique in Frankfurt's housing sector until 1930. Though it speeded up the construction schedule, the financial advantages were slight and quality was a problem. Increasing criticism (reservations about the unfamiliar material concrete, objections to strict standardization, to the concomitant loss of jobs and limitation of the role of craftsmanship, and so forth), together with the aversion to functionalism that prevailed in conservative circles, intensified the pressure on May, who eventually left the city.

In 1920 Walter Gropius and Fred Forbat began to develop a 'honeycomb' construction method. This involved a modular system of concrete-filled shuttering to which further 'cells' could be added around a main space in accordance with a clearly defined standard programme. From 1926 to 1928 Gropius built 316 houses for low-income families in Dessau-Törten. As in Frankfurt, this project met with strong public criticism.

Einen noch größeren Grad der Vorfertigung erreichte der belgische Ingenieur Delavelaye mit seinem Walzblechtafelsystem. Dieses frühe Beispiel der Plattenbauweise, das vor 1845 eingeführt wurde, bestand aus 2 x 4 Meter großen Elementen.[8] Das Verfahren wurde in Verbindung mit dem neuen Werkstoff Beton bald weiterentwickelt. Zu den Pionieren gehörte dabei die Firma Lippmann, Schneckenburger & Cie. in Batignolles bei Paris. Sie baute Häuser aus Betonhohlplatten, die nach 1860 vorwiegend in die Kolonien exportiert wurden.[9]

Ab 1902 experimentierte der amerikanische Ingenieur Grosvenor Atterbury mit einem Betonplattensystem. Schon 1910 errichtete er Einfamilienhäuser aus geschoßhohen Bauelementen, die mit Spezialkränen versetzt wurden. 1918 konnte er schließlich in Forest Hills, Long Island, eine größere zweigeschossige Reihenhaussiedlung in Plattenbauweise realisieren.[10] Diese Anlage besichtigte im Herbst 1924 der neue Direktor der bedeutenden Deutschen Wohnungsfürsorge AG (Dewog), der spätere Berliner Baudezernent Martin Wagner. Er informierte sich in den Vereinigten Staaten über rationelle Bautechniken. Das Großtafelverfahren Atterburys überzeugte ihn derart, daß er damit auch in Deutschland umfangreiche Siedlungsprojekte durchführen wollte.

Früher Plattenbau in Deutschland – das ›System Occident‹

In dem neugeschaffenen Beratergremium der Dewog, der sogenannten ›Kopfgemeinschaft‹, fand Wagner bei Ernst May, Walter Gropius und Bruno Taut Unterstützung für die großmaßstäbliche Vor-

fertigung im Siedlungsbau. 1924/25 entstand im Auftrag des Reichsverbandes der Kriegsbeschädigten das Pilotprojekt, die Versuchssiedlung Berlin-Friedrichsfelde (Sewanstraße/Splanemannstraße). Hier wurde die weiterentwickelte Großtafelbauweise Atterburys, das ›System Occident‹, erprobt. Nach Erfahrungen mit einer Amsterdamer Vergleichssiedlung erwarteten die Planer eine merkliche Kostensenkung.[11] Problematisch war jedoch, daß die neue Bauweise auf ein bereits voll ausgearbeitetes, konventionell vorgeplantes Projekt übertragen werden mußte. Dies hatte Auswirkungen auf die Platten, die mit bis zu elf Metern Länge und vier Metern Breite bei einer Stärke von 25 Zentimetern unhandlich und instabil ausfielen.

4 Das ›Occident‹-System Martin Wagners. Die Siedlung Berlin-Friedrichsfelde heute, Fassade

Die Elemente aus mehrschichtigem Kies- und Schlackenbeton wurden unmittelbar auf der Baustelle in Holzformen hergestellt. Dabei paßte man die Rahmen für Fenster und Türen bereits in die Schalung ein. Hinzu kam eine Armierung, die das Auseinanderbrechen der Tafeln beim Aufstellen verhindern sollte. Bedingt durch die unexakten Holzformen schwankte die Qualität der Platten, so daß sich die Elemente nach der Trocknung nicht immer präzise zusammenfügen ließen. Unbefriedigend blieb auch, daß die Arbeitsabläufe aufgrund des ungünstigen Baugeländes kaum rationell zu organisieren waren. Dies wäre nur bei langen Häuserzeilen möglich gewesen, für die aber der Platz fehlte.

Bei dem zu geringen Auftragsvolumen konnte so nicht einmal der Montagekran ausgelastet werden. Dadurch blieb das Projekt in ökonomischer Hinsicht deutlich hinter den Erwartungen zurück. Mitverantwortlich war auch die mangelnde Typisierung. Es gab zu wenige gleichförmige Elemente. Für jede Hauswand mußte eine gesonderte Schalung hergestellt werden, die noch dazu wenig haltbar war und deshalb kaum für mehrere Platten taugte.[12] Trotz dieser Einschränkungen war das ›Occident‹-System einflußreich auf andere Siedlungen, vor allem auf die Planungen für Frankfurt am Main.

Ernst May und der Frankfurter Plattenbau

1925 wurde Ernst May Stadtbaurat in Frankfurt. Durch weitreichende Kompetenzen und gegen anfänglich geringe bürokratische und politische Hemmnisse gelang es ihm, binnen weniger Jahre zahlreiche neue Siedlungen zu bauen. Auch für Geringverdiener bezahlbarer, gut nutzbarer Wohnraum sollte hier in kürzester Zeit geschaffen werden. May griff auf die Montagebauweise Atterburys zurück, verbesserte sie jedoch im Vergleich zu Wagners Berliner Versuchen. Die einzelnen Elemente des ›Systems Stadtbaurat Ernst May‹ wurden kleiner dimensioniert. An die Stelle wandgroßer Platten trat die handlichere Einheit, die maximal 300 x 110 x 20 Zentimeter maß und höchstens 726 Kilogramm wog. Den sperrigen Portalkran von einst konnte man durch einen flexibleren Turmdrehkran ersetzen. Als weitere Verbesserung ließ May die Betonplatten nicht mehr auf der Baustelle, sondern witterungsunabhängig in einer Fabrikhalle herstellen.[13] Damit wurde der Baubetrieb von saisonalen Abhängigkeiten befreit.

Zehn Versuchshäuser in Frankfurt-Praunheim machten 1926 den Anfang. Ein Jahr später begann May dort den zweiten Bauabschnitt mit 204 Einfamilienreihenhäusern. Bis um 1930 wurden die Arbeiten mit vorgefertigten Betonteilen fortgesetzt. Sie kamen auch in der Siedlung Westhausen zum Einsatz. Insgesamt wurden Wand- und Deckenelemente für über 1000 Wohneinheiten aus der Fabrik geliefert. Der größte Erfolg des Plattensystems war die Verkürzung der Bauzeit. Nur eineinhalb Arbeitstage benötigten achtzehn Arbeiter, um ein zweigeschossiges Wohnhaus mit 70 Quadratmetern Wohnfläche zu errichten. Verglichen damit, fällt die bauartbedingte Ersparnis beim Material kaum mehr ins Gewicht. So lagen etwa bei den Wänden die Kosten gegenüber konventionellem Mauerwerk nur um 14 Prozent niedriger.[14]

Die Gesamtaufwendungen für die Frankfurter Plattenhäuser entsprachen zuletzt etwa denen traditioneller Projekte. Wie bei den Bauten Wagners lag das zum einen an teuren Ausfallzeiten der Maschinen. Denn trotz des städtischen Dirigismus blieb der Wohnungsbau konjunkturabhängig, war der Fortgang der Arbeiten schwer kalkulierbar. Zum anderen sorgten Schäden durch Risse im Beton, bei der Montage abgeplatzte Ecken und Kanten für zusätzliche Kosten. Hinzu kam eine eher soziale als rationale Betriebsorganisation. Denn Arbeitsbeschaffungsmaßnahmen für ungelernte Erwerbslose verhinderten einen konsequenteren Maschineneinsatz. Sogar der Beton wurde anfangs noch von Arbeitern in die Formen gestampft.[15]

Nicht nur die Kostenentwicklung bedrohte das von Beginn an umstrittene Projekt. Bei den frühen Häusern fiel eine überhöhte Raumfeuchtigkeit auf. Man hatte die sehr saugfähigen Bimsbetonplatten montiert, als sie noch nicht ausgetrocknet waren. Später wurde das Problem durch eine Trocknungsanlage gelöst, die auch den fließbandmäßig weiterentwickelten Fertigungsprozeß beschleunigte und eine bessere Plattenqualität gewährleistete.[16] Doch diese Verbesserungen kamen bereits zu spät. Die Plattenbauweise Mays geriet zunehmend in den

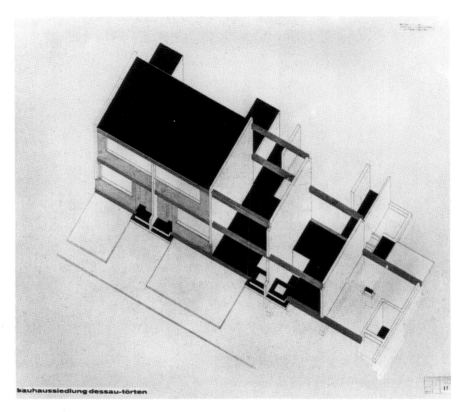

bauhaussiedlung dessau-törten

By the end of the 1970s, there was no longer a housing shortage and slab construction went into decline. In East Germany, however, prefabricated construction methods were still being practised in the early 1980s, and in Moscow and other major Soviet cities until only a few years ago.

Sog einer allgemeinen Kritik am Neuen Bauen und seinen Zielen: der Standardisierung, der Entwicklung von Wohnungstypen für das Existenzminimum und der strikten Normung. Auch die Vorbehalte gegen das noch immer ungewohnte Material Beton waren nicht ausgeräumt. Schließlich weigerten sich sogar die Banken, das Wagnis Plattenbau zu beleihen.[17]

Das Unbehagen angesichts eines zunehmend industrialisierten und unüberschaubaren Bauprozesses wuchs. Bauhandwerk und mittelständische Wirtschaft machten sich Sorgen um die Arbeitsplätze. Viele sahen sich durch die Rationalisierungsbestrebungen Mays, die in der Tat auf eine Begrenzung der qualifizierten Handarbeit hinausliefen, existentiell bedroht. Unterstützt durch die Funktionalismus-Aversion konservativer Kreise, gerade der rechtsorientierten Deutschnationalen und Nationalsozialisten, nahm der Druck auf May zu.[18] Im Laufe der Auseinandersetzungen verließ er schließlich die Stadt. Die Großtafelbauweise wurde schrittweise verdrängt und wieder durch konventionelle Verfahren abgelöst. Die stadteigene Plattenfabrik wurde zunächst privatisiert, dann vorübergehend geschlossen. Ihr Ende kam schließlich 1930 angesichts schwindender Nachfrage und schwacher Baukonjunktur. Konservative Kreise höhnten und sprachen von der »Plattenpleite«.[19]

Walter Gropius und die Vorfertigung

Wie Ernst May setzte auch Walter Gropius bei seinem Siedlungsprojekt für Dessau-Törten zunächst auf eine möglichst weitgehende Vorfertigung. Er knüpfte an Versuche aus der Frühzeit des Bauhau-

ses an. Bereits 1920, fast zeitgleich mit ähnlichen Planungen Le Corbusiers für die Wohnmaschinen der Arbeitersiedlung ›Les Quartiers Modernes Frugès‹ in Pessac bei Bordeaux, begann Gropius mit Fred Forbat die Arbeit am sogenannten ›Wabenbau‹. Bei diesem Raumzellensystem sollten standardisierte Schalungen mit Beton ausgefüllt werden. An einen Hauptraum konnten sich nach festgelegtem Typenprogramm weitere Zellen lagern. 1923 stellte Gropius die zusammen mit Adolf Meyer erarbeitete Weiterentwicklung des Wabenbaus als modellhaften »Baukasten im Großen« auf der Leistungsschau des Bauhauses vor.[20]

Schon in Weimar hatte sich das aufwendige und sperrige Raumzellensystem jedoch nicht realisieren lassen. Daher verlegte sich Gropius in Dessau-Törten stärker auf die einfachere Vorfertigung mit Großhohlblockelementen aus Schlackenbeton und trocken verlegten Betondeckenbalken, die auch Ernst May für seine Plattenhäuser verwendet hatte. Die Herstellung aller Teile erfolgte auf der Baustelle, Produktion und Montage waren fließbandartig rationell organisiert. Auch wenn es sich in Dessau nicht um ein Plattenbauexperiment handelt, ist diese Siedlung doch für den größeren Zusammenhang des industrialisierten Bauens so wesentlich, daß sie hier nicht unterschlagen werden soll.

Von 1926 bis 1928 wurden in Törten 316 Einfamilienhäuser gebaut. Die erst 1927 gegründete ›Reichsforschungsgesellschaft für Wirtschaftlichkeit im Bau- und Wohnungswesen‹ (RFG) unterstützte das Projekt. Man erhoffte sich neue Erkenntnisse. Baumaterialien und Fertigungsmethoden, auf längere Sicht auch die Dauerhaftigkeit und Wohnqualität der Häuser, sollten erprobt werden.[21] Ein wichtiges Ziel wurde im dritten Bauabschnitt erreicht. In lediglich 88 Arbeitstagen waren 130 Häuser im Rohbau fertiggestellt. Dieser Zeitraum schloß die Herstellung der Bauelemente am Ort mit ein. Umgerechnet auf die Hauseinheit benötigte man nur fünfeinhalb Stunden für einen Rohbau.[22] Die kleinen Gebäude mit Wohnflächen zwischen 57 und 74 Quadratmetern waren auch ökonomisch kein Mißerfolg. Es gelang, die monatliche Belastung der Nutzer mit nur 36 Reichsmark unter den durchschnittlichen Wochenlohn eines Arbeiters zu senken. Die industrielle Fertigung hatte an diesem Ergebnis erheblichen Anteil. Trotzdem wurde die Siedlung in der Öffentlichkeit sehr kritisch bewertet. Verantwortlich dafür waren nicht so sehr die offensichtlichen Planungsmängel und gravierenden Bauschäden. Vielmehr zeigten sich wie in Frankfurt ausgeprägte Ressentiments gegen das Neue Bauen, gegen Normung, karge Formen und den technischen Gestus der Architektur.[23]

7
Ernst May, Plattenhaus auf
der Werkbundausstellung
am Weißenhof in Stuttgart

8
Trockenmontagehaus
Walter Gropius
am Weißenhof.
Vollständige Vorfertigung,
Platten im Skelett

Industrialisiertes Bauen am Weißenhof

Wie Gropius' Dessauer Projekt diente die ungleich öffentlichkeitswirksamere Werkbundsiedlung am Weißenhof in Stuttgart der modellhaften Erprobung und Demonstration neuer Materialien und Bauweisen. Da es sich um eine Wohnbauausstellung unter Beteiligung mehrerer Architekten handelte, zeigte sich das industrialisierte Bauen in erheblich größerer Vielfalt. Im Programm der Veranstaltung hieß es im Dezember 1926: »Die Forderung, die heute aufzustellen ist, ist die Erprobung der von der Industrie bereits hergestellten neuen Materialien und der von den Ingenieuren vorgeschlagenen neuen Konstruktionen ... Größte Aufmerksamkeit ist vor allem dem Montagetrockenbau zuzuwenden. Er verlegt die Arbeit vom Bauplatz in die Fabrik.«[24]

Als Reaktion auf das immer innovationsfeindlichere Klima schickten die Organisatoren fast ängstlich voraus: »Gleichzeitig will sie (die Ausstellung, der Verf.) einen Gegenbeweis gegen die weitverbreitete Meinung bilden, daß die Industrialisierung des Hausbaues notwendig zu seiner völligen Uniformierung führen muß.« Zu zeigen sei statt dessen, daß »eine Industrialisierung des Hausbaues nicht einer Vergewaltigung des Individuums gleichzusetzen ist«. Mit einem Zusatz grenzte man sich in Stuttgart aber von der totalen Vorfertigung ab: »Nicht die industrielle Herstellung ganzer Wohnungen und Häuser ist zu erstreben, sondern immer nur die Massenherstellung typisierter Baueinheiten und normalisierter Einzelheiten.«[25]

Es überrascht daher nicht, daß den Planern am Weißenhof die wandgroße Tafelbauweise Atterburys, das von Wagner in Berlin verwendete Plattensystem ›Occident‹, schon zu weit ging und nicht zur Anwendung kam. Heinz und Bodo Rasch, die in ihrem Buch ›Wie bauen? Bau und Einrichtung der Werkbundsiedlung am Weißenhof in Stuttgart‹ einen umfassenden Überblick über die erprobten Verfahren geben, äußerten sich entsprechend reserviert und bezweifelten die Wirtschaftlichkeit dieser Bauweise.[26] Demgegenüber konnte Ernst May sein kleinteiligeres und variableres Frankfurter Plattensystem von einem Siedlungshaus am Weißenhof vorstellen. Andere Architekten setzten ebenfalls auf den Elementebau, zum Teil auch mit Platten. Doch die Vorfertigung von schweren, großformatigen Betonteilen blieb Ausnahme. Sie findet sich ansatzweise in den Eisenbetondeckenplatten ›Pelikan‹ der Häuser Ludwig Hilberseimers und Richard Döckers.

Bei den meisten Bauten wurde dagegen ein Skelett mit vorgefertigten Leichtbaumaterialien ausgefüllt. Großformatige Hohlblocksteine, die die Lohnkosten senken sollten, kamen ebenso zum Einsatz wie Feifelsche Zickzackplatten im Haus Hilberseimer, Fonitram Holzbetonplatten im Haus Poelzig, Schlackenplatten im Haus Bruno Tauts oder die unterschiedlichsten Leichtbautafeln für den Innenausbau. Bei Gropius' Haus Nummer 17 wurde ein Stahlgerüst in trockenem Montageverfahren mit Asbestschiefer- und Korkplatten ausgekleidet.[27] Der Grad der Vorfertigung war hier besonders hoch.

Neue Materialien, neue Fertigungsweisen, neue Elementesysteme

Gemessen an dem großen Angebot neuer Materialien und Konstruktionsweisen, das von der Industrie binnen weniger Jahre zur Verfügung gestellt wurde und auf einigen Ausstellungen auch durchaus Aufsehen erregte, blieb dessen Wirkung auf den Baubetrieb gering. Für Plattenkonstruktionen gilt das besonders. Ein Beispiel ist das Elementesystem der Wiesbadener Mathmah-Gesellschaft. Grundlage war hier ein Leichtbaustoff, der aus Holz, Fasern, Beton und Luft bestand. Geringes Gewicht, auftragsbezogene Elementgrößen, Trockenmontage, Stabilität und gute Isolierfähigkeit zeichneten die verputzten Holzfaserplatten aus. Das System fußte auf einem Grundraster von 17,5 x 17,5 Zentimetern. Es eignete sich für den tragenden Großtafelbau ebenso wie für Skelettkonstruktionen. Mit einem Modellbaukasten, der in verschiedenen Zeitschriften vorgestellt wurde, nahm das Bild des fabrikmäßig erzeugten Hauses Gestalt an. Doch offensichtlich wurde mit dem Mathmah-System nie wirklich gebaut.[28]

Auch die Plattensysteme der Phoenix-Gesellschaft, die Tafelbauweise von Wilhelm Schäfer aus Mannheim, von Richter & Schädel aus Berlin oder von Großunternehmen wie Dyckerhoff & Widmann und Wayss & Freitag blieben auf vereinzelte Anwendungen beschränkt und letztlich folgenlos.[29] Kaum größere Wirkung hatten die Versuche namhafter Architekten mit Plattenhäusern. Von Hans Scharoun ist ›Das transportable Haus‹ überliefert. 1932 wurde das Projekt als einfacher Bimsbetonelementebau aus 120 x 250 Zentimeter großen Tafeln gezeichnet. Realisiert wurde es nie. Gleiches gilt für Hugo Härings aufwendigeres Tonnendachhaus aus Betonfertigteilen, das er 1930 vorstellte. Wenigstens ein Musterhaus in Betonplattenbauweise konnte Hans Schmidt in Basel errichten. Durch strenge Auflagen der Baupolizei, die die Kosten in die Höhe trieben, blieb aber auch diesem Versuch der Erfolg versagt.[30]

Industrialisierung ohne Platten – die Alternativen

Die meisten Auftraggeber scheuten das Risiko, das die Vorfertigung mit den noch nicht ausgereiften Plattensystemen beinhaltete. So konnte Bruno Taut bei seinen Berliner Siedlungsprojekten für die ›Gemeinnützige Heimstätten-Aktiengesellschaft‹ (Gehag) zwar den Serienbau, die Typisierung der Grundrisse und die Normierung von Bauteilen durchsetzen und damit beträchtliche Einsparungen erzielen. Kostspielige Experimente mit der Vorfertigung lehnten seine Auftraggeber jedoch ab und beharrten auf dem bewährten Mauerbau.[31] Bei anderen Vorhaben, etwa der Siedlung Kassel-Rothenberg von Otto Haesler (1929–31), setzte man gleichfalls auf größtmögliche Rationalisierung, ohne aber auf die Großtafelbauweise zurückzugreifen. Ihr wurde eine Stahlskelettkonstruktion mit Bimsblockausfachung vorgezogen.[32] Selbst eine von der Reichsforschungsgesellschaft für Wirtschaftlichkeit im Bau- und Wohnungswesen 1930 initiierte Siedlung in Spandau-Haselhorst nahm von Großplatten-Versuchen Abstand. Diese waren der RFG kurz zuvor bei Mays Vorhaben für Frankfurt-Praunheim noch eine Förderung mit 300 000 Mark wert gewesen. In Spandau beließ man es statt dessen bei konventionellem Mauerbau, bei Gußbeton- und Stahlskelettbauten.[33]

Der frühe Plattenbau – eine Zwischenbilanz

Die Weltwirtschaftskrise führte bald darauf zu einem Zusammenbruch der Bauwirtschaft. Die Experimente mit großformatigen Fertigteilen wurden ausgesetzt. Die Anstrengungen der zwanziger Jahre hatten nicht zu einem durchgreifenden Erfolg geführt. Zwar war es gelungen, den Bauprozeß zunehmend zu rationalisieren, Arbeitskräfte und Material einzusparen und durch die Verlegung zahlreicher Fertigungsschritte in die Fabrik unabhängiger von Saison und Witterung produzieren zu können. Hiermit erreichte man auch eine erhebliche Verkürzung der Bauzeit. Doch insgesamt hatten sich die Kosten mit der Plattenbauweise nicht in erhofftem Maß senken lassen. Technische Unzulänglichkeiten, geringe Nachfrage, politischer Widerstand, Ausfallzeiten, zu kleine Fabrikationseinheiten und unwirtschaftlich geringe Stückzahlen trugen für das frühe Scheitern des Plattenbaus und anderer Vorfertigungsversuche die Verantwortung. Hinzu kam die reservierte Haltung maßgeblicher

9
Hans Scharoun,
›Das transportable Haus‹

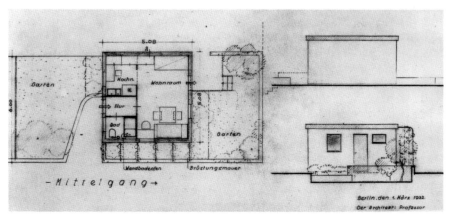

Kreise dem Neuen Bauen gegenüber. Das Festhalten an den Formen traditioneller Architektur bedeutete zugleich ein Beharren auf traditionellen Bauverfahren und Materialien. Experimente mußten Ausnahmen bleiben.

Auf dem Weg zum Behelfsheim – der Plattenbau als Provisorium

In den dreißiger Jahren wurde unter dem Einfluß Paul Schmitthenners und Albert Speers der konventionelle Mauerbau in Deutschland geradezu verpflichtend gemacht. Ausnahmen gab es vorwiegend bei Industrieanlagen. In erster Linie aber propagierte die Blut-und-Boden-Ideologie das handwerklich errichtete Einfamilienhaus. Doch als sich nach den frühen militärischen Erfolgen Hitlers ungeahnte Bauaufgaben im In- und Ausland abzeichneten, nahm man von der nationalromantischen, arbeits-, zeit- und kostenintensiven Idylle wieder Abschied. Nur durch eine weitgehende Industrialisierung des Bauwesens glaubte man sich den kommenden Anforderungen gewachsen. Schon wurde an die zuvor so geschmähte Plattenbaufabrik Ernst Mays in Frankfurt erinnert.[34]

Ernst Neufert, der ehemalige Büroleiter Walter Gropius', entwickelte in Anlehnung an den »Baukasten im Großen« eine »Hausbaumaschine«. Mit dieser Schalung auf Schienen sollten mehrgeschossige Häuser in Gußbeton errichtet werden. Die starren, monotonen Zeilenbauten, die damit entstanden wären und die Gropius später als Auswüchse einer technoiden »Rasteritis« kritisierte, wurden von den sonst so heimattümelnden Machthabern als notwendige Begleiterscheinungen einer neuen Zeit hingenommen.[35] Kaum gingen die ersten deutschen Städte im Bombardement des Luftkriegs unter, planten Neufert und seine Mitarbeiter bereits vorgefertigte Behelfsbauten und Barackensiedlungen für die Obdachlosen. Sie konnten dabei auf modellhafte Holz- und Metalltafelbauten der zwanziger und dreißiger Jahre zurückgreifen, die jedoch unter ganz anderen Vorzeichen entstanden waren. Beispiele sind Max Tauts Wochenendhaus in der Fonitram-Bauweise (1927), Hans Scharouns ›System Baukaro‹ (1931) und die Junkers-Häuser.

Montagehäuser der Nachkriegszeit

Wie vorhergesehen mußten nach dem Zweiten Weltkrieg, nach der Zerstörung Hunderttausender Wohnungen, vorgefertigte Behelfsheime und Barackensiedlungen in großer Zahl errichtet werden. Das rationalisierte und industrialisierte Bauen stieß angesichts der Trümmerberge auf geringere Ressentiments als zuvor. Hugo Häring faßte es so: »Die heftigen Widerstände, die vordem etwa den fabrikmäßig hergestellten Wohnbauten oder den Großsiedlungen oder Wohnhochhäusern entgegengebracht wurden, sind heute verschwunden. Wer kein Dach mehr über dem Kopf hat, wird nicht zögern, ein Haus zu beziehen, das ihm bezugsfertig aus einer Fabrik geliefert würde.«[36]

Noch um 1950 fehlten in Deutschland allein in den Westzonen über fünf Millionen Wohnungen. Arbeitskräfte, Baumaterial und Kapital waren äußerst knapp. Große Mengen Trümmerschutt mußten abgetragen und recycelt werden. Mehr als zuvor baute man auf die Erfahrungen der zwanziger Jahre mit rationellen Fertigungsmethoden und neuen Materialien. Besonders propagiert wurde das Montagehaus aus Leichtbauelementen. Vor allem die amerikanische Militärverwaltung wollte Fertighäuser in großem Stil durchsetzen, da sie sich in den Vereinigten Staaten tausendfach bewährt hatten. Durch zahlreiche Ausstellungen, etwa die ›Export-Musterschau und Versuchssiedlung 'Das Fertighaus'‹ in Stuttgart-Zuffenhausen (1947), sollte das ›packaged house‹ in Deutschland populär gemacht werden.

Außer den üblichen Holztafelbauten wurden dabei Konstruktionen aus großformatigen, modularen Leichtbetonfertigteilen angeboten. Ein Beispiel ist Max Tauts »allmählich wachsendes Zellenhaus«.[37] Die Rüstungsunternehmen Dornier, MAN und Messerschmitt sahen in Montagegebäuden die Chance, wieder zur zivilen Produktion übergehen zu können. Sie brachten Metallkonstruktionen auf den Markt. Das Messerschmitt-Haus war ein Skelettbau, der aus metallgefaßten Schaumbetonplatten bestand. Variabel verwendbar, ermöglichten sie bis zu achtgeschossige Lösungen. Ab 1949 setzte die Serienfertigung ein. Obwohl die Kosten im Vergleich zur konventionellen Bauweise angeblich hatten halbiert werden können, fand das System keine größere Verbreitung.[38] Ähnlich erging es dem baukastenartigen MAN-Stahlhaus, das von 1946 bis 1951

WOCHENENDHAUS

ENTWURF VON **MAX TAUT & HOFFMANN**
BERLIN
GEBAUT NACH **FONITRAM=BAUWEISE**

DER FONITRAM-GESELLSCHAFT, ROSTOCK

PREIS

2500 RM.

TYP I

DRUCK: BUCHDRUCKWERKSTATTE G.M.B.H., BERLIN SW61, DREIBUNDSTRASSE 5

11
Der direkte Vorläufer
im Montagebau:
Max Tauts Fonitram-
Elementehaus, 1927

12
Das Messerschmitt-Haus:
Der frühe Plattenbau der
Nachkriegszeit

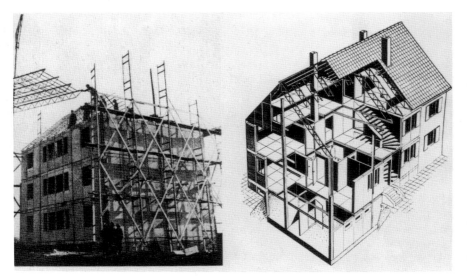

angeboten wurde. Andere Versuche waren ebenso-
wenig erfolgreich. Anders als in den Vereinigten
Staaten blieb das Fertighaus in Deutschland Außen-
seiter. Seine konstruktive Verwandtschaft mit dem
Barackenbau, sein geringes Prestige, vor allem aber
das unausrottbare Ideal vom soliden, festgemauer-
ten Haus waren verantwortlich dafür.

**Siedlungsbau der Nachkriegszeit – nach schwerem Start
Erfolg des Elementebaus**

Stärker als bei Einfamilienhäusern setzten sich
Typisierung, Normierung und Industrialisierung im
Siedlungsbau durch. Maßgeblich waren die ECA-
Wettbewerbe der fünfziger Jahre, mit denen der

13
Siedlung Mannheim-
Vogelstang. Vorne
niedrige Häuser in
Ortbeton, im Hinter-
grund Hochhäuser im
Großtafelbau, 1964–72

soziale Wohnungsbau gefördert wurde. Unter dem Einfluß der ›Forschungsgemeinschaft Bauen und Wohnen‹ in Stuttgart und des Instituts für Bauforschung in Hannover kamen neue Materialien zum Einsatz. Schon bestanden Geschoßdecken und Treppen nicht selten aus Betonfertigteilen. Nur ausnahmsweise baute man aber ganze Siedlungen mit vorgefertigten Elementen. Ein Beispiel ist die Bauausstellung ›Das Haus von heute‹, die 1950 in Freiburg stattfand.[39]

Erst gegen Ende der fünfziger Jahre, als die Siedlungen größer wurden, verstärkte sich die Industrialisierung des Bauens deutlich. Der Mangel an Arbeitskräften, die im volkswirtschaftlich produktiveren Investitionsgüterbereich gebunden waren, beschleunigte den Rationalisierungsprozeß. Noch immer war die Nachfrage nach Wohnraum groß, denn die Ansprüche der Bevölkerung an Komfort und Fläche stiegen nach der ersten Notversorgungsphase deutlich. Der Grad der Vorfertigung nahm ständig zu, und allmählich verbreitete sich auch die Großplattenbauweise. Sie setzte sich vor allem in der DDR, in Frankreich, Großbritannien, in Skandinavien und Osteuropa während der sechziger Jahre durch. Weniger Verbreitung fanden die tragenden Großtafelsysteme in der Bundesrepublik. Sie erreichten Mitte der sechziger Jahre lediglich einen Anteil von drei bis vier Prozent am Gesamtwohnungsbau.[40]

Bekannte Beispiele für diesen Plattenbau finden sich vorwiegend in den typischen Großsiedlungen der sechziger Jahre. Der Stadtteil Mannheim-Vogelstang etwa entstand von 1964 bis 1972. Während ein Großteil der Wohnungen in viergeschossigen Ortbetonhäusern liegt, wurden die 23geschossigen Hochhäuser in Großtafelbauweise errichtet. Dabei griffen die Planer auf Erfahrungen mit dieser Technik in Frankreich zurück.[41] Ähnliche Schwerbeton-Großbauelemente wurden auch in der Frankfurter Nordweststadt eingesetzt. Sie entstand von Anfang der sechziger bis in die siebziger Jahre hinein.

Massenhaft tauchten Platten auch in Skelettkonstruktionen als Fassadenverkleidung und Zwischenwände auf. Nimmt man die Fertigteile der Balkonbrüstungen und Vordächer, der Treppen und vorinstallierten Sanitärzellen hinzu, erreichte das Bauen auch in Westdeutschland einen hohen Vorfertigungsgrad. Als die Großsiedlung in den späten sechziger und den siebziger Jahren zur Regel wurde, als das Märkische Viertel in Berlin (1963–69), die Metastadt Wulfen (1961–68), Hamburg-Steilshoop (1961–76), Stuttgart-Neugereuth (1970–76) und Heidelberg-Emmertsgrund (ab 1971) gebaut wurden, war der Höhepunkt erreicht. 1969 bejubelte eine der Wohnungswirtschaft offensichtlich nahestehende Schrift die »revolutionierende Entwicklung« und mutmaßte: »Die heutigen Baumethoden, die Fertig- und Montagebauweise, werden sich weiter entwickeln, Rationalisierung und Automatisierung spielen dabei eine gewichtige Rolle.«[42]

Das Prinzip ›Form folgt Fertigung‹ und die Verselbständigung des Plattenbaus

Weil die Elementeserien meist von großen Bauunternehmen entwickelt und hergestellt wurden und die Einflußnahme von Wohnbaugesellschaften und Architekten oft begrenzt war, setzte sich das Prinzip ›Form folgt Fertigung‹ immer stärker und unkontrollierter durch. Bald diktierte das Bau-

14 Vorfertigung für die kleinere . . .

15 . . . und ganz große Einheit. Die Bildtexte aus der Entstehungszeit der Gebäude sprechen für sich: »Der derzeit höchste Wohnhausblock in Hamburg mit einundzwanzig Geschossen wurde in Montagebauweise durchgeführt. Die versetzten Blockteile und die ebenfalls gegeneinander versetzten Balkone lassen keine Monotonie aufkommen.«

system die Architektur. Kostensenkung durch Rationalisierung war die Maxime. Vielen Verantwortlichen galt »die Methode des Ökonomisierens als Optimierungsstrategie der entwurflichen Arbeit schlechthin«.[43] Im Zuge einer enormen Produktivitätssteigerung wurde im westdeutschen Wohnungsbau 1973 mit über 700 000 neuen Einheiten ein vorläufiger Höchststand erreicht.[44] Im Rausch hoher Fertigungszahlen und überwältigt von der Faszination des technisch Machbaren, gerieten die Bedürfnisse der Bewohner, die umweltverträgliche Einbettung der Bauten in die Landschaft sowie die gestalterische Vielfalt zunehmend aus dem Blickfeld. Standardisierung und Typisierung wurden zum Selbstzweck. Davor hatte Bruno Taut bereits 1927 gewarnt: »So sehen wir mit gelindem Schauder, wie die Rationalisierung, die industriemäßige Herstellung der Wohnhäuser ... zu einem bloßen

Schlagwort geworden ist, und fürchten, daß man normiert und rationalisiert, ehe man weiß, was.«[45]

In vielen Fällen trafen die überhitzt entwickelten industriellen Bautechniken auf eine problematische Maßstabs-, Ideen- und Orientierungslosigkeit. Die Folgen waren fatal. Die Monotonie und Brutalität des Formlosen, die Aneinanderreihung zu vieler immer gleicher Bauelemente wurden den Bewohnern zur alltäglichen Last. Ghettoisierung und Verslumung traten in vielen Siedlungen oft nach wenigen Jahren auf. Obwohl das Phänomen der verplanten Stadt bereits Mitte der sechziger Jahre erkannt und beklagt wurde[46], hielt die Entwicklung des Unmaßstäblichen, die mit der kompromißlosen Industrialisierung des Bauens verklammert war, bis Ende der siebziger Jahre an. Danach war der Wohnungsbedarf gedeckt. Großsiedlungen wurden nicht mehr gebaut. Das industrielle Bauen und mit ihm die Plattenkonstruktionen sind seither auf dem Rückzug.

Plattenbau der DDR – die fatale Diktatur des Bausystems

Eine noch bedeutendere Rolle als in Westdeutschland spielte die industrielle Vorfertigung im Bauwesen der DDR. Hier begann man in den späten fünfziger Jahren unter dem Leitbild der kompakten Stadt mit der Erprobung der Großplattenbauweise.

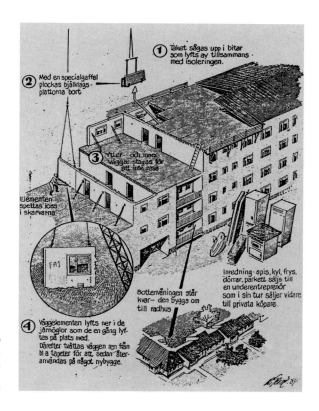

18
Hochentwickelter
Plattenbau in Finnland:
Eine Wohnanlage von
Gullichsen, Kairamo,
Vormala in Espoo,
Mitte achtziger Jahre

19
(De)Montage-
Schaubild
des ›Ingebäk‹-
Plattensystems

Wenig später hatten sich verschiedene Elementesysteme in den einzelnen Bezirken etabliert. Unter starkem politischen Druck wurde das vollindustrialisierte Bauen durchgesetzt. Bereits 1970 betrug der Anteil der Großtafelkonstruktionen im Wohnungsbau der DDR 60 Prozent.[47] Auf diesem hohen Niveau hielt sich der Plattenbau noch 1980.

Längst war auch ein einheitliches nationales Bausystem entwickelt, das tausendfach angewandte WBS 70. Es ermöglichte baukastenartige Elementekonstruktionen. Zweifellos hätten sich aus dem umfangreichen Teilekatalog einigermaßen variable Lösungen entwickeln lassen. Da den Bezirken aber nie das vollständige Programm zur Verfügung stand beziehungsweise aus Rationalisierungsgründen (Planerfüllung) darauf verzichtet wurde, waren die Möglichkeiten der Planer von vornherein begrenzt. Enttäuschende und uniforme Lösungen blieben nicht aus. So wurden etwa im Bezirk Leipzig nur 13 Gebäudeteile aus 400 Elementen verwendet, obwohl das WBS 70 insgesamt 39 Gebäudeteile aus 750 Elementen anbot.[48] Die meisten Plattenbauten entstanden als Trabantenquartiere an den Stadträndern. Dies war auch durch das Fertigungssystem bedingt. Denn durch umfängliche Kranmontage und die Anlieferung sperriger Elemente benötigte man große Bauplätze.

Nicht selten wurde aber auch durch großflächigen Abriß in den Stadtzentren Platz für Plattenbauten geschaffen. Trotz späterer Versuche, die Großtafelbauweise kleinteiliger zu gestalten und historisierend zu kostümieren, blieben die Ergebnisse meist grobschlächtig und unbefriedigend. Das noch diktatorischer als in Westdeutschland regierende Prinzip ›Form folgt Fertigung‹ wirkte sich beispielsweise in Halberstadt fatal aus. Bis weit in die achtziger Jahre hinein wurde hier historische Fachwerksubstanz im Stadtzentrum durch unbeholfen-plumpe Großtafelbauten ersetzt. Das Quartier hatte man zuvor jahrzehntelang verfallen lassen.

Der Plattenbau anderer Länder

In anderen Staaten des ehemaligen Ostblocks dominiert die Plattenbauweise noch stärker. In Moskau und weiteren sowjetischen Großstädten wurden bis vor wenigen Jahren mehr als drei Viertel der Neubauten nach diesem Verfahren errichtet.[49] Die verschiedenen Systeme boten zwar theoretisch eine gewisse Variationsbreite, doch wie in der DDR stand nur ein eingeschränktes Elementesortiment zur Verfügung. Folge dieser Verarmung ist auch hier Uniformität. Die Wiederholung des Immergleichen prägt heute weite Flächen, vor allem die Großsiedlungen an der Peripherie. Dabei beschränkte sich die Vorfertigung in der Sowjetunion nicht allein auf die Großtafelbauweise. In St. Petersburg wurde auch mit aufwendigeren Raumzellensystemen gearbeitet, ohne daß die Ergebnisse jedoch wesentlich befriedigender wären.

In Finnland erprobte man mehrere Fertigteilverfahren. Eines der verbreitetsten ist das BES-System, das Ende der sechziger Jahre auf den Markt kam. Mit ihm wurden noch in den achtziger Jahren mehr als die Hälfte der Wohnbauten erstellt. Das Modularsystem gilt als verhältnismäßig flexibel und variabel.[50] Mit Beton- und Metallfertigteilen gelangen stellenweise Lösungen auch ohne technokratische Allüren. Projekte der Architekten Gullichsen, Kairamo, Vormala belegen es beispielhaft. Ein maßvoller Zeilenbau in Espoo[51] machte Mitte der achtziger Jahre das Modul zum beherrschenden

mente und ihre Weiterverwendung an anderem Ort möglich. Auf veränderte Siedlungsgewohnheiten konnte etwa durch den Rückbau oder das Aufstocken von Häusern flexibel reagiert werden. Davon wurde nicht selten Gebrauch gemacht. Doch als das System ausgereift schien, war es längst überflüssig. Wie in anderen europäischen Staaten schwächte sich der Großsiedlungsbau in den späten siebziger Jahren auch in Schweden ab und kam schließlich zum Erliegen. Um aber einigermaßen rentabel produzieren zu können, ist die Großtafelbauweise auf eine möglichst hohe Auslastung der Fertigungsanlagen angewiesen. Das hatte sich schon bei Ernst Mays Frankfurter Plattenfabrik gezeigt. Daher exportierte man das schwedische Vorfertigungswerk schließlich nach Malaysia. Hier, wie auch im Iran und Saudiarabien, wurden nach dem ›Ingebäk‹-Verfahren bis heute Tausende von Wohneinheiten in Großplattenbauweise realisiert.[53]

Auch Frankreich exportierte Plattenbauverfahren. Deren Ergebnisse finden sich heute in Algerien genauso wie auf den Antillen. Eine zweite Kolonialisierung fand durch den Wohnungsbau statt. Denn bereits im 19. Jahrhundert hatte man mit dem kolonialen Fertigteilexport die Tradition des französischen Großtafelbaus begründet. Neben Le Corbusier und anderen befaßte sich später auch Auguste Perret mit Vorfertigungssystemen. Seine Studie für den Wiederaufbau von Le Havre um 1945 ist ein Beispiel. Besonders in den sechziger und siebziger Jahren, als der soziale Wohnungsbau boomte, war das Großtafelverfahren in Frankreich weit verbreitet.

Bisweilen nahm das Bauen mit Fertigteilen bizarre Formen jenseits der vorherrschenden Schachtelarchitektur des ›rationellen Blocks‹ an. Um die allerorten gähnende Monotonie zu vermeiden, scheute man auch Experimente am Rand des Grotesken nicht. Die betont plastisch aufgefaßten napfartigen Balkone der Wohntürme in der Ville Nouvelle von Créteil sind ein Beleg dafür. Andere Projekte, wie Paul Chemetovs Wohnanlage an der Avenue Arago in Saint-Ouen, suchten Mitte der siebziger Jahre Lösungen eher in baukastenartigen Wohnmaschinen in der Nachfolge Le Corbusiers.

Gestaltungsmerkmal. Es entstand ein Wabenhaus als undogmatische Hommage an Le Corbusier.

In größerem Umfang setzte sich auch in Schweden die Großtafelbauweise durch. Unter den verschiedenen Fertigungsverfahren ragt das hochentwickelte System ›Ingebäk‹ heraus. Mit ihm wurde von 1969 bis 1979 die Großsiedlung Göteborg-Lövgärdet errichtet. Aus tonnenschweren Platten, die eine Höchstlänge von 4,80 Metern hatten, konnten innerhalb von fünf Tagen 700–1000 Quadratmeter Wohnfläche zusammengesetzt werden. Die übliche Leistung eines Bauarbeiters soll hier, auf Fläche und Zeit gerechnet, um das Siebenfache gesteigert worden sein.[52] Das Ziel größtmöglicher Rationalisierung schien erreicht.

Das ›Ingebäk‹-System mit seinen offenen Fassadenfugen und unkomplizierten Verbindungen machte auch eine Demontage der stabilen Ele-

Der postmoderne Plattenbau – Ricardo Bofill und der vollindustrialisierte Historismus

Noch in den achtziger Jahren wurden in Frankreich Großsiedlungen in Plattenbauweise errichtet. Der spröde Funktionalismus der sechziger und siebziger Jahre wich postmodernem Kulissenzauber. Auf die Spitze trieb diese Entwicklung Ricardo Bofill. Seine monumentalen Architektur-Phantasien in der

Banlieue von Paris und in Montpellier setzen vor allem auf die große Geste. Pompöse Fassaden sind mit Architekturelementen aus dem Musterbuch der Baugeschichte bedeckt. Die Gesichtslosigkeit der früheren Großsiedlungen will Bofill mit einem als Bekenntnis zur Vielfalt aufgefaßten theatralischen Dekorationsstil um jeden Preis verhindern.[54] Darin scheint der Horror vacui eines zweiten Späthistorismus auf. Und wie vor einem Jahrhundert ist das Fertigteil Erfüllungsgehilfe. Ein umfangreiches Betonelementesystem wird entwickelt. Es umfaßt unter anderem Säulen, Pilaster, Gebälke, Giebel, Türen, Fenster und Balustraden.

Die Siedlung ›Les Arcades du Lac, Le Viaduc‹ wurde zwischen 1972 und 1982 für Saint-Quentin-en-Yvelines, eine Ville Nouvelle bei Versailles, entwickelt. Noch gibt sich der Betontafelbau weniger triumphal als spätere Projekte Bofills. Über typischen HLM-Arkaden, die auch aus ostdeutscher Plattenproduktion stammen könnten, baut sich ein kleinteiliges Elemente-Patchwork auf. Ungleich monumentaler sind ›Les Espaces d'Abraxas, Le Palacio, Le Théâtre, L' Arc‹, eine Siedlung für Marne-la-Vallée, die zwischen 1978 und 1983 realisiert wurde. Die totale Vorfertigung, längst wahr gewordene Vision der Ingenieure des 19. Jahrhunderts und des Funktionalismus, zeigt sich in Gestalt eines technisch perfekt erzeugten Klassizismus vom Fließband. Dabei beschränkt sich die hoheitliche Geste auf die Fassaden. Das gilt genauso für ›Antigone‹, eine Wohnanlage, die Bofill Mitte der achtziger Jahre in Montpellier errichtete. Wie bei den Wiener Mietspalästen des Historismus liegen Glanz und Elend nah beieinander. Schale Banalität regiert spätestens auf der Etage. Der Bewohner dieser Plattenbauten zollt in seinen kläglichen verplanten Gelassen dem »größten Architekten unserer Zeit« (Bofill über Bofill) Tribut.[55]

Der Plattenbau – ein Fazit

Was als vielversprechendes Experiment begann, was von den Reformern der zwanziger Jahre unter großem persönlichen Einsatz vorangetrieben wurde und nicht ohne Erfolge blieb, endete in Maßlosigkeit und Monotonie. Die unkritische Technikgläubigkeit, noch immer virulentes frühmodernes Erbe, führte zur Verselbständigung des industrialisierten Bauens. Die Großplattensysteme sind Teil dieser Entwicklung. Sie machten sich ihre Planer unter selbsterzeugtem politischen und ökonomischen Druck untertan. Vieles geschah mit gutem Willen, anfangs voller Euphorie. Vieles vollzog sich unter jedweder Art von Sachzwängen. Nur zum Teil trifft jedoch ein allzu starres, immerwährend experimentelles Bauverfahren die Schuld an erschreckenden Monstrositäten. In fast jedem industrialisierten Land ist der kompromittierte Plattenbau verbreitet. Bei allen Unterschieden aber gilt eines überall: Eine Bauweise kann nur so gut wie ihre Planer sein – und die Gesellschaft, die sie arbeiten läßt. Bruno Taut hatte es geahnt: »Der mißverstandene Begriff der Industrialisierung führt im Endergebnis zum hausgebauten Stumpfsinn.«[56]

Anmerkungen

1 Ludwig Mies van der Rohe, ›Industrielles Bauen‹, in: *G* Nr. 3, Berlin 1924

2 Peter Behrens und Heinrich de Fries, *Vom sparsamen Bauen, Ein Betrag zur Siedlungsfrage*, Berlin 1918, S. 57

3 ebd., S. 60

4 Le Corbusier in: *L'Esprit Nouveau* Nr. 2, 1921

5 Le Corbusier, *Vers une architecture*, Paris 1923. Zitiert nach der deutschen Ausgabe: *Ausblick auf eine Architektur*, Frankfurt/ Berlin 1963, S. 166

6 Kurt Junghanns, *Ein Haus für alle, Zur Geschichte der Vorfertigung in Deutschland*, Berlin 1994, S. 11

7 Gilbert Herbert, *Pioneers of prefabrication, The British contribution in the nineteenth century*, Baltimore/London 1978, S. 61 ff. Vgl. auch den Beitrag von Stefan W. Krieg über Gußeiserne Elementebauten in diesem DAM-Jahrbuch.

8 Junghanns (Anm. 6), S. 18

9 Tom Frank Peters, *Bauen und Technologie 1820–1914, Die Entstehung des modernen Bauprozesses*, Diss., Zürich 1977, S. 168

10 Thomas Hänseroth, *Der Aufbruch zum modernen Bauwesen, Zur Geschichte des industriellen Bauens, dargest. am Bsp. der Entw. des Montagebaus von der ind. Rev. bis zu den frühen 30er Jahren des 20. Jh.*, Diss., Dresden 1984, S. 129 ff.

11 Junghanns (Anm. 6), S. 124

12 Tobias Bally, ›Plattenbauweise‹, in: *Baukonstruktion der Moderne aus heutiger Sicht*, Bd. 1, *Bautechnik I, Zum Rohbau* (Hg. Rolf Schaal, Stephan Pfister und Giovanni Scheibler), Basel/Boston/Berlin 1990, S. 93 ff.

13 Ernst May, ›Die Frankfurter Hausfabrik‹, in: *Stein, Holz, Eisen*, 43. Woche, 1926

14 Junghanns (Anm. 6), S. 130

15 wie Anm. 13

16 ›Besuch in der Frankfurter Plattenfabrik‹, in: *Stein, Holz, Eisen*, 37. Woche, 1928

17 Dieter Andernacht und Gerd Kuhn, ›Frankfurter Fordismus‹, in: *Ernst May und das Neue Frankfurt 1925–1930*, Ausst. Kat. Deutsches Architektur-Museum, Frankfurt am Main 1986, S. 55

18 ebd., S. 60 f.

19 Junghanns (Anm. 6), S. 131

20 Winfried Nerdinger, *Walter Gropius*, Ausst. Kat. Cambridge Mass./Berlin/Frankfurt 1985, S. 58 ff.

21 ebd., S. 86, und: Liselotte Ungers, *Die Suche nach einer neuen Wohnform, Siedlungen der zwanziger Jahre damals und heute*, Stuttgart 1983, S. 120

22 Walter Gropius, *Bauhausbauten Dessau*, Faksimile-Nachdruck der Ausgabe 1930, Mainz/Berlin 1974, S. 155

23 Junghanns (Anm. 6), S. 133 f.

24 Abgedruckt in Johannes Cramer und (Niels) Gutschow, *Bauausstellungen, Eine Architekturgeschichte des 20. Jahrhunderts*, Stuttgart 1984, S. 124

25 ebd., S. 124

26 Heinz und Bodo Rasch, *Wie Bauen? Bau und Einrichtung der Werkbundsiedlung am Weißenhof in Stuttgart 1927*, Vorwort von Adolf Behne, Stuttgart 1928, S. 54

27 ebd., vor allem S. 48 ff. Vgl. auch Nerdinger (Anm. 20), S. 90

28 Rasch (Anm. 26), S. 52 f.; Bally (Anm. 12), S. 101–103

29 Junghanns (Anm. 6), S. 138–140

30 ebd., S. 140–145

31 Bruno Taut, ›Siedlungsmemoiren‹, in: *Architektur der DDR*, Heft 12, 1975, S. 764

32 Ungers (Anm. 21), S. 148 ff.

33 ebd., S. 60

34 Helmut Burchard, *Betonfertigteile im Wohnbau*, Berlin 1941, S. 27

35 Wolfgang Voigt, ›Triumph der Gleichform und des Zusammenpassens, Ernst Neufert und die Normung in der Architektur‹, in: *Bauhaus-Moderne im Nationalsozialismus* (Hg. Winfried Nerdinger), München 1993, S. 188

36 Hugo Häring, ›Neues Bauen‹, in: *Baukunst und Werkform* Heft 1, 1947, S. 31

37 Thomas Hafner, *Vom Montagehaus zur Wohnscheibe, Entwicklungslinien im deutschen Wohnungsbau 1945–1970, Mit ausgewählten Beispielen aus Baden-Württemberg*, Basel/Berlin/ Boston 1993, S. 80 f.

38 ebd., S. 84

39 ebd., S. 169–171

40 *Deutsche Bauzeitung* 7/1965, S. 1129

41 Ilse Irion und Thomas Sieverts, *Neue Städte, Experimentierfelder der Moderne*, Stuttgart 1991, S. 65

42 August Flender und Josef Walter Hollatz, *Wohnungsbau im Spiegel der Zeit, Soziale, technische, finanzielle und städtebauliche Aspekte einer großen Aufgabe*, Hannover 1969, S. 168

43 Thilo Hilpert, *Die funktionale Stadt, Le Corbusiers Stadtvision, Bedingungen, Motive, Hintergründe*, Braunschweig 1978, S. 45

44 Hafner (Anm. 37), S. 260. Angegeben werden 712226 Einheiten

45 Bruno Taut, *Bauen, Der Neue Wohnbau* (Hg. Architektenvereinigung ›Der Ring‹), Leipzig/Berlin 1927, S. 13 f.

46 Wohl bekanntestes Beispiel ist Alexander Mitscherlich, *Die Unwirtlichkeit unserer Städte, Anstiftung zum Unfrieden*, Frankfurt am Main 1965. Grundlegend sind die Seiten 9–17

47 Frank Werner, *Stadt, Städtebau, Architektur in der DDR, Aspekte der Stadtgeographie, Stadtplanung und Forschungspolitik*, Erlangen 1981, S. 142

48 ebd., S. 150. Vgl. auch den Beitrag von Achim Felz in diesem DAM-Jahrbuch.

49 Oleg Breslavtsev, ›Urss, vers une standardisation ouverte‹, in: *Architecture et industrie, passé et avenir d'un mariage de raison* (Hg. Centre de Création Industrielle), Paris 1983, S. 95

50 Jaakko Laapotti, ›Finlande, l'harmonisation en marche‹, in: *Architecture et industrie* (Anm. 49), S. 66

51 Vorgestellt in: *Baumeister* 5/1985, S. 38–40

52 Irion/Sieverts (Anm. 41), S. 221

53 ebd., S. 229–231

54 Warren A. James, *Ricardo Bofill, Taller de Arquitectura, Buildings and Projects 1960–1985*, New York 1988, v. a. S. 186 ff., Interview mit Bofill

55 ebd., S. 190

56 Bruno Taut, *Ein Wohnhaus*, Stuttgart 1927, S. 10

Achim Felz   ... und im Rückspiegel das industrielle Bauen ...

Es muß Mitte der siebziger Jahre gewesen sein, zu jener Zeit, als das politisch und sozial motivierte Wohnungsbauprogramm der ehemaligen DDR anlief und das Zählen der neugebauten oder modernisierten Wohnungen zum Lieblingssport der Politiker wurde. Damals erschreckte mich ein Mitarbeiter des Bauministeriums mit der – natürlich wie immer vertraulich zu behandelnden – Erfolgsmeldung, daß nun schon 60 000 Wohnungen des Typs P2 gebaut seien. Oder sagte er 80 000?

Allerdings löste bei mir diese Nachricht keinen Jubel aus. Im Gegenteil – sie verstärkte jenes Unbehagen, das man empfindet, wenn man die herbeigerufenen Geister nicht mehr los wird.

Und ich wurde sie nicht mehr los. Noch gut fünfzehn Jahre später – 1991 – wurden die letzten Wohnungen nach dem gleichen Muster gebaut, wie wir es 1960 – wir waren damals drei junge Architekten – entwickelt hatten.

Wieviel Wohnungen es insgesamt geworden sind, wage ich im Interesse meines Seelenfriedens nicht auszurechnen. Auf jeden Fall zuviel.

Dabei erschien uns als Problem nicht so sehr die zigtausendfache Wiederholung immergleicher Wohnungen, sondern die vielen fast gleichen Häuser – jahrzehntelang gleichlang und -hoch, mit gleichen Abständen voneinander und im Lauf der Zeit in der Ausstattung und im Raumerlebnis immer ärmlicher werdend.

War es einst Merkmal der Entwurfsidee, daß ein Innentreppenhaus und eine zurückgesetzte, mittelbar belichtete Küche hinter einem Eßplatz ein breites Wohnzimmer ermöglichte, wurde im Laufe der Zeit die großzügig verglaste Küchenfront durch eine Betonwand ersetzt und damit die Küche zur Dunkelkammer. Beton war eben billiger und ließ sich als Platte – genauer gesagt als Tafel – vorfertigen und mit dem Baukran versetzen. Später geriet die Küche noch tiefer ins Gebäude, und der Wohnraum wurde wieder schmal und schlauchartig. Ein kleines, aber folgenreiches Beispiel für falsch verstandene Ökonomie, die unter dem Schlagwort Rationalisierung nur den unmittelbaren Spareffekt sah.

War so ein Wohnungstyp erst einmal entwickelt und sozusagen zum Bauen freigegeben, konnte ihn die Bauindustrie ziemlich ungestraft auf ihre Belange zurechtstutzen, ohne die Autoren informieren oder gar fragen zu müssen.

Anzumerken ist, daß die erwähnte Typenentwicklung mit der Kennung P2 – einer der an einer Hand abzuzählenden Wohnungstypen der DDR – über einen breit angelegten Architekturwettbewerb entstand und einer der nicht so häufigen Fälle war, daß ein 1. Preis auch gebaut wurde. Das sollte deswegen nicht unerwähnt bleiben, weil so ein Fall auch heute und hierzulande eher zu den Seltenheiten zählt.

Im Vorfeld der Typenentwicklung konnten wir 1962 das Konzept als Versuchsbau errichten und mit eingerichteten Wohnungen der Bevölkerung vorstellen. Die Ausstellung verzeichnete immerhin weitaus mehr Besucher am Tag als die Schloßattrappe in Berlin.

Heute ist der Erstling ein Denkmal, was ihm möglicherweise im vergangenen Jahr eine tiefgreifende Renovierung eintrug und damit eine verhüllende Wärmehaut, die seine Herkunft aus der Plattenfabrik gnädig – oder ist es ungnädig gemeint? – verschleiert.

Zum Zeitpunkt der oben erwähnten eher bestürzenden Erfolgsmeldung arbeitete ich wie vorher schon und später auch an der Bauakademie, die als verlängerter wissenschaftlicher Arm des Bauministeriums durchaus als eine das Bauen und die Architektur beeinflussende Institution bezeichnet werden kann.

Es lag weniger in der Natur der Sache als an der politischen Brisanz des Wohnungsbauprogramms, daß Forschungs- und Entwicklungsarbeiten zum industriellen Massenwohnungsbau immer breiteren Raum einnahmen, besonders in jenen Akademieinstitutionen, die sich direkt mit dem Bauvorgang beschäftigten.

Inzwischen aber war ich zum Städtebauinstitut hinübergewechselt in der eitlen Hoffnung, hier mehr gegen die zunehmende Erstarrung und Monotonie beim Wohnungsbau tun zu können.

Dieser Aufgabe hatte ich mich verschrieben – gern verschrieben. Und auch heute habe ich damit wieder etwas zu tun.

Nur:

– es heißt nicht mehr Massenwohnungsbau, sondern sozialer Wohnungsbau;
– ich mache es nicht mehr als Mitarbeiter einer Institution, sondern als freier Architekt, zusammen mit noch zwei Architekten in Partnerschaft;
– es sind nicht mehr Betonplatten, sondern Ziegelsteine, Stahl und Holzbretter, aber auch Betonsteine, die jedoch ihre Herkunft mit ökologisch klingenden Namen, wie zum Beispiel Klimaleichtblock oder ähnlich, tarnen;
– handwerkliches Bauen ist angesagt, das industrielle Bauen habe ich nur noch im Rückspiegel;
– es sind auch nicht mehr so viele Wohnungen, dafür aber bessere – und meine Freude darüber hält sich in Grenzen;
– es geht nicht mehr so schnell, sondern langsamer, vor allem bei der Vorbereitung;
– so richtig interessiert sich bis auf diejenigen, die dort einziehen wollen, keiner dafür, ob 100

...industrial construction in the rear mirror...

In the mid-1970s, when I was working at the Bauakademie (Architecture Academy), East Germany was implementing its politically and socially motivated housing construction programme and the politicians' favourite pastime was notching up the numbers of new or recently modernized housing units. In 1991 the last of the apartments were built to the designs that we three young architects had drawn up. For me, industrialized mass housing was a challenge with which I could readily identify. If the housing shortage was to be overcome, industrialized building was the only solution. I fervently believed then – and still do – that prefabricated construction methods need not necessarily be synonymous with architectural monotony.

So what has changed? Today, it is no longer called mass housing, but low-income housing; and I no longer work in a state institution, but as a freelance architect. Craftsmanship is the order of the day and I see industrial construction in the rear mirror only. Things move at a more leisurely pace now and there are fewer apartments to design. What has not changed is my enthusiasm and my aim to create architecture that is both economical and of high quality.

In GDR days the Plankommission (Planning Committee) was a most influential institution. It allocated investment sums and, consequently, determined the average size and price of the apartments to be built. The highest institution of all, the Bauministerium (Ministry of Works), specified the percentage quota of industrial construction. The Bauakademie, the institution to which I belonged, then had to calculate the ideal urban development solution on that basis.

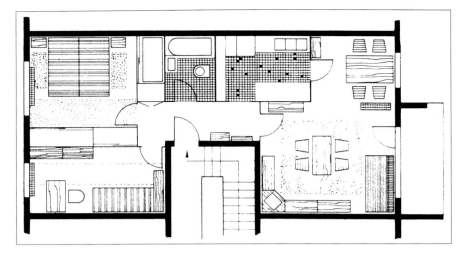

1
Einrichtungsbeispiel
zur Ausstellung von
16 Wohnungen im
Versuchsbau P2
(Berlin 1962)

Aber vorerst beginnen die Einfamilienhäuser – in zunehmendem Maße vorgefertigt – das Terrain der neuen Bundesländer zu erobern, und in den Dörfern hält der Look der großen weiten Welt Einzug, oft ein wenig oder viel voralpenländisch angehaucht.

Doch zurück zum industriellen Massenwohnungsbau. Wer auch immer diesen martialischen Begriff prägte: Er traf genau den Kern. Industriell steht für den Fabrikcharakter, und das Wort Masse zielt sowohl auf die hergestellte Menge als auch auf die hingestellte Masse als auch auf die unterzubringenden Menschenmassen.

Diese Definition geschieht keineswegs in ironischer Absicht, denn das war ja zugleich die Faszination und die Herausforderung, der ich mich wie viele andere Architekten gern und mit Hingabe stellen wollte und stellte, als ich 1959 der engen Welt des Studiums entfloh, mit der Fähigkeit, eine Fledermausgaube konstruieren zu können, aber mit einer Diplomarbeit zum industriellen Wohnungsbau im Gepäck als Eintrittskarte für die mir weit erscheinende Welt des Bauens mit industriellen Methoden für Tausende und Abertausende von Menschen.

Daß ich dreißig Jahre später aus der inzwischen immer enger gewordenen Welt der Industrialisierung des Bauens in die weite und bunte Welt des individuellen und handwerklich-traditionellen Bauens geraten sollte, konnte ich damals nicht ahnen, auch nicht, daß mich die Fledermausgaube wieder einholen würde.

Doch bis es soweit sein sollte, waren wir als Architekten fast ausnahmslos an diese oder jene Institution gebunden, die mehr oder weniger bestimmenden Einfluß auf das Bauen ausübte.

Da es auch in der Planwirtschaft immer ums Geld ging, erschien mir die Staatliche Plankommission als eine besonders einflußreiche Institution – und sie war es wohl auch, denn sie verteilte die Investitionssummen und machte über kurz- und mittelfristige Volkswirtschaftspläne deren Verwendung wo und wofür zum Gesetz, aufgeschlüsselt auf Landstriche und Städte. Auch die Anzahl der zu bauenden und zu modernisierenden Wohnungen, ihre durchschnittliche Größe und ihr Preis waren damit fixiert.

Die nächste Institution, das Bauministerium, bestimmte dann den Prozentanteil, der in industrieller Bauweise zu errichten war – gestützt auf die Produktionsbasis, die je nach Standort und Entwicklungsstand nur einen bestimmten Haustyp produzierte.

Außerdem wurden Maximalzahlen für die Verwendung von Mangelbaustoffen wie Holz, Stahl,

Sozialwohnungen mehr oder weniger entstehen. Nervte mich früher das dauernde Mitzählen, so nervt mich heute das Desinteresse. Außerdem – so mußte ich lernen – rechnet sich der soziale Wohnungsbau nicht.

Geblieben ist die Freude an dieser Arbeit, geblieben ist der stimulierende Zwang, kostengünstig und dennoch gut und schön zu bauen, und geblieben sind die Gegend, in der ich baue, und die Leute, für die ich baue.

Geblieben ist auch die Überzeugung, daß das Bauen mit Fertigteilen nicht zur Monotonie führen muß und daß die Menschheit diese Art zu bauen braucht, sollte sie ernsthaft versuchen wollen, das Problem der Behausung auf unserem Planeten zu lösen.

2
Normalgrundriß zur
Typenreihe P2.12 (Wilfried
Stallknecht, Achim Felz,
Herbert Kuschy, 1964)

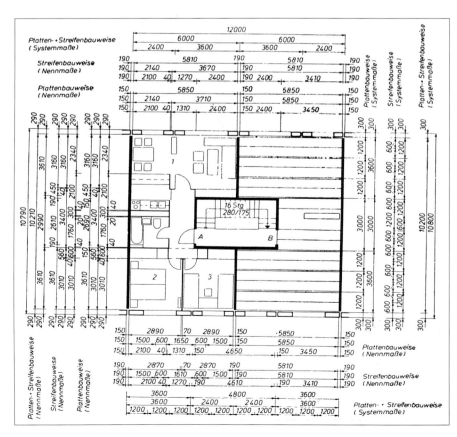

Achim Felz
**… und im Rückspiegel
das industrielle Bauen …**

Kunststoff und Ziegel festgelegt. Das waren aber eigentlich Minimalzahlen. Und in einem Jahr kam zudem noch der Zement – so unglaublich es klingen mag – auf die Sparliste und vielleicht im nächsten Jahr Bitumen.

Die Institution Bauakademie, der ich angehörte, durfte dann mit technologischen und konstruktiven Standardlösungen und mit städtebaulichen und gestalterischen Festlegungen das Netz des Reglements noch enger stricken und in einer Art Daseinsmathematik, wie Hermann Henselmann es immer nannte, die optimalen Lösungen für einen optimalen Städtebau mit einer optimalen Einwohner- und Bebauungsdichte herausrechnen. Daraus wurden dann städtebauliche Richtlinien, und so sahen sie auch aus.

Zwar war die Bauproduktion in Gestalt der großen Wohnungsbaukombinate keine offizielle staatliche Institution, für uns Architekten aber wurde sie zu einer Großmacht. Mit Hinweis auf die der Massenproduktion eigenen Gesetzmäßigkeiten schuf sie schier unüberwindliche Dogmen, wie: die Formenaggregate müssen zu 80 Prozent ausgelastet sein, das durchschnittliche Elementegewicht darf nicht unter vier Tonnen absinken, mehr als zwei Elemente je Wohnungstrennwand sind unwirtschaftlich usw., usw. Sie mußte wohl so handeln, um den enormen Produktionsausstoß bewältigen zu können.

Diese Industrie erschien uns manchmal wie ein Moloch, der, einmal angeschoben, seinen eigenen Weg trampelt. Wir mußten uns bei ihr bedienen und mußten sie bedienen, sie hatte das konkurrenzlose Monopol.

Und der Bürgermeister einer Stadt und deren Ratsversammlung mußten den Typ von Häusern über sich ergehen lassen, der in ihrem Territorium nun mal gerade produziert wurde.

Als ich mir diesen institutionellen Vorgang notierte, erging es mir wie dem Reiter über den Bodensee, und ich fragte mich, wie wir überhaupt noch etwas tun konnten, über das wir uns und andere sich freuen konnten.

Man konnte was tun – wenn auch in sehr kleinen Schritten. Zwei Gründe, meine ich, gaben dafür Rückhalt.

Einmal war es die Erkenntnis, daß ein noch so fein gesponnenes Regelwerk Lücken aufweist, durch die man schlüpfen kann. Als ich vor drei Jahren, als inzwischen freier Architekt, meinen ersten Bebauungsplan einreichen mußte, schreckte mich zuerst das Gestrüpp der vielen Forderungen, Bedingungen, notwendigen Zustimmungen, Einspruchsmöglichkeiten und bürokratischen Vorgänge, und ich gab der Kreativität keine Chance.

Das hat sich gegeben, seit ich das Regelwerk etwas näher kennenlernte.

Zum anderen war es die Solidarität Gleichgesinnter und das Vorhandensein von Persönlichkeiten, die ich mal als inoffizielle Institution bezeichnen möchte. Hermann Henselmann war so eine Institution. Er verkörperte für mich damals jene mephistohafte Gegeninstitution, die das offizielle Reglement seines heiligen Ernstes entkleidete – was er heute noch gern tut.

Von ihm lernte ich, als wir um 1970 zusammenkamen und ich mich vom Schüler zum Freund mauserte, daß eine industriell gefertigte Wohnung auch Charme haben kann (wenn dieser auch bei der tausendsten Wiederholung verlorengeht), daß Ökonomie und Phantasie ein sich durchaus vertragendes Paar sein können, daß die vielfache Anwendung von Typenlösungen durch eine breite Palette von Varianten begleitet sein muß. Und er demonstrierte und praktizierte breit angelegte Gemeinschaftsarbeit auch und vor allem mit Leuten außerhalb unseres Fachs. In diesem Sinne haben wir manches gemeinsam versucht und dabei wohl öfter verloren als gewonnen.

Schon Mitte der sechziger Jahre zeichnete sich unter dem Einfluß der mit Erfahrungen aus der Sowjetunion belasteten Meinungsbildner unter dem Losungswort der ›radikalen Standardisierung‹ ab, daß der gute Gedanke, den Bauprozeß zu industrialisieren, zur Häuserproduktion verkommen mußte. Unabhängig vom Standort und vom künftigen Nutzer.

Inzwischen war bereits nicht mehr die Wohnung oder die Sektion – also zwei Wohnungen irgendeiner Etage mit dem dazugehörigen Treppenhausanteil – typisiert, sondern vielerorts das Segment, also

Nevertheless, a certain amount of room for manoeuvre did exist, thanks to a thorough knowledge of the regulations, the solidarity of some like-minded colleagues and the existence of a few individuals who might be described as inofficial institutions.

By the mid-1960s it had become clear that the basically sound idea of industrializing the construction process would inevitably lead to mere housing production. Standardization had taken hold not only of housing as such, but also of individual housing segments.

At the same time, architects were designing variations on the established standard housing types. Today, I realize that the central management of variations simply did not work. At the time, I still hoped to develop *the* standard apartment, which would be flexible and versatile enough to meet all needs.

I was unable to effect any real changes with my work until about 1980, when I worked in Greifswald in the Rostock district of the GDR. There I encountered a more liberal attitude towards variations and was able to vary the prefabricated slab construction designs at least to the extent that they no longer constituted an eyesore in the urban landscape.

Though all this may sound like a horror story, there were times when my work brought real job satisfaction and times when we received well-deserved praise for what we had managed to achieve under extremely adverse circumstances.

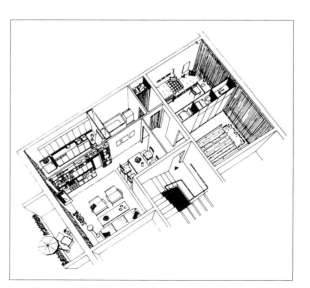

3
Variantenvorschlag
zur Typenreihe P2.12,
Wohnung mit Außenküche

Achim Felz
**… und im Rückspiegel
das industrielle Bauen …**

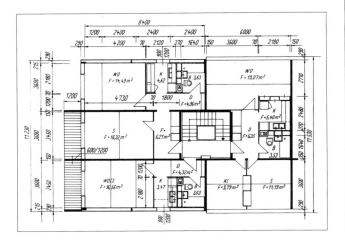

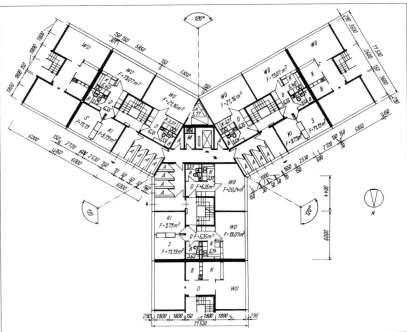

4–6 Gebäudevarianten
als Ergänzungssortiment
zur Typenreihe

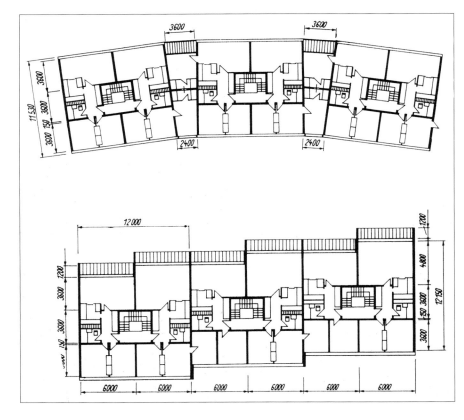

ein Aufgang. Die großen Wohnungsbaukombinate aber machten nur noch Häuser, möglichst wenig unterschiedliche. Ein kürzeres und ein längeres – das längere am liebsten.

Diese Entwicklung hatte unter den Wirtschaftsfunktionären mächtige Verbündete. Sie ermöglichte eine Festpreisbindung – übrigens auch eine Bauzeitbindung – und eine genaue Kontrolle von Aufwendungen.

Die Vorstöße, die andere und ich mit Vorträgen und Veröffentlichungen Ende der sechziger Jahre machten, um von der Fertigungsseite her das Problem lösen zu helfen – und Beispiele dafür gab es in der Welt – gingen eigentlich genauso ins Leere wie die im gleichen Zeitraum gemachten unermüdlichen Versuche, Varianten der Typengestaltung und Varianten für die städtebauliche Einordnung anzubieten.

Ich zitiere mich selbst vom März 1968: »Das Fertigungsprinzip unserer jetzigen industriellen Wohnbauten gestattet bis auf wenige Ausnahmen nicht, aus Elementen eines Fertigungsprogramms verschieden hohe Häuser zu bauen, in der Produktion größere Eingriffe oder Korrekturen vorzunehmen. Daran ist aber nicht allein die Produktion schuld, sondern jene Typisierungsideologie, die im fertigen Wohnblock … das Standardisierungsziel sieht. Im Grunde genommen sind dann die Vorfertigungsanlagen eine Produktionsstätte für Teile eines … aufgezeichneten Hauses, das in seine Bestandteile zerlegt wurde.«[1]

Eine Modifizierung der Vorfertigung aber war nicht durchsetzbar. Nicht, weil zu wenige dafür waren. Sie scheiterte am Widerstand der Institution Bauministerium und der von ihr kommandierten Bauindustrie, die als staatsmonopolistische Industrie die Bedingungen diktieren konnte mit dem Argument, daß jede Umstellung so und soviel weniger Wohnungen bedeuten würde. Dieses Argument verfehlte auch auf mich seine Wirkung nicht, denn wer wollte schuld daran sein, daß viele Familien möglicherweise vergeblich auf eine Wohnung hofften? Wie oft wohl habe ich in jener Zeit meine Weltanschauung verraten und mir die Konkurrenz einer freien Marktwirtschaft für das Bauwesen herbeigewünscht!

Währenddessen und immer aufs neue entstanden in den verschiedenen Bezirken auf den Reißbrettern der Architekten Variantenvorschläge zu den festgefügten Typenbauten, ob sie nun P2, WBS 70 oder Typ Erfurt hießen. Mal waren die Vari-

anten auf die Wohnungen bezogen, mal auf die Fassaden bis hin zur einzelnen Außenwandplatte und immer natürlich unter Berücksichtigung der schon erwähnten Fertigungsdogmen. Die Zahl der Vorschläge und Wettbewerbsbeiträge stand in schreiendem Gegensatz zur Kümmerlichkeit des gefertigten Sortiments.

Immer wieder kamen städtebaulich motivierte Angebote und dazu der Vorwurf des Bauministers, daß die Architekten aus dem Wohnungsbauprogramm ein Städtebauprogramm machen wollten. Aber das wurde es ohnehin – auch ohne seine Billigung.

Die Zahl der Vorschläge war Legion; viele konnten und machten es besser als ich – und hatten auch mehr Erfolg, nämlich jene Architekten, die in den Bezirken tätig waren.

Die ortsansässigen Architekten brauchten nicht bei jedem Vorschlag den Nachweis zu führen, daß der betreffende Gedanke im ganzen Land angewendet werden konnte und sich keine Auswirkungen auf den Frieden in Wladiwostock oder sonstwo ergaben. Sie konnten den heimatlichen Bezug und die regionale Begrenzung ausspielen.

Im übrigen weiß ich heute, daß eine zentrale Steuerung von Varianten gar nicht möglich ist. Damals aber war ich noch von der Idee besessen, *den* Wohnungstyp zu entwickeln, mit dem man alles machen kann.

Die Rostocker Architekten agierten als eine der ersten regionalen Gemeinschaften erfolgreich, waren Paradebeispiel und Ermutigung zugleich. Sie überspielten zum Beispiel durch optisch dominierende Fensteraufteilungen oder durch eine ornamentale Gestaltung der einzelnen Außenwandelemente das Fugenraster der Plattenbauten. Heute macht das die Wärmehaut viel gründlicher.

In der Zeitschrift ›Bauwelt‹ vom August 1993 beschrieb kenntnisreich Wolfgang Kil die Rostocker Situation. Dies gibt mir Gelegenheit, seine Feststellung, der Städtebau der frühen Jahre dort »folgte einzig dem Diktat der Kranbahn«[2], zu ergänzen.

Ja, so sieht es aus und so war es. Die endlos parallele Kranführung war aber letztlich Vollstreckerin einer Ideologie vom Städtebau, die den zwanziger Jahren huldigte und in der parallelen Zeilenstruktur die demokratischste Anordnung der Wohnungen sah, alle mit gleichviel Sonne und Schatten.

Wie sonst auch ist zu erklären, daß die Wohngebiete der fünfziger Jahre, auch die in Hamburg oder anderswo, die noch ohne Kranbahn gebaut wurden, genauso aussahen. Daß es so den Technologen gefiel und daß sie es zum Diktat machten, lag auf der Hand.

Im übrigen muß angemerkt werden, daß die Rostocker Kolleginnen und Kollegen wie auch die in Gera oder Halle, Magdeburg oder Dresden niemals ihre Vorschläge in Opposition durchsetzten oder, besser gesagt, durchsetzen konnten, sondern nur in enger Zusammenarbeit mit den Partei-, Staats- und Kommunalpolitikern und mit der Bauindustrie als Verbündeten. So etwas wird heute als Staatsnähe diffamiert. Nun nenne mir mal jemand einen Architekten, der wirklich einiges an Wohnhäusern und öffentlichen Gebäuden gebaut hat und dabei staatsfern blieb.

Wenn ich mit meiner Arbeit etwas bewegen konnte, dann erst, als ich mich in Greifswald – zum Bezirk Rostock gehörend – engagierte und in das geschilderte variantenoffene Klima eintauchend mit dazu beitragen konnte, den spröden Plattenbau so zu variieren, daß er wenigstens nicht störend im Stadtbild auffiel.

Das geschah um 1980 und hatte den Charakter eines staatlich gestützten Experiments; denn das Bauen innerhalb bebauter städtischer Teilgebiete, in denen die Baulücken an Größe und Zahl zunahmen, wurde dringender, allzu dringend, weil schon viel zu lange hinausgeschoben. Aber mit Millionen von neugebauten Wohnungen, in großen Neubau-

7-8 Fassadenbeispiele zur Verdrängung des Fugenrasters in Rostocker Neubaugebieten

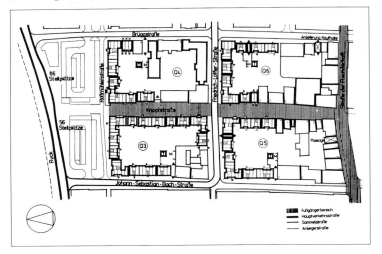

gebieten weithin sichtbar präsentiert, ließ sich – so schien es – mehr Furore machen.

Die lange gemiedenen Innenstädte letztlich waren es, die den augenfälligen Beweis antraten, daß die Blöcke, die für den Stadtrand schon zu grob geschnitzt waren, absolut nicht in gewachsene Bebauungen passen wollten. Sie erzwangen eine Modifizierung.

Übrigens Blöcke – inzwischen war sogar die Sprache verroht. Es hieß nicht mehr Haus, sondern Block, Scheibe, Punkt oder Würfel. Mit Recht. Leider.

Das war in den Jahren 1985/86, und es zeigte sich, daß das inzwischen so sehr verfestigte System der Hausproduktion zwar variiert werden konnte, jedoch jetzt nicht mehr mit den Regeln der Indu-

strialisierung, sondern gegen sie, und das wurde teuer.

Wie erstarrt das Produktionssystem geworden war, mag folgendes Beispiel erhellen: Als zu unserem größten Erstaunen Mitte der achtziger Jahre auf einmal Geld da war, Plattenwerke nicht nur aus der Sowjetunion, sondern auch aus Finnland zu kaufen, veranlaßte der Einkäufer die Finnen, die inzwischen ein hochsensibles und variantenreiches computergestütztes Fertigungsprogramm entwickelt hatten, ihr Werk auf den DDR-Stand zurückzurüsten. Die Finnen waren verzweifelt – und wir noch mehr.

Dieses Beispiel ist symptomatisch. Hier lag nicht ein Fall von Unerfahrenheit eines Außenhandelsvertreters vor. Es waren genügend Fachleute bera-

44

tend in das Geschäft einbezogen, und sie hatten sogar Gelegenheit bekommen, sich in Finnland ausführlich zu informieren. Hier ging es darum, das einmal gefundene und im Lauf der Jahrzehnte durch wiederholte und nicht unerhebliche Folgeinvestitionen immer mehr verfestigte System der Häuserproduktion fortzuschreiben.

Aus der Sicht eines Wirtschaftsfunktionärs oder eines Technologen funktionierte es trefflich, und es brachte zur geplanten Zeit, zum geplanten Geld die geplante Anzahl von Wohnungen. Und die war gewiß nicht unerheblich, was heute angesichts der eher kümmerlichen Bauerfolge auf dem Mietwohnbau-Sektor auffällt.

Damit will ich keiner Absolution das Wort reden nach dem Motto: lieber viele und nicht so gute als wenige, aber dafür hervorragend gestaltete Wohnungen. Das eine kann und muß das andere nicht ausschließen. Und darum ging es ja letztlich.

Einer der Gründe, die meiner Erfahrung und Meinung nach ein so verfestigtes, variationsarmes und in Sachen Architektur inzestuöses System produzieren und am Leben erhalten konnten, war das fehlende oppositionelle Element, auch und besonders in Gestalt eines geistigen Klimas, das den Streit der Wagen und Gesänge ermöglicht und fördert und nicht bei jedem – selbst fachlichen – Gedanken gleich den Klassenfeind wittert.

Ein Staatswesen, davon überzeugt, den einzig richtigen Weg zu beschreiten, und sich dabei noch sicher wähnend, daß der Großteil der Bevölkerung unterstützend oder zumindest billigend mitmacht, empfindet Opposition auf allen Ebenen als störend und zerstörend und wird sie aus Selbsterhaltungsgründen bekämpfen oder ihr von vornherein das Wirkungsfeld entziehen.

Abgesehen davon, daß Opposition als Schimpfwort gehandelt wurde, geriet jemand, der Zweifel oder gar Kritik anmeldete, schnell in den Verdacht, am System, am Sozialismus oder gar am Weltfrieden rütteln zu wollen.

Aus Dresden kam 1971 in einer Art vorauseilendem ökonomischen Gehorsam ein Vorschlag zur Kostensenkung. Der Gedanke, statt fünf Wohngeschossen sechs ohne Personenaufzug zu bauen,

fand wegen der errechneten Einsparungen schnell Eingang in die Planungsbeschlüsse.

Im Dezember des gleichen Jahres veröffentlichte ich – im Rücken den Aufschrei der Architektenschaft – in einer renommierten und von Wirtschaftsfunktionären viel gelesenen Wochenzeitschrift einen Beitrag, in dem ich den »Aufstockeffekt« für zweifelhaft erklärte und meinte, daß Einsparung von Zeit, Geld und Material so aufgefaßt werden müßte, »daß die Wohnqualität nicht absinkt. Gerade die Rationalisierungsarbeit muß auch vor allem dem Wohle der Nutzer dienen«.[3]

Das löste eine Affäre aus, in die sich der Bauminister persönlich einschaltete, und ich handelte mir eine Abmahnung – wie man heute sagen würde – ein und zugleich ein gutes Stück Popularität unter den Architekten. Doch ich war wahrlich kein Einzelfall, andere hatten weitaus mehr Ärger. Was mich wirklich ärgerte, war, daß ich in eine oppositionelle Ecke gedrängt wurde, in die ich gar nicht wollte. Ich war ja dafür – und so sehr, daß ich beim Bessermachen mitmachen wollte.

In der Endphase der Industrialisierung des Bauwesens gab es für jeden der ein gutes Dutzend zählenden Bezirke ein einziges Wohnungsbaukombinat, manches mit über 10 000 Beschäftigten. Die mit der Planung in allen Phasen betrauten Architekten waren Angestellte der Kombinate und gerieten nach und nach – auch wenn sie es nicht wollten – in den Produktionsmechanismus, wo die Technologen den Ton angaben. So waren dann die Architekten eher der Planerfüllung ihres eigenen Betriebes verpflichtet denn einer variantenreichen Architektur.

Ausnahmen bestätigten die Regel und verdienten Hochachtung. Die Kritikfähigkeit verkümmerte, weil sie, aus dem eigenen Betrieb kommend, schnell in den Geruch des Nestbeschmutzens geriet.

Wenn ich das so prinzipiell sage, dann klingt das wie ein Horrortrip in die Architektenarbeit. Das soll es nicht sein. Und es machte ja auch Spaß und bedeutete streckenweise mehr Lust als Frust. Es gab Erfüllung und auch Erfolg und Lob, und manchmal nicht zu knapp. Und es fiel auch manch gönnerhaftes Schulterklopfen ab aus den damals

12 Für die Anwendung in Berlin gestaltete Plattenbauten (1985/86) aus Gera

13 Für die Anwendung in Berlin gestaltete Plattenbauten (1985/86) aus Neubrandenburg

Achim Felz
**... und im Rückspiegel
das industrielle Bauen ...**

14 Wohnungstyp WBS 70
als gläserne Wohnung
auf der Bauausstellung
Berlin 1987

der Städtebau solle gleichförmig und die Architektur vereinheitlicht sein. Immer war von Schönheit, Abwechslung und Wohlbefinden die Rede.

Doch die tägliche Politik setzte die Zeichen anders.

Als sich abzeichnete, daß das Wohnungsbauprogramm doch allzu ehrgeizig angelegt und propagiert war – unterstellen wir einmal: in guter Absicht – und eine Korrektur der Planzahlen aus politischen Gründen nicht einmal zur Debatte stand, entwickelte sich bei den Politik- und Wirtschaftsinstitutionen allerdings so eine Art ›Erfüllung um jeden Preis‹-Ideologie.

So ist zum Beispiel zumindest mir kein Fall bekannt, daß ein verantwortlicher Politiker oder Wirtschaftsfunktionär gemaßregelt oder gar abgesetzt wurde, weil er in seinem Verantwortungsbereich einen monotonen Städtebau zugelassen oder produziert hat.

Wer aber die mit dem Wohnungsbauprogramm festgeschriebenen Wohnungszahlen nicht erbrachte, der konnte schon mal seinen Schreibtisch aufräumen.

Und daß Architekten wegen guter Vorschläge oder gar Innovationen oft genug Ärger bekamen, ist belegbar. Daß Architekten wegen schlechter Architektur bestraft wurden, dafür fehlt mir der Beweis.

Vom Gegenteil weiß ich.

noch nicht alten Bundesländern nach dem Motto: »Toll, was ihr bei diesen Bedingungen geschafft habt.«

Im übrigen kann ich mich nicht entsinnen, daß auf irgendeinem Parteitag oder in irgendeinem Partei- oder Regierungsbeschluß davon die Rede war,

Anmerkungen

1 Achim Felz, ›Wohnungsbau und Variabilität‹, in: *Deutsche Architektur*, März 1968, S. 133
2 Wolfgang Kil, ›No Future?‹, in: *Bauwelt* Heft 30, August 1993, S. 1573
3 Achim Felz, ›Effektiver Massenwohnungsbau durch richtige Wahl der Gebäudehöhe‹, in: *Die Wirtschaft* Nr. 50, 15.12.1971

Niels Gormsen

Bericht aus der Zukunft:
Leipzig im Jahr 2004

Der Berichterstatter wurde im Jahr 1994, nachdem er vier Jahre in Leipzig verbracht hatte, ins Ausland versetzt und kehrt erst zur Baufachmesse im November 2004 zurück. Er soll über die Eröffnung der ICE-Strecke München/Leipzig/Berlin mit dem ›Sachsentunnel‹ unter der Leipziger Altstadt berichten. Hier seine Eindrücke, die er mir überlassen hat und in die er die Erinnerungen an die Zeit vor 1994 einfließen läßt.

Der Airbus ›Gigant‹, das umweltfreundliche, leise und abgasarme Großraumflugzeug, landete nach kurzer Nacht um 8.20 Uhr auf dem Flughafen Leipzig-Halle in Schkeuditz. Wir waren vor acht Stunden in Brasilia gestartet, wo ich die letzten zehn Jahre zugebracht hatte. Ich war gespannt, was sich in dieser Zeit in Leipzig getan haben würde.

Schon beim Landeanflug konnte ich erkennen, daß die neue Start- und Landebahn nördlich der Autobahn im Bau ist. Die große breite Brücke über die Autobahn scheint schon fertiggestellt zu sein. Am Boden erwartete uns das neue Flughafenempfangsgebäude mit seinen sechs Flugsteigen und vier Fluggastbrücken. Der erste Bauabschnitt war vor zehn Jahren gerade begonnen worden. Nun war es fertig, zweckmäßig und sachlich. Es läßt etwas an Großzügigkeit und architektonischem Schwung vermissen, ist aber immerhin ein großer Fortschritt gegenüber dem eher primitiven ›Feldflughafen‹, den ich noch in Erinnerung habe.

Vom Vorfeld habe ich nicht viel gesehen, weil ich gleich zum Flughafenbahnhof hinunterging und dort die S-Bahn bestieg, die – übrigens auf den Gleisen der ICE-Strecke von Frankfurt über Erfurt nach Leipzig – mich in wenigen Minuten zum Messebahnhof brachte. Auch dort eine etwas nüchterne, zweckmäßige Bahnsteiganlage ohne die großzügige Halle, die ursprünglich hier geplant war. In der Straßenbahn, zu der ich per Rolltreppe hinunter gelangte, ging es dann in einer begrünten Mulde die 500 Meter zum Messehaupteingang mit seiner überwältigenden Glashalle, die sich im großen Wasserbecken spiegelt: eine interessante Stahl- und Glaskonstruktion von Ian Ritchie, London, entworfen. Viele Menschen strömten wie ich zur Eröffnung der Baufachmesse in die große gläserne Empfangshalle unter der 30 Meter hohen Glastonne, wo man sich in einem riesigen Kristallpalast wähnt. Von hier führen Rollsteige, Treppen und Stege hinauf zur eigentlichen Hallenebene, auf der auf beiden Seiten der Glastonne die jeweils 140 x 140 Meter großen Messehallen angeschlossen sind. Fast ohne Stützen erlauben sie eine höchst flexible Nutzung für alle möglichen Ausstellungen. In vier der fünf

Hallen war die Baufachmesse sehr übersichtlich aufgebaut. Sie reichte mit den vielen Baumaschinen weit hinaus ins weiträumige Freigelände. Besonderes Interesse fand bei mir die Sondermesse Denkmalschutz – immer noch ein wichtiges Thema in Ostdeutschland und Osteuropa.

In der fünften Halle wird soeben eine Fachmesse für ökologische Umweltsanierung aufgebaut, die nächste Woche eröffnet werden soll. Auf- und Abbau lassen sich anscheinend sehr gut ohne gegenseitige Störungen bewältigen. Das von v. Gerkan, Marg und Partner, Hamburg, 1991 entwickelte Konzept hat sich gut bewährt. Die Leipziger Messe hat ihren Platz unter den europäischen Messeplätzen wieder voll erobert, was durch die besonderen Beziehungen nach Osteuropa und die dort inzwischen wieder aufblühende eigene Wirtschaft unterstützt wurde. Die nächsten beiden Hallen sollen, wie ich höre, in nächster Zeit gebaut werden.

Ich erinnere mich noch an die riesige Baustelle, auf der sich vor zehn Jahren über 30 Kräne gleichzeitig drehten und auf der täglich eine Million DM verbaut wurde. Offenbar hat man den Eröffnungstermin Anfang 1996 tatsächlich eingehalten, obwohl es 1994 mit den vielen Baustellen der Straßen, Brücken und Außenanlagen nicht so aussah!

Nun sind aber nicht nur die großen Hallen und das Kongreßgebäude fertig, sondern auch einige der begleitenden Gebäude im Norden und Westen, wo Hotels und Büros neue Raumkanten bilden. Vor allem aber ist die ganze Messe eingebunden in großzügige Baumalleen und Grünanlagen, so daß

Report from the Future: Leipzig in the Year 2004

The author, head of Leipzig's urban planning department, describes the development of the city as he imagines it will look in retrospect in the year 2004. The individual projects he discusses are: the expansion of the airport and its linking to the high-speed train network; the outline planning for the new trade fair grounds, with the spectacular glass hall by Ian Ritchie, and the conversion of the old grounds into a new urban district of some 19 hectares, designed by Ulrich Coersmeier; the conversion of derelict industrial spaces in the redevelopment of Connewitz Kreuz; the development of Grünau, a prefabricated housing area with some 80,000 inhabitants; the Bauwenshaus in the city centre; the Burgplatz-Passagen; the Karstadt department store by Rhode, Kellermann and Wawrowski and the Peek & Cloppenburg department store by Charles

1
Ian Ritchie, Neue Messe Leipzig, Modell

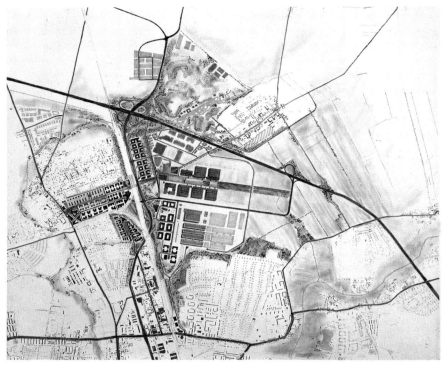

der Begriff der ›menschlichen Messe‹ nicht nur durch die Gebäude, sondern auch durch ihre landschaftliche Einfügung gerechtfertigt zu sein scheint.

Zur Fahrt in die Stadt benutzte ich die Straßenbahn, die mit ihren leisen Niederflurwagen sehr zügig durch die Delitzscher Straße fährt und in wenigen Minuten am Hauptbahnhof ankommt. Die Delitzscher Straße wurde vor zehn Jahren von einer vierspurigen Bundesstraße, in der die Straßenbahn häufig mit den Autos im Stau stand, zu einer Straßenbahnstraße umgestaltet, in der die Stadtbahn auf eigenem, teils begrüntem Gleiskörper fährt, die nun beidseitig mit Bäumen bestanden ist und in der die Autos nur noch eine sekundäre Rolle spielen. Der Verkehr der Bundesstraße 2 verläuft inzwischen weiter östlich am Rande des Industrie-

3
HPP Hentrich-Petschnigg
& Partner, Leipziger Haupt-
bahnhof, Innenperspektive,
Wettbewerb 1994, 1. Preis

gebietes und leitet den Verkehr tangential um das Stadtzentrum herum.

Wie ich höre, hat sich diese Verkehrslösung nach anfänglichen Problemen und manchen Bedenken bei den Einzelhändlern und Autofreunden gut bewährt. Die hohe Frequenz der Straßenbahn zeigt, daß viele Verkehrsteilnehmer die Vorteile dieses Verkehrsmittels zu schätzen wissen.

Ich besuchte den Hauptbahnhof, um hier die Eröffnung der sogenannten ›Sachsenmagistrale‹ mitzuerleben, der ICE-Strecke von München über Nürnberg und Plauen nach Leipzig, die nun doch, entgegen den ursprünglichen Plänen, nicht über den Thüringer Wald nach Erfurt, sondern direkt nach Sachsen führt. Hier hat sich also letztlich der Freistaat Sachsen durchgesetzt. Auf der neuen Strecke werden, um weniger gravierend in die kleinteilige Landschaft in Franken und im Vogtland eingreifen zu müssen, neuartige Züge eingesetzt, die, auf dem Prinzip des Pendolino aufbauend, auch engere Kurven mit hoher Geschwindigkeit befahren können.

An den Eröffnungsfeierlichkeiten mit Reden des Bundesverkehrsministers und des Ministerpräsidenten von Sachsen habe ich nur kurz teilgenommen. Mich interessierte mehr das Erlebnis dieses nach wie vor großartigen Bahnhofes, der seine Weiterentwicklung zu einem Reise- und Einkaufszentrum relativ gut überstanden hat. Vor zehn Jahren war ein Architektenwettbewerb veranstaltet worden, dessen erste Preisträger, HPP aus Düsseldorf/Leipzig, es verstanden haben, die denkmalgeschützte Architektur des Hauptbahnhofes mit den Anforderungen der Verkehrsteilnehmer und Kunden des 21. Jahrhunderts so zu verbinden, daß alles gut funktioniert, große Verkaufsflächen entstanden sind (übrigens weitgehend unterhalb der Gleisebene), und doch die besondere Architektur der großen Bahnhofshallen nicht zu stören.

Zuerst wollte ich eigentlich mit der S-Bahn unter der Innenstadt hindurch zum Bayrischen Bahnhof und zum alten Messegelände fahren, auch ein Projekt, das vor zehn Jahren gerade in die erste politische Diskussion ging und das nun seit etwa vier Jahren fertiggestellt ist. Ich habe mir aber nur die ganz gut gelungene Verbindung des Zugangs zur S-Bahn im Tiefgeschoß angeschaut und bin dann wieder an die Oberfläche hinaufgestiegen, um zu Fuß durch die Innenstadt zu gehen. Ich wollte sehen, was sich hier seit 1994 getan hat.

Es hat sich schon einiges verändert. Allein der Willy-Brandt-Platz vor dem Bahnhof ist nun ein richtiger Bahnhofsplatz geworden. Das war mir zunächst gar nicht so aufgefallen: Man muß, um von der Stadtbahn in den Hauptbahnhof zu gelan-

gen, keine Autostraße mehr überschreiten, die Haltestellen liegen direkt vor dem Bahnhof – alles ist ebenerdig sehr großzügig und übersichtlich angeordnet (keine dunklen Unterführungen mehr!). Und die Autos haben nur noch je zwei Spuren zur Verfügung – früher waren es wohl drei oder vier pro Richtung gewesen! Wie man das geschafft hat, weiß ich nicht – wahrscheinlich haben die damals geplanten Tangenten doch ihre Wirkung getan. Vor allem hat aber die nun auch in Leipzig seit zwei Jahren eingeführte City-Straßen-Gebühr (nach der im Jahr 2000 geänderten StVO) zu dieser Verkehrsentlastung geführt: Wer den mittleren Ring überfährt, muß 5,– DM, wer den inneren Ring überfährt, 10,– DM pro Pkw bezahlen! Deshalb wurden lange gehegte Pläne, den Autoverkehr vor dem Hauptbahnhof unterirdisch zu verlegen, schließlich doch aufgegeben.

Jenseits des Bahnhofsplatzes steht ein Neubau anstelle des Hotels ›Stadt Leipzig‹ aus der DDR-Zeit. Auf der Ostseite des Hauptbahnhofes erhebt sich nun, quasi als Pendant zum Wintergartenhochhaus, das Hochhaus des neuen IC-Hotels, womit eine städtebauliche Idee von Stadtbaurat Hubert Ritter aus den zwanziger Jahren des 20. Jahrhunderts verwirklicht wurde.

Wenn man nach Westen blickt, begrenzt auch dort ein Hochhaus den Blick. Es ist am Goerdeler Ring entstanden, auch einem jener Standorte, die Ritter seinerzeit schon angeregt hatte. Ich erinnere mich, daß 1994 nach einem Architektenworkshop ein international besetzter Wettbewerb abgehalten wurde. Das daraus entstandene Hochhaus beeindruckt durch seine eigenwillige Form.

Wenn man den Willy-Brandt-Platz vor dem Hauptbahnhof überquert hat, stellt man fest, daß die frühere Baulücke am Hallischen Tor endlich geschlossen ist. Das eigenartig gestaltete Geschäftshaus der Familie Harmelin, von einem jungen Engländer entworfen, ist nun doch gebaut worden.

Und der Sachsenplatz ist inzwischen tatsächlich verschwunden. Diese überdimensionierte und unmaßstäbliche Platzfläche aus der DDR-Zeit wurde wieder bebaut, wie es der städtebauliche Rahmenplan von 1990 bereits empfahl. Hier ist nun, erst vor zwei Jahren fertiggestellt, das Museum der bildenden Künste neu entstanden. Es stand vor seiner Kriegszerstörung am Augustusplatz, an der Stelle des heutigen Gewandhauses.

Auch hierzu gab es, wie ich mich erinnern kann, ausgiebige Diskussionen über den Standort, Architekturwerkstätten über die Art der Sachsenplatzbebauung und einen Wettbewerb. Der daraus hervorgegangene Neubau fügt sich trotz seiner großen

Baumasse recht gut in die sonst kleinteilige Altstadtstruktur ein. Auch die Verbindung von Museum in den oberen Geschossen und lebendiger Laden- und Gaststättenstruktur auf der Fußgängerebene scheint gelungen. Der Blick in das Museum selbst zeigt, daß außer den Leipzigern wohl auch viele Touristen die beachtliche Bildersammlung zu schätzen wissen. So gesehen war die anfänglich umstrittene Standortwahl mitten in der Altstadt sicher richtig.

Bei der Neubebauung des Sachsenplatzes hat man sich am früheren Stadtgrundriß orientiert, aber doch außer den Gassen und typischen Passagen einen räumlich sehr maßstäblichen Museumsplatz entstehen lassen, auf dem einige Großplastiken präsentiert werden. Die Katharinenstraße mit ihren schönen Barockgebäuden, deren Fassaden alle wieder intakt sind, hat ihre südliche Straßen-

5
Restaurierte Barockfassade des ›Paulaner‹ in der Klostergasse

front wieder erhalten und damit den historischen Maßstab. Auch die Hainstraße, vor zehn Jahren noch eine traurige Gasse mit halb verfallenen Überresten der alten Kaufmannshäuser, ist nun wieder hergestellt. Nur jene Spitze am Richard-Wagner-Platz, gegenüber vom Kaufhaus Horten, ist noch immer eine Baulücke. Offenbar konnten sich hier die Eigentümer bis heute nicht einigen! Die unklaren Eigentumsverhältnisse waren Anfang der neunziger Jahre eins der größten Probleme beim Wiederaufbau der Städte nach der DDR-Zeit. Das scheint heute größtenteils überwunden. Das Kaufhaus Horten hat immer noch seine viel geschmähte Blechfassade. Aber die vier Wohnblocks zwischen Tröndlinring und Brühl sind in eine neue, den früheren Straßenraum des Brühl wiederherstellende Bebauung eingebunden worden.

Leider konnte ich ja nicht alles besichtigen. Aber Barthels Hof, jenen ältesten noch erhaltenen Renaissance-Kaufmannshof, wollte ich doch sehen. Er war 1994 in die Schlagzeilen geraten, weil der damalige Bauherr namens Jürgen Schneider, der sich aufgemacht hatte, der größte Bauherr in Leipzig zu werden, nach seiner Riesenpleite das Anwesen halb fertig renoviert stehen ließ. Nun ist Barthels Hof fertig und mit vielen Geschäften und Kneipen voller Leben und läßt die alte Schönheit der Renaissance- und Barockarchitektur mit den dazugehörigen Passagen und Höfen gut erkennen. Und auch die von den Kölner Architekten Rhode, Kellermann und Wawrowski entworfene Glasfassade des Nachbargebäudes fügt sich gut in den Kontext der Hainstraßenfassaden ein.

Schließlich ist auch der ›Coffèbaum‹ endlich wieder da, in alter Gestalt und Funktion als eines der ältesten Gasthäuser Deutschlands. Es stand jahrelang wegen der ungeklärten Eigentumsverhältnisse in der ersten Nachwendezeit leer und war fast verfallen, bevor dann wohl doch die Rettung gelang. Die Erinnerungsstücke an Robert Schumann und viele andere illustre Gäste sind wieder wie früher am alten Platz zu sehen.

Vom benachbarten Marktplatz grüßt wie immer das Alte Rathaus mit Turm und Arkaden. Auf dem Platz selbst findet ein lustiger Blumenmarkt statt, wie ich höre, inzwischen eine Dauereinrichtung. Die Randbebauung des Marktplatzes hat sich auf der Süd-, Ost- und Nordseite nicht verändert, aber das Messeamtsgebäude aus den siebziger Jahren mit seiner fremden Rasterfassade hat einem Neubau Platz gemacht, der den ganzen Block umfaßt – damals ein kahler Parkplatz. Den Architekten ist es gelungen, die frühere Parzellen- und Gebäudestruktur aufzugreifen und in Architektur umzusetzen, ohne Altes zu imitieren.

Der Blick aber vom Markt zur Thomaskirche ist nach wie vor frei. Vor zehn Jahren gab es heftige Auseinandersetzungen über die Frage, ob die durch Bomben entstandene Baulücke, die in der Nachkriegszeit als Grünanlage gestaltet und mit Bäumen bepflanzt wurde, wieder bebaut werden sollte: im früheren Stadtgrundriß lag zwischen Markt und Thomaskirchhof die schmale Thomasgasse. Es gab damals mehrere Architektengutachten und ausgiebige Debatten. Offenbar hat sich die Überzeugung durchgesetzt, daß diese letzte größere Grünfläche innerhalb der Altstadt doch erhalten bleiben soll, so daß auch weiterhin die Blickbeziehung von der Thomaskirche zum Alten Rathaus möglich ist. Immerhin wurde die südliche Platzwand, damals

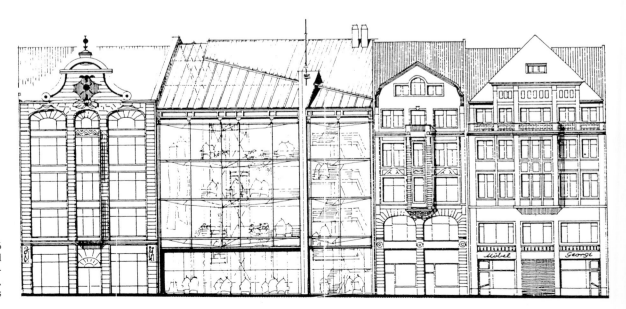

6
Rhode, Kellermann und Wawrowski, Glasfassadenhaus in der Hainstraße, Wettbewerb, 1. Preis

7
Charles Moore,
Kaufhaus
Peek & Cloppenburg
im Bau, 1994

8
Rhode, Kellermann
und Wawrowski,
Karstadt-Erweiterung
an der Petersstraße,
Wettbewerb 1992, 1. Preis

9
HPP Hentrich-Petschnigg &
Partner, Burgplatzpassagen,
Fassadenstudie an der
Petersstraße

noch aus häßlichen Hinterhoffassaden bestehend, nun neu gefaßt und gestaltet. Und wenn man die Petersstraße nach Süden blickt, so fällt der P & C-Kaufhausbau von Charles Moore mit seiner gestaffelten, überlagerten Fassade auf. Er vermittelt zwischen zwei Fassadenebenen und Gebäudehöhen in einer eigenwilligen Formensprache, die sich ebenso in die Altstadtbebauung einfügt wie die Glasfassade der Karstadt-Erweiterung und die differenzierten Hausfronten des Burgplatzkarrees.

Durch Königshof- und Mädlerpassage – noch immer ein nobles Stück Architektur – ging es weiter durch die neue Kaufhofpassage zwischen Neumarkt und Universitätsstraße: das Leipziger Passa-

gensystem hat sich also weiterentwickelt! Der Neubau des Kaufhofs fügt sich aber doch nicht so ganz überzeugend in die Altstadtstruktur ein. Immerhin ist bei ›Deutrichs Hof‹ neben dem ›Haus mit dem Elefanten‹ eine ganz gut gelungene Baulückenschließung entstanden. Und ›Specks Hof‹, seinerzeit heftig umstritten wegen der inneren Veränderungen am ältesten Messehaus, zeigt sich nun in einer recht überzeugenden Verbindung zwischen wiederhergestellter Architektur vom Beginn des 20. Jahrhunderts und neuen Zutaten aus den letzten zehn Jahren.

Der Platz um die Nikolaikirche ist, nachdem die alte Nikolaischule vor dem endgültigen Verfall

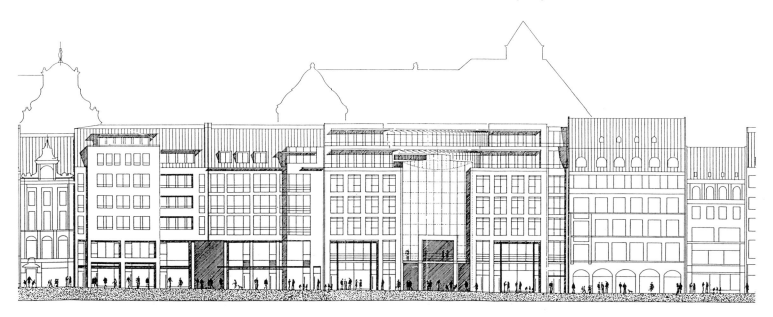

11
Denda und Auspurg/
Gronemann/Thomas,
Planungsbereich
Wilhelm-Leuschner-Platz

10
Determann und Martiensen,
Augustusplatz, Modell,
Wettbewerb 1994, 1. Preis

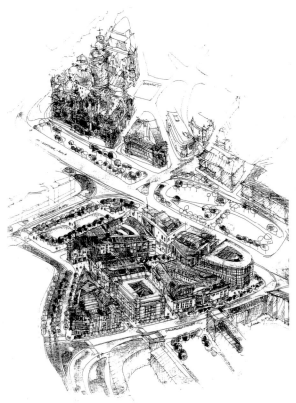

gerettet und sorgfältig renoviert wurde und die Autos verbannt sind, eine ruhige Oase, würdig gestaltet mit einem Brunnen und der Replik einer der Säulen aus der Kirche selbst mit ihrem Palmenkapitell: Erinnerung an die Montagsgebete und Demonstrationen, die 1989 hier ihren Ausgang nahmen und den Zusammenbruch der DDR einleiteten.

An der Grimmaischen Straße, kurz vor dem Augustusplatz, ist eine große Baustelle im Gang. Die Straße wird hier auf die alte Bauflucht zurückgebaut, so daß sie wohl bald wieder ihren ursprünglichen Maßstab haben wird. Noch kann man nicht genau erkennen, was nun rings um die Universitätsbauten aus den siebziger Jahren neu entsteht. 1994 sollten die Architekten Vorschläge für die Neugestaltung des Augustusplatzes selbst, aber auch für Ergänzungsbauten der Universitätshauptgebäudes vorlegen, die auch an die durch Sprengung 1968 zerstörte Paulinerkirche erinnern sollten.

Das Ergebnis des Wettbewerbes, an dem sich über hundert Architekten aus ganz Deutschland beteiligten, war nicht unumstritten, hat aber nun doch dazu geführt, daß ein Teil des Universitätshauptgebäudes abgebrochen und durch einen Neubau ersetzt wird. Wie ich höre, soll er vor allem die Mensa und einen großen Hörsaal enthalten, der zugleich in seiner Funktion und Formensprache an die Paulinerkirche erinnern soll. Dort soll ein Universitätsmuseum eingebunden werden, in dem auch die Kunstschätze aus der Kirche aufbewahrt und präsentiert werden sollen.

Der Platz selbst ist nun autofrei (die Autos wurden in die große Tiefgarage unter den Boden ver-

bannt) und neu gestaltet nach dem Entwurf der Hannoveraner Architekten Determann und Martiensen (1. Preis). Der Platz vor dem Gewandhaus ist mit einem lichten Baumhain bepflanzt, der Opernplatz von dichten Baureihen erfaßt. Er steht also auch weiterhin für Feste, Open-air-Konzerte und Demonstrationen zur Verfügung.

Das Universitätshochhaus, in den siebziger Jahren nach Entwürfen von Hermann Henselmann entstanden, steht noch immer. Es hat nur eine neue und überzeugendere Fassade erhalten. Allerdings dient es nur noch zum geringsten Teil der Universität. Es ist vor etwa zehn Jahren vom Freistaat Sachsen verkauft worden, weil die notwendigen Reparatur- und Umgestaltungsarbeiten zu teuer gekommen wären und ein Hochhaus für eine Universität nur eingeschränkt nutzbar ist. Nun residieren viele kleinere Büros und Institute im heutigen ›Osteuropa-Center‹; im Erdgeschoß gibt es Läden und ein Bistro. Und das Aussichtscafé auf der obersten Ebene ist wieder in Betrieb. Von hier aus hat man wieder den interessanten Rundblick über die Stadt, und man kann erkennen, daß die meisten Baulücken, die vor zehn Jahren das Stadtbild noch an vielen Stellen prägten, nun geschlossen sind.

Besonders fällt mir auf, daß die große Brache des Leuschner Platzes nun wieder bebaut ist. Die Bankcontainer, die damals auf dem Parkplatz abgestellt waren, sind respektablen Neubauten in einer guten neuzeitlichen Architektursprache gewichen, die die frühere Stadtstruktur mit Gassen und Plätzen aufgreifen. Es scheint gelungen zu sein, die Einkaufscity über den Promenadenring hinweg zu erwei-

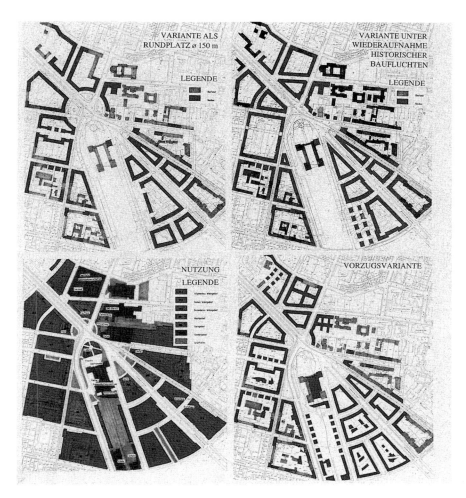

tern. Das Hertie-Kaufhaus, das Hilton-Hotel und eine große Zahl weiterer interessanter Geschäfte sind wohl genügend Magnet, um viele Kunden anzuziehen. Dazu mag auch beitragen, daß man hier sowohl Parkplätze in einer großen Tiefgarage als auch die S-Bahn-Station in Verbindung mit fast allen Straßenbahnlinien findet.

Übrigens ist mir aufgefallen, daß die Innenstadt, mit 48 Hektar ja ohnehin sehr klein, wirklich autofrei ist. Dazu trägt, wie ich höre, der Erschließungstunnel bei, der unter der Reichsstraße und dem Neumarkt hindurch mitten durch die Stadt verläuft und an den die Kaufhäuser und größeren Geschäfte, insbesondere auf dem ehemaligen Sachsenplatz, angeschlossen sind.

Nun benutze ich doch die S-Bahn, fahre unter dem Bayrischen Bahnhof hindurch (ich habe mich später davon überzeugt, daß der schöne Portikus von 1842 und die alten Bahnhofsgebäude nun rekonstruiert wurden und somit etwas von der Eisenbahngeschichte im Stadtbild erkennen lassen) und lande am alten Messegelände, das heute ›Europa-Viertel‹ heißt. Ich war besonders gespannt, was sich hier getan haben würde, denn nach intensiver Planung, mancher politischen Auseinandersetzung und einigen Anlaufproblemen war 1993/94 ein städtebaulicher Rahmenplan zur Umgestaltung des früheren Messegeländes beschlossen und eine Entwicklungsgesellschaft gegründet worden, die die Aufgabe hatte, anstelle der Messe einen neuen Stadtteil zu entwickeln. Er sollte nicht nur die Funktionen eines gehobenen Büroviertels übernehmen, sondern auch ein Wohngebiet umfassen, mit allem, was dazu gehört. Die neue Bebauung sollte sich gut in die südlichen Stadtteile einfügen, die durch das Messegelände früher unterbrochen waren.

Nun ist ein Großteil der Bebauung fertig oder im Bau. Man erkennt schon die Konturen des Europa-Platzes, der auf Höhe der Semmelweisstraße die großartige Allee der Straße des 18. Oktober untergliedert. Am Oval des Deutschen Platzes ist gegenüber der Deutschen Bücherei das World-Trade-Center mit dem neuen Kongreßzentrum entstanden, ebenso mit geschwungener Fassade!

Die große Messeallee mit dem Blick auf das Völkerschlachtdenkmal ist nun unverstellt, nachdem das Bürogebäude am Messeeingang abgebrochen wurde. Bäume, Wasser und Grünanlagen bilden das Herzstück eines neuen Geschäftsviertels, das anstelle der Messehallen errichtet wurde. Nur die Prachtfassade des früheren Sowjetischen Pavillons mit seiner goldenen Spitze und die benachbarte Halle 11 sind von den früheren Messehallen übriggeblieben. Die letztere Halle ist jetzt Markthalle, mit sehr lebendigem Markttreiben bei meinem Besuch.

Weiter westlich, entlang der neuen Zwickauer Straße mit ihren eigenwilligen Dreiecksplätzen, entsteht soeben das neue Wohngebiet, Ergebnis einer Internationalen Bauausstellung (IBA), die hier seit 1996 entsteht und an der sich viele Architekten aus aller Herren Länder mit den neuesten Entwürfen zu verdichtetem urbanem Wohnen präsentieren.

Der Weg führt nach Westen über die S-Bahn hinweg zum ehemaligen Schlachthofgelände, wo seit 1992 der Mitteldeutsche Rundfunk residiert. Auch

14
Altbausanierung
in Connewitz,
1994

hier war 1994 ein Architektenwettbewerb abgehalten worden, um Entwürfe für die neuen Fernsehstudios zu bekommen. Es ist erfreulich, zu sehen, wie es den Architekten gelungen ist, mit fast futuristischen Formen neue Funktionen in die noch großenteils erhaltene Struktur der Backsteingebäude des früheren Schlachthofes einzubinden. Und die beiden gemauerten Gaskessel südlich der Richard-Lehmann-Straße haben, wie ich höre, nun auch eine neue Nutzung gefunden, der eine als Hotel, der andere als Fernsehmuseum.

Für die Fahrt zurück zum Hauptbahnhof nahm ich mir ein Taxi, um im Vorbeifahren noch Eindrücke aus den anderen Stadtteilen zu gewinnen und feststellen zu können, ob Leipzig noch das alte ist und was sich verändert hat.

Connewitz, vor zehn Jahren noch ein umstrittenes Sanierungsgebiet, wo sich Jugendliche aus der rechten und linken Szene immer wieder in die Haare gerieten, ist nun wieder ein recht normaler

15
von Gerkan, Marg und
Partner (Volkwin Marg),
Stadtteilzentrum
am Connewitzer Kreuz,
Lageplan

Stadtteil, in dem auch wirklich viele der 1990 vor dem Abriß geretteten Altbauten instand gesetzt wurden. Am Connewitzer Kreuz ist das damals geplante, aber erst nach meiner Abreise gebaute Stadtteilzentrum tatsächlich fertig. Ich stieg aus, um nach der Kulturfabrik Werk II zu sehen: Sie existiert noch und ist ein gutes Beispiel dafür, wie man kommerzielle und kulturelle, gewinnbringende und unterstützungsbedürftige Funktionen unter ein Dach bringen kann. Volkwin Marg als Architekt hat dazu sicher ebenso beigetragen wie die Investoren, die hier lange kämpfen und rechnen mußten, bis alle Grundstücke erworben und die Finanzierung gesichert war!

Die Karl-Liebknecht-Straße ist mit ihren Baumreihen nach wie vor ein lebendiger Boulevard, an dessen Rändern die letzten Baulücken geschlossen werden. Auch sonst stellte ich in der Südstadt viele Baustellen fest, darunter auch einige interessante Neubauten für die Hochschule für Technik, Wirtschaft und Kunst.

Das Musikviertel konnte ich nicht auslassen. Im früheren vornehmen Villenviertel gab es damals noch viele Baulücken. Sie sind, wie ich feststellte, nun meistens geschlossen, wobei man sich bemühte, die Strukturen der Stadtvillenbebauung aufzugreifen. Statt des früheren Gästehauses der DDR-Regierung steht nun ein interessanter Hotelneubau an der Schwägerichenstraße – auch hier versuchten die Architekten erfolgreich, die große Baumasse durch geschickte Gliederung in die Stadtstruktur des Musikviertels einzupassen. An der Wilhelm-Seyfarth/Karl-Tauchnitz-Straße steht nun der interessante Neubau der Galerie für zeitgenössische Kunst, hervorgegangen aus einem international besetzten Wettbewerb, an dem sich neben den damaligen Museumskoryphäen auch Studenten beteiligen durften. Es ist die gelungene Verbindung der monumentalen Gründerzeitvilla Herfurt mit einer sehr extravaganten, aber den schönen Baumbestand sehr gut berücksichtigenden Ausstellungsarchitektur. Sie bildet einen begrüßenswerten Kontrast zu den massiven Gebäuden der Kunst- und Musikhochschule und des Reichsgerichtes, das nun seit einigen Jahren Sitz des Bundesverwaltungsgerichtes ist.

Die benachbarte Universitätsbibliothek mit ihrer monumentalen Neorenaissancearchitektur ist wieder in ursprünglicher Form hergestellt (im Inneren ist aber manches sehr modern!). Ihr gegenüber steht nun das neue Kollegiengebäude der Geisteswissenschaften auf dem Platz des alten Gewandhauses. Auch hier ist es den Architekten, die bei einem Wettbewerb erfolgreich waren, gelungen, eine eigenständige Baugestalt zu finden, die sich

neben den ehrwürdigen Gründerzeitgebäuden gut
behauptet und den Studenten der verschiedenen
Hochschulen in der hier untergebrachten Mensa
einen beliebten Treffpunkt bietet.

Besonders erfreut war ich, festzustellen, daß die
Pleiße, jener kleine Fluß, an dem Leizpig entstanden ist, nun wieder ans Licht geholt wurde. Ich
erinnere mich, daß schon 1990 eine Gruppe von
Künstlern und Architekten mit den Aktionen ›Pleiße
ans Licht‹ und ›Neue Ufer‹ für Leipzig dafür kämpf-
ten, die in den vergangenen Jahrzehnten zuge-
schütteten und verdohlten Fließgewässer wieder
ins Stadtbild zurückzuholen.

Nun kann man mindestens vor dem Reichsge-
richt und später entlang des Martin-Luther- und
Dittrichrings die Pleiße wieder sehen, teils mit den
wiederhergestellten steinernen Ufermauern und
Geländern aus der Zeit vor hundert Jahren, teils,
wie entlang des Neubaus der Dresdner Bank bei
der Thomaskirche, in völlig neu gestalteten Uferbe-
festigungen. Ich habe gehört, daß die meisten Inve-
stitionen zur Flußbefreiung von den Investoren
stammen, die entlang der Pleiße und des Elster-
mühlgrabens gebaut haben.

Natürlich konnte ich das Waldstraßenviertel nicht
ganz auslassen. Hier konnte ich schon erwarten,
daß die Sanierung der alten Häuser aus der Grün-
der- und Jugendstilzeit weiter fortgeschritten sein
würde. 1993 wurde das Waldstraßenviertel mit
einer Goldmedaille im Wettbewerb um städtebaulichen Denkmalschutz ausgezeichnet. Heute
erscheint das Quartier mit seiner so homogenen
und doch vielfältigen Architektur der letzten
hundert Jahre fast wie ein Museum, obwohl auch
einige recht interessante, teils auch nicht ganz
überzeugende Neubauten die Altbausubstanz ergänzt haben.

Drei Dinge sind mir bei der Rundfahrt durch die
Stadt besonders aufgefallen:

Die vielen Türmchen und Erker, die nach 1990
wieder aufgebaut und rekonstruiert wurden. Die
Kupferklempner müssen damals eine hohe Kon-
junktur gehabt haben, genauso wie die Stukkateure
und Steinmetze, die alles das wiederhergestellt und
repariert haben, was über die Jahrzehnte verloren-
gegangen oder zerstört worden war.

Dann die vielen abgerundeten Ecken an Neubauten, also durch zylindrische Baukörper gebildete
Ecklösungen, meist noch durch eine Art Kreissäge
nach oben abgeschlossen. Sie fanden sich in fast
allen Stadtteilen, die ich durchfahren habe, meistens an Bürogebäuden. Man hat den Eindruck, als
habe Anfang der neunziger Jahre eine Vorschrift in
Leipzig bestanden, die Ecken in dieser Weise aus-
zubilden. Das wurde bei meiner Nachfrage zwar

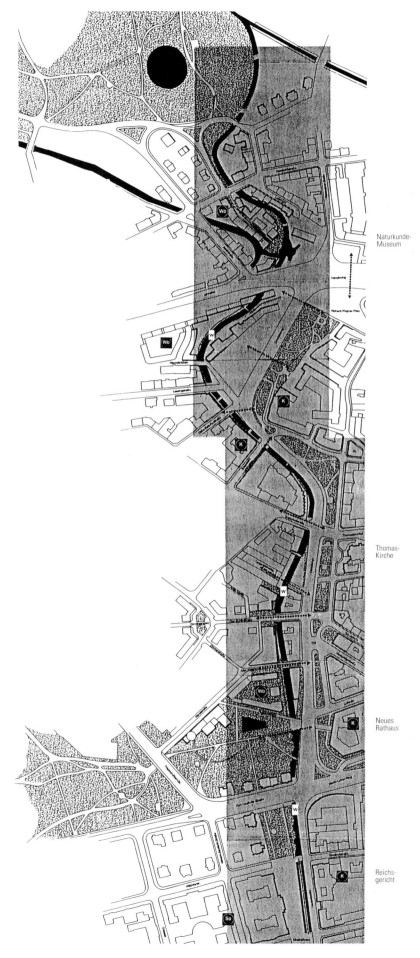

Naturkunde-
Museum

Thomas-
Kirche

Neues
Rathaus

Reichs-
gericht

18
Runde Ecklösungen:
Thoss, Bürogebäude
an der Eisenbahnstraße

17
Türmchen und Erker:
Gründerzeithaus
an der Ritterstraße

verneint, es war auch nicht nur ein einziges Architektenbüro, das diesen Stil durchgehalten hätte. Es muß damals so etwas in der Luft gelegen haben!

Und schließlich die vielen Fahrräder, die alle Straßen und die Radwege bevölkern. Die Leipziger haben anscheinend erfaßt, daß ihre Stadt ideal fürs Radfahren ist!

Ich habe mich diesmal wenig um die großen Neubaugebiete gekümmert, in denen die Häuser nach dem DDR-einheitlichen Plattenbausystem errichtet worden waren. Wie ich höre, hat man die Bauten zwar erhalten, aber auf ganz unterschiedliche Weise instand gesetzt. Eine besondere Attraktion muß ein ganzes Quartier in Grünau sein, das von Friedensreich Hundertwasser vor etwa fünf Jahren neu gestaltet wurde. Ich habe mir vorgenommen, bei meinem nächsten Besuch diese Viertel zu besuchen und zu prüfen, ob es den Leipzigern gelungen ist, die drohende Segregation in arm und reich in ihren Neubaugebieten zu verhindern.

Und das nächste Mal werde ich auch die Entwicklung der aufgelassenen Tagebaugebiete südlich von Leipzig studieren. Die nächste Bundesgartenschau im Jahre 2007 soll dort mit einer Internationalen Gartenbauausstellung (IGA) verbunden abgehalten werden. Dort sollen inzwischen schon ganz interessante landschaftliche Entwicklungen zu beobachten sein, die aus den tiefen Tälern, die sich nun langsam mit Wasser füllen, auch ganz unerwartete landschaftliche Erlebnisse entstehen lassen. Und inzwischen soll es auch gelungen sein, in Espenhain und Böhlen neue umweltschonende Industriebetriebe anzusiedeln und dadurch einige der vielen durch den Zusammenbruch der Braunkohlenindustrie verlorengegangenen Arbeitsplätze wieder zu schaffen.

Das nächste Mal werde ich mich auch sonst in der Region um Leipzig umsehen. Vor zehn Jahren befürchtete man eine rapide Zersiedelung des Umlandes wegen der zahlreichen neuen Baugebiete, die die vielen kleinen, damals noch selbständigen Nachbargemeinden planten. Tatsächlich sind, wie ich berichtet bekam und auch selbst aus dem Flugzeug sehen konnte, viele Wohnsiedlungen und Gewerbegebiete rings um die Stadt entstanden. Einer tatkräftigen gemeinsamen Politik des Regierungspräsidenten und des seit fünf Jahren aktiven Umlandverbandes ist es aber zu verdanken, daß die befürchtete Katastrophe ausblieb. Aber Saale-Park und Sachsen-Park, die großen Einkaufszentren an der Autobahn, existieren noch immer und haben gerade ihre erste Erneuerung hinter sich. Von einigen anderen hörte ich, daß sie inzwischen aufgegeben wurden. Das Leipziger Konzept der Stadtteilzentren, die nun in allen Stadtteilen bestehen, hat sich offenbar bewährt.

Es könnte sein, daß mein Bericht in der Euphorie des Wiedersehens etwas zu rosig und unkritisch ausgefallen ist. Ich werde schon bald zurückkommen, um zu prüfen, ob ich nicht doch graue Flecken und Fehler übersehen habe in meinem Leipzig-Bild des Jahres 2004!

Bauten
Buildings

Konferenzpavillon, Weil am Rhein

Bauleitung   Günter Pfeifer, Roland Mayer

Mitarbeit   Peter M. Bährle, Caroline Reich

1989–1993

Conference Pavilion

This Japanese architect's first building outside his native country is set amidst cherry trees in the southwest German town of Weil am Rhein. The context is defined not so much by the town itself or by the echo of Japan in the cherry trees as by the adjacent buildings by Grisham, Gehry, Hadid and others.

Ando's pavilion is discreet, seeking to impose as little as possible on the natural surroundings. The access path thus runs by the side of a long wall and the visitor enters the pavilion through a tunnel-like aperture. Many features are not evident at first glance. For example, it is only on walking round the building that one realizes that one floor of the pavilion has been sunk entirely below ground level, so that one finds oneself standing in an open courtyard. The layout suddenly becomes clear: the entrance area and the conference tract run diagonally into the courtyard and the service facilities are aligned at right angles to it. This interaction of spaces precludes a dominant view. The centre of the building is the two-floor rotunda or, rather, a curved wall that defines the space on the inside and the outside. Walls and ceilings have been built in exposed concrete, taking the traditional Japanese straw mat, or tatami, as the basic unit of measurement, as

»Von Tatami-Matten und Wärmedämmung« oder »Wie ein Tofuwürfel im Kirschgarten« – mein Text könnte dem Beispiel von Kollegen folgen und ein wenig exotisches Flair um das erste Gebäude des japanischen Architekten Tadao Ando außerhalb Japans verbreiten. Nur steht der kleine Konferenzpavillon, um den es geht, eben in Weil am Rhein, am südsüdwestdeutschen Ende. Auch die Kirschbäume, die für obenstehende, scheinbar naheliegende Assoziation herhalten müssen, sind keine japanischen Zierkirschen, sondern gehören in die alten, lange heimischen Lokalsorten wie Markgräfler Kracher und Janzler und gedeihen hier im fruchtbaren Markgräflerland prächtig.

Die nicht eben hervorragende Bedeutung der Stadt Weil am Grenzübergang nach Basel sollte kein Grund sein, den Bau von seinem Kontext loszusprechen. Andererseits wird der Kontext in diesem Fall weniger durch die Obstwiese am Stadtrand als durch die Zugehörigkeit zum Werksgelände der Büromöbelfirma Vitra definiert, das längst zum internationalen Freilicht-Architekturmuseum avancierte. Hier durften schon Grimshaw, Jiricna, Citterio, Gehry, Hadid und Siza bauen.

Zaha Hadids Feuerwache liegt am anderen Ende, Tadao Andos Pavillon diametral entgegengesetzt. Dazwischen liegen nicht nur Welten, sondern auch die großen, ruhigen Fabrikhallen von Nicholas Grimshaw, Alvaro Siza und Frank Gehry (nur bedingt ruhig). Tadao Ando blieb der Platz neben Gehrys Design-Museum an der Charles-Eames-Straße, die nach keinem Altbürgermeister und keinem Ehrenbürger benannt ist, sondern nach dem Dauerbrenner unter den bei Vitra verlegten Designern.

Von der Pforte lenken schmale, lange Pfade den Besucher um das objekthafte und bemerkenswert undramatische Design-Museum von Gehry herum. Vom neuen Pavillon sieht man bis dahin nur eine lange Mauer. Eine letzte Kehre eröffnet den Blick hinter die Mauer. Die unvermittelt weitgespannte Front adelt die schlichte Obstwiese davor zum Park.

Die Betonmauern, unverputzt, hell, matt, verschlucken nicht mehr Licht, als sie selbst wieder abgeben; genügend jedoch, um sie gegenüber der Natur um einige Intensitätsgrade zurückzunehmen. Ein surrealer Effekt, der insbesondere bei Sonnenschein den Bau in der Schwebe zwischen Abstraktion und Einfühlung hält.

Das Gebäude will unbeteiligt bleiben und die Natur so wenig als möglich antasten. Folgerichtig führt der Weg zum Eingang – weit entfernt vom kürzesten Weg – an der Innenseite des Mauerwinkels entlang. Unbemerkt schlüpft der Besucher in den tunnelartigen Eingang hinein wie in ein Etui.

Der Pavillon duckt sich unter die Kronen der Kirschbäume und entzieht sich dem Höhenvergleich mit den übrigen Werksgebäuden. Von hier sieht er noch immer aus wie eingeschossig. Erst wenn man ganz herumgeht und an das rückwärtige Mauerkarree tritt, sieht man, daß dahinter ein Geschoß vollständig in die Erde versenkt ist und einen offenen Hof vor sich hat.

Spätestens hier stellt sich das Bild vom Grundriß ein. Der schmale Eingangs- und Konferenztrakt läuft schräg in den quadratischen Hof, der sich rechtwinklig mit dem gedrungenen Riegel für Serviceräume verschränkt. Übergreifende Verbindungen zeigen deutlich an, daß es drei ineinandergesteckte Elemente sind und bleiben sollen. Die Verschachtelung erzeugt gerade soviel Dramaturgie, daß eine dominante Perspektivität durchbrochen wird. Von jedem Standpunkt aus gibt es Wände, die in den Raum führen, und solche, die frontal stehen und Ando jenes Moment aperspektivischer Unmittelbarkeit liefern, mit dem er die Wirkung der Zentralperspektive zu relativieren sucht.

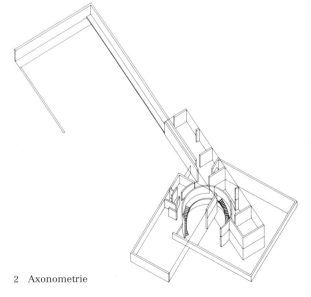

1   Schnitt

2   Axonometrie

Klammer, Scharnier und Zentrum des Plans ist eine zweigeschossige Rotunde: nicht mehr als eine gebogene Wand, die aber nach innen wie nach außen Raum bildet und zugleich die Erschließungsfunktionen an sich bindet. Was auf dem Plan nur den Eindruck hinterläßt, als sei es mit Zirkel und Lineal konstruiert, bewährt sich im fertigen Bau als trickreiche Raumgenese.

Ando kultiviert auch im Weiler Pavillon weiter die Vorstellung vom Bau, »der von außen betrachtet wie eine einfache Schachtel aussieht, sobald man aber eintritt, entfaltet sich plötzlich ein großer Raum, und wenn man hinuntersteigt, offenbart sich noch eine weitere Dimension«.

Doch zunächst steht man im Entree am Schnittpunkt der einzelnen Bauteile. Die »völlig unerwartete räumliche Erfahrung«, die Ando verspricht, beginnt mit Ratlosigkeit. Nicht nur die Überschneidungen der Bauteile, schon die Führung der hier ankommenden Räume und Wege verwirrt. Bleibt zu hoffen, daß der Schreibtisch im kleinen Empfang stets besetzt sei.

Andos Grundrisse wurden mit den letzten Bauten immer komplexer. Da erweist es sich zunehmend als hinderlich und problematisch, wenn nach wie vor sämtliche Wände mit Hilfe ihrer Sichtverschalung strukturiert werden müssen. Also auch dort, wo die Abdrücke der Schaltafeln ihr strukturelles Potential gar nicht entfalten können. Realiter haben die Tatami-Matten, auf denen Japaner beim Essen zu sitzen pflegen und deren Abmessungen von 182 x 91 cm Andos Schaltafeln zugrundeliegen, als konstantes anthropologisches Grundmaß nur noch Erinnerungswert. Um es auf den Konferenzpavillon durchgängig anwenden zu können, muß Ando es teilen, stauchen, dehnen usw.

Wo Ando es ungehindert laufen lassen kann, unterstützt es überzeugend die Klarheit und den Rhythmus von Wand, Körper und Raum. Nebenher führen die Betonoberflächen ihr charakteristisches Eigenleben, mit dem sogar Beton zum authentischen Material wird, das schamlos neben Holz stehen kann. Hierfür mag es förderlich und verzeihlich sein, daß Ando auch solche Verarbeitungsspuren zeigt, die nie existierten, wie die Rödellöcher, die der ornamentalen und strukturellen Optik wegen nachträglich eingefräst wurden!

Die gleichmäßige Dichte und die seidenmatte Oberflächenqualität verdanken sich auch der einschlägigen Erfahrung des Büros von Günter Pfeifer und Roland Mayer, das mit der Bauleitung betraut und versiert genug war, die Architektur aus Japan auf die deutsche Wärmeschutzverordnung einzurichten. Was zuallererst bedeutete, eine Dämmschicht in zweischalig gegossene Außenmauern

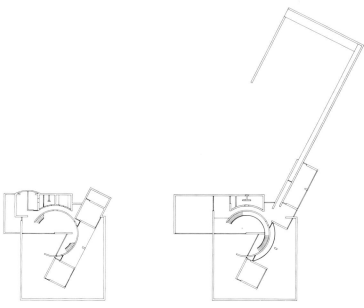

7 Grundriß Erdgeschoß und Untergeschoß

11 Konferenzraum neben dem Eingang

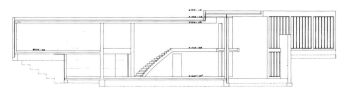

8 Nord-Süd-Schnitt

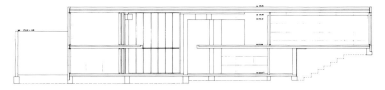

9 Schnitt Eingangstrakt

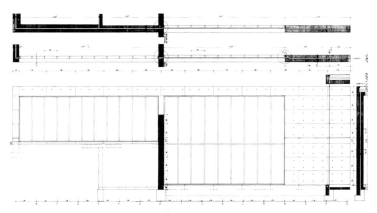

10 Konferenzraum und Hofbereich, Wandgrundriß und -ansicht

12 Blick aus der Lobby auf die Rotunde

Ando has done in the past. Among other details that contribute to the overall impression of the space is the parquet of American red oak.

Although the Japanese architecture has had to be adapted to comply with German thermal insulation regulations, the frames and profiles seem slender. The height of the gallery leading around the outside of the rotunda to a separate conference room corresponds to the upper edge of the garden wall and the street level, creating the illusion that the cars and bicycles are travelling on top of the wall.

14
Treppenabgang
in der Rotunde
(von unten)

einzuschließen. Nun kann man natürlich das deutsche Baurecht beklagen, das die Wandstärke der Außenmauern auf gut 40 cm anschwellen ließ.

Am Resultat aber gibt's nichts zu jammern. Die geschickte Dimensionierung der Einzelteile wirkt einer übermäßigen Massivität entgegen. Wo die Seele aus der zweischaligen Wand heraustritt, verwandelt sie sich in raumhohe, schmale Glasflächen. Die Rahmen und Profile der Isolierverglasung wirken von vorne schmal, von der Seite aber tief und voluminös. Das Metallgeländer hebt sich gleichfalls durch greifbare Proportionen von modischen Filigranarbeiten ab. Das Parkett aus amerikanischer Roteiche ist mit der Präzision von Intarsien in Boden und Treppen eingelassen. Noch die Details sind bis an die Schmerzgrenze unmittelbar und wirken an den konzentrierten und bewußten Raumbildern mit.

In den neutralen Konferenzräumen wirkt selbst Großvater Eames' ›Alu Chair‹ – farbig bespannt – jugendlich, Philippe Starcks im quadratischen Audiovisionsraum aufgestellter ›Louis XX‹ auf gelungenste Weise tantenhaft und üppig. Restlos still wird es in den Räumen trotz dicker Holztüren nicht. Von der Galerie aus, die außen an der Rotunde entlang in einen völlig separierten Konferenzraum führt, fällt die Oberkante der Hofmauer genau mit dem Niveau der vorbeiführenden Straße zusammen. Es sieht aus, als führen Autos und Fahrräder in einem Drahtseilakt obenauf auf der Mauerkrone.

Dem, der unten im Hof steht, enthüllt sich das Innenleben durch die vollständigen Glaswände hindurch. Diese Einblicke tragen, neben dem Bodenbelag und den hohen Betonwänden, zu dem Eindruck bei, sich auf dem Grund eines Bassins zu befinden. Starcks Stühle – algengrün und ohne Armlehnen – sehen plötzlich aus wie ein Schwarm freundlicher Fische. Es braucht dann nicht einmal viel Phantasie, das Rauschen vorbeibrandender Autos zu verstehen als . . . Könnte funktionieren.

Ulrich Maximilian Schumann

15
Ansicht
vom Hof

Fotos:
Lukas Roth

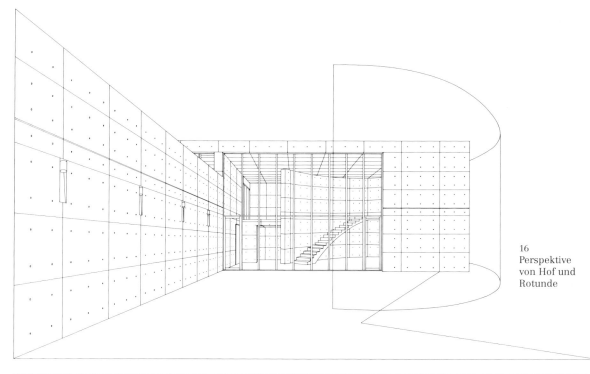

16
Perspektive
von Hof und
Rotunde

17
Blick in den Hof
(auf die Rotunde)
von Norden

Heinz Bienefeld

Haus Macaria, Köln
Haus für eine Studentenverbindung,
Umbau einer Villa aus dem Jahre 1910

Mitarbeit

Entwurf und
Herstellung der Möbel

Reinhold Heimbach

Nikolaus Bienefeld
1994

Haus Macaria

The brief was the conversion of a student fraternity house in one of Cologne's most exclusive residential suburbs.

The tight budget led to a strictly hierarchical allocation of resources and materials. In the basement, a new fencing hall with steel structural components and economical floor tiles was created, as were club room facilities with white plastered walls. On the upper floors, new accommodation areas and bathrooms were installed. On the ground floor, the bar was given more lavish, but nevertheless discreet, fittings: grey terazzo tiles harmonize with white bands of marble which, together with the grey of the walls and doors, creates a distinguished atmosphere. White marble bands have also been used in the entrance area, through which visitors can reach the terrace.

The materials were chosen with the communal function of the facility in mind. The bedroom accommodation is fitted with economical black-lacquered chipboard, while the walls and doors are painted white. The hierarchical structure is also reflected in the steel stairway leading from the solid basement floor to the light and airy roof level.

The converted house, in its magnificent setting and with the garden landscaped by the architect, fits in perfectly with the urban context.

Studentische Verbindungen in Deutschland haben den Ruf paramilitärischer Organisationen: biertrinkende, nationalistisch-rassistische, gewöhnlich übergewichtige Hünen treffen sich regelmäßig zum rituellen Fechtkampf und fügen sich im Gesicht den traditionellen Schmiß zu. Genau dieses Bild hatte auch der Architekt Heinz Bienefeld von ihnen, bis er in der Studentengemeinschaft Macaria – die Bezeichnung geht auf das griechische Wort ›makarios‹ für ›herrlich‹ oder ›selig‹ zurück – auf einen zukünftigen Klienten stieß, der ihn mit dem Umbau eines Hauses in einer Villengegend im vornehmsten Vorort Kölns beauftragte.

Angesichts des knappen Budgets folgte der Plan für den Umbau einer strikt hierarchischen Verteilung von Ressourcen und Materialaufwand. Daraus resultiert eine zu erwartende unterschiedliche Lebensdauer einzelner Gebäudezonen, die vom Kellergeschoß, wo die umfangreichsten strukturellen Umbauten eine neue Fechthalle und Clubräume entstehen ließen, bis zu den Obergeschossen reicht, wo durch die Entfernung leichterer Trennwände neue Schlafräume und Badezimmer geschaffen werden konnten. Der Fußboden des Kellergeschosses ist eine Konstruktion aus Stahlbeton, die mit preisgünstigen Betonfliesen belegt wurde. Die weißen Gipsputzwände verleihen diesen Räumen eine neutrale Atmosphäre und werden für die Präsentation von Trophäen aus nächtlichen Trinkgelagen (Straßenschilder, Clubabzeichen usw.) genutzt. Durch die Änderung des umgebenden Bodenniveaus an einigen Stellen konnte dem Kellergeschoß mehr Tageslicht zugeführt werden: zwei Lichtquellen auf der Eingangsseite und neue Durchbrüche an zwei Seitenwänden des Hauses.

Der Fechtsaal, dessen Abmessungen dem Bewegungsfeld der Degen und somit den physischen Aktivitäten von gewöhnlich zwei Menschen angepaßt wurden, wird häufig auch für andere Zwecke genutzt, wobei er dann eine eher introvertierte Ausstrahlung vermittelt. Die Verbindung zu den Grasterrassen und die Anordnung der Fenster ermöglichen es, die seitliche Gartenfront als Bühne zu nutzen. Die verbleibenden Bereiche des Kellergeschosses dienen ausschließlich dem Kreislauf von Konsum und Entsorgung der Getränke.

Eine mehr gediegene Bar mit diskreter Ausstattung befindet sich im Erdgeschoß. Graue Terrazzo-fliesen mit eingearbeiteten Basaltsplittern und einer Umrahmung aus weißen Marmorbändern, darauf abgestimmte, graupolierte Gipsputzwände sowie graulackierte Türen und Treppen verleihen den Räumen im Erdgeschoß eine distinguierte Atmosphäre, die ein ebensolches Verhalten von ihren Benutzern geradezu einfordert. Der Boden des Eingangsbereichs besteht aus dünnen Marmorstreifen, die eine Reminiszenz an einen in Würde gealterten Teppich zu sein scheinen. Von hier aus leitet ein Marmorband dem Besucher den Weg zur Terrasse. Mittels der übriggebliebenen Marmorstreifen der Eingangslobby wurde hier im Gegensatz zu den Grasterrassen vor der Fechthalle ein fester Bodenbelag verwirklicht.

Kellergeschoß und Erdgeschoß behielten ihren massiven Charakter bei, wenn auch mit anderen Materialien als die frühere Innenausstattung. Hier sollte bemerkt werden, daß schon die verwendeten Materialien auf die Nutzung nicht einer Familie, sondern einer Gemeinschaft, nicht auf häusliche Bewohner, sondern auf das Zusammentreffen von Gleichgesinnten verweisen. Diese Unterscheidung wird noch deutlicher, betrachtet man die Gestaltung der Schlafräume. Ihre knappe Auskleidung mit schwarz lackierten Spanplatten (aus der Autoindustrie), die weißen Spanplattentüren, weiße Wände und Decken sowie Möbel aus Spanplatten geben ihnen eine etwas klösterliche Atmosphäre. Diese wird jedoch durch die persönlichen Besitztümer der Benutzer, die zumeist nur vorübergehende, nicht festgelegte Aufbewahrungsorte innerhalb der Räume zugewiesen bekommen, schnell wieder vertrieben. Zwei neue Schlafräume im Dachgeschoß vervollständigen das Bild eines studentischen, bohemehaften Lebensstils.

Die neue Stahltreppe zum Dachgeschoß versinnbildlicht die hierarchische Abfolge von der Massivität des Kellers zur Leichtigkeit des Dachs. Ihre Ausführung kennzeichnet im Detail eine Fragilität, die beim Emporsteigen auch hörbar ist. Dementsprechend bewahren auch die Spanplatteneinlagen diese Leichtigkeit, die ebenso bei allen anderen Detaillösungen des Hauses zu spüren ist, seien es die Verglasung der Gemeinschaftsbadezimmer im Obergeschoß, die Fensterprofile, die Stahlsäulen en miniature der externen Fensterunterteilung oder die Materialauswahl für die Theke der Bar im Erdgeschoß.

Der Umbau erhält in seiner Gesamtheit eine klare Nutzungshierarchie, die sich auf tektonisch-struktureller Ebene durch eine Differenzierung zwischen Kellergeschoß und Dachgeschoß ausdrückt, bei der Gestaltung der studentischen Schlafräume jedoch ein egalitäres Moment beibehält: Im Rahmen der

1
Südostansicht

2
Nordwestansicht

3
Südwestansicht

4
Südostansicht

5
Längsschnitt

Heinz Bienefeld
Haus Macaria, Köln

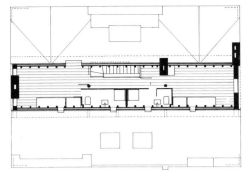

6
Grundriß
Dachgeschoß

7
Grundriß
2. Obergeschoß

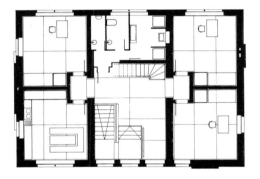

8
Grundriß
1. Obergeschoß

Möglichkeiten bei einem bereits existierenden Haus bestehen zwischen ihnen keine wesentlichen Größenunterschiede. Die großartige Lage, ergänzt durch die Gartengestaltung des Architekten, wird somit auch innerhalb des Hauses angemessen vermittelt: Vom repräsentativen Erdgeschoß bis zu den spartanischen Schlafräumen konnte eine überzeugende und vorsichtige Transformation des baulichen Charakters erzielt werden. Bedenkt man den städtebaulichen Kontext, ist das umgebaute Haus mit seinem experimentellen Anspruch keineswegs exklusiv: Es gewährt einem ausgiebigen und ausgelassenen Gemeinschaftsleben freie Entfaltung, verfügt aber namentlich in den Schlafräumen zugleich über Orte für individuelle Reflexion.

Wilfried Wang

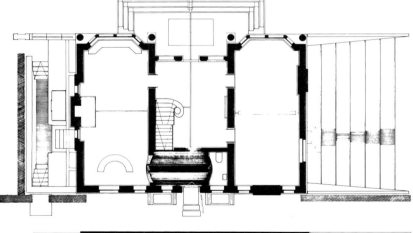

9
Grundriß
Erdgeschoß

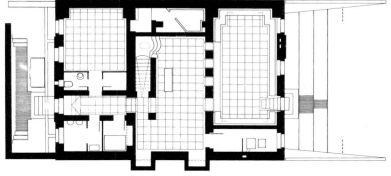

10
Grundriß
Kellergeschoß

11
Treppe aus
dem Fechtraum

12
Blick in den
Fechtraum

13
Diele
Zugang zum
Kneipraum

14
Kneipraum

Heinz Bienefeld
Haus Macaria, Köln

15
Diele
Zugang zur
Philisterstube

16
Philisterstube

17
Treppenhaus im
2. Obergeschoß

18
Zugang zum Bad
im 1. Obergeschoß

19
Vorraum im
Erdgeschoß

20
Möbel aus
Spanplatten

Heinz Bienefeld
Haus Macaria, Köln

Fotos:
Christian Richters

21
Dielentür im
Erdgeschoß

22
Lichtschacht
im Kellergeschoß

Herzog + Partner
Thomas Herzog mit
Hanns Jörg Schrade

Design Center Linz

Mitarbeit	Roland Schneider, Arthur Schankula, Klaus Beslmüller, Andrea Heigl, Oliver Mehl
Architekt in Linz	Heinz Stögmüller
Innenraumgestaltung	Verena Herzog-Loibl
Tragwerksplanung	Sailer + Stepan, München, mit Kirsch-Muchitsch und Partner, Linz

Wettbewerb 1. Preis, 1988

1990–1993

Design Centre

In designing this complex for trade fairs, conferences and cultural events, the architect has created a Crystal Palace for the twenty-first century. All the facilties are brought together under a single, low-slung, barrel-vaulted roof of glass. The only counterpoint is the adjacent eight-storey hotel, which anchors the ensemble in the existing urban fabric and also enhances Gustav Peichl's nearby ORF broadcasting studio.

The primary structure of the main building consists of thirty-four steel arches with a span of seventy-three metres. The load-bearing secondary and tertiary profiles, in contrast, are slender structures that support the glazing. The textured brick slabs of the end walls appear to be independent of the roof structure. A membrane consisting of a retro-reflective grid between panes of insulating glass prevents the glass roof from creating a 'hothouse' below.

The spacious interior is divided in two. One zone houses the exhibition space, while the other contains a functions area for up to 1,200 guests and a conference room for 650, together with the necessary service facilities.

Die Renaissance des Kristallpalastes

Als »Bühne für die Welt« preist der Linzer Bürgermeister Franz Dobusch engagiert die neue Messehalle der Donaustadt, als Bauwerk »mit unbegrenzten Möglichkeiten«. Die auf fremdsprachigen und buntgedruckten Prospekten verbreiteten Sprüche unterscheiden sich in keiner Weise von jenen, mit denen Stadtväter und Messedirektoren andernorts versuchen, vom kleiner werdenden Kuchen der internationalen Fachmessen ein gehöriges Stück abzubekommen. Was sich grundlegend unterscheidet, ist der Ort des Geschehens,

die Messehalle selbst. Diese nämlich, eigentlich nur aus einem gläsern gewölbten Dach bestehend, setzt neue Maßstäbe für Bauwerke dieser Zweckbestimmung.

Schon einmal gab es eine Epoche, die dem Glashaus huldigte. ›Palais des Illusions‹, ›Glaspalast‹ oder ›Kristallpalast‹ wurden die überdimensionalen Gewächshäuser euphorisch genannt, die im 19. Jahrhundert als exotische Orte für Weltausstellungen und regionale Messen errichtet wurden, alle nach dem berühmten Vorbild von Joseph Paxtons Londoner Kristallpalast aus dem Jahr 1851. Später entstanden große Glasbauten nur noch für unklimatisierte Bahnhofshallen als Wetterschutz. Doch weshalb hat man sich von den hellen, glitzernden, abends festlich illuminierten gläsernen Himmeln verabschiedet, weshalb ist der attraktive Typus ausgestorben?

Gläserne Hallen, so lehrte die Erfahrung, scheinen wie in einem Brennglas eine Vielzahl von bauphysikalischen Problemen zu fokussieren. Sie sind im Winter kaum zu erwärmen und heizen sich im Sommer unangenehm auf. Die Konstruktionen litten unter enormen Wärmedehnungen und reichlich Schwitzwasseranfall. Entsprechend aufwendig gestaltete sich die Wartung und Reinigung. So konnte

1
Ansicht der Halle
von Norden

sich der Typus nicht durchsetzen und verschwand
wieder aus dem Stadtbild.

Die Kongreßhalle ›Design Center Linz‹ allerdings
(der Name scheint nicht glücklich gewählt) kann
man durchaus in einer Ahnenreihe mit den Glas-
palästen sehen. Was Norman Foster in Frankfurt
am Main in ähnlicher Weise als Sporthalle plante,
aber nicht realisieren konnte, schuf der Münchner
Architekt Thomas Herzog in Linz in der Folge eines
1988 gewonnenen Wettbewerbs: eine 204 Meter
lange Messehalle, die aus einem einzigen, flach
gewölbten Glastonnendach besteht.

Wie die Glas-Eisen-Kathedralen des 19. Jahrhunderts hat das Bauwerk – abgesehen von den Stirn-
seiten – fast ausschließlich gläserne Wände. Anders
als jene ist es sehr flach gewölbt, um den zu kondi-
tionierenden Luftraum in Grenzen zu halten.

Diese Wiedergeburt des Glaspalasts erscheint um
so überraschender, als eine moderne Messenutzung
weit höhere Anforderungen an Raumklima und
Belichtung stellt als jene vor einem Jahrhundert.
Der weite Hallenraum verblüfft weniger durch die
Lichtfülle als vielmehr durch das ungewohnte, fast
unangenehme Gleichmaß der flutenden Helligkeit.
Das Auge vermißt Kontraste, es folgt keinen Prio-
ritäten. Der Augenschein widerspricht jeglicher
Seherfahrung, denn wo man die Sonne vermutet,
verwehren die Lamellenscheiben den direkten
Durchblick, in anderen Blickrichtungen sieht man
dagegen den Himmel.

Der Effekt ist der ›intelligenten‹ Glashaut zu verdanken, einer Entwicklung der Architekten in
Zusammenarbeit mit dem Innsbrucker Lichtpla-
nungsbüro Bartenbach. Ein hauchdünn metall-
bedampftes, nur 16 Millimeter starkes Lamellen-
raster zwischen den Gläsern der Isolierscheiben
reflektiert die Wärmestrahlen und das direkte Son-
nenlicht und läßt nur Streulicht passieren. Die
Lamellen liegen, dem Lauf der Sonne entsprechend, schräg zur Gebäuderichtung und haben in
jedem Glasfeld eine andere, vom Computer für die
individuellen Einfallswinkel berechnete Orientierung.

Als Folge dieser neuen Technologie ergibt sich
gleichmäßiges, blendfreies Licht, in das die Halle
im südlichen, der Veranstaltungssaal im nördlichen
Teil und die Empore über dem dazwischenliegenden Kongreßsaal getaucht sind. Eine fast schatten-
lose Helle, mit der die Aussteller sich erst arrangie-
ren müssen, verlangt sie doch eine ganz andere
lichttechnische Inszenierung der Messestände, die
mit dem Routinerepertoire nicht zu bewältigen ist.
Es ist bei Bartenbach sicher unnötig zu erwähnen,
daß das künstliche Licht dem Tageslicht gleich-
kommt und dieses in der Dämmerung kontinuier-

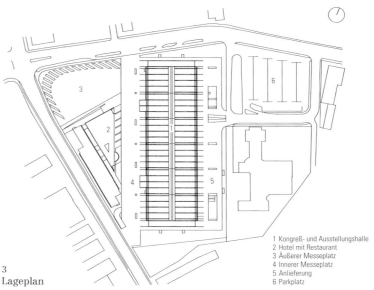

3
Lageplan

1 Kongreß- und Ausstellungshalle
2 Hotel mit Restaurant
3 Äußerer Messeplatz
4 Innerer Messeplatz
5 Anlieferung
6 Parkplatz

4
Südliches Ende
der Halle

The entire building has an air of distinguished elegance, right down to the choice of colours: white and grey predominate; the panelling in the conference room, the railings and a few other details are in natural wood. The events that take place in the building will add colour enough. In other words, this is innovative architecture that, in a seemingly effortless way, is capable of engendering new formal aspects.

5
Eingangsbereich
Blick nach Norden

lich und unmerklich ersetzt. Abschattungssysteme, eine leistungsfähige Lüftungsanlage am Zenit der Halle und eine Klimaanlage für die Spitzenbelastungen sind als zusätzliche Steuerungsmöglichkeiten eingebaut.

Bautechnische Innovationen sind nicht die einzigen Qualitäten des Bauwerks. Seine 34 stählernen Bogenbinder sind von einer erstaunlichen Eleganz und überspannen spielerisch 73 Meter. Alle vier Joche paarweise verdoppelt, ergibt sich ein unaufdringliches, die Länge des Gebäudes rhythmisierendes Spiel der ›Interkolumnien‹. Auch für die Querträger fand Herzog gemeinsam mit den Tragwerksplanern Sailer und Stepan aus München eine leichte, unauffällige Lösung, die zum feinnervigen, eleganten Bild des Daches beiträgt.

Thomas Herzog gestaltet Architektur meist, indem er im guten funktionalistischen Sinn die ›Leistungsform‹ entwickelt. Dabei interessieren ihn neue technische Lösungen mehr als vorgefundene. Dem ›Altbewährten‹ mißtraut er, denn neben der guten Lösung muß es nach seiner Überzeugung

immer noch eine bessere, ökonomischere, auch ökologischere geben, der er nachspürt. Daß dabei oft die Form mehr der Konstruktion folgt, ist bei seinem Ansatz kein Manko, denn die Konstruktionen werden nach ihrer Tauglichkeit für den vorgesehenen Zweck gewählt und dann sowohl in enger Zusammenarbeit mit den Fachingenieuren technisch optimiert als auch gestalterisch durchgearbeitet.

Thomas Herzog ist ohnehin der Meister des sorgsam entwickelten Details. Keine Schraube bleibt unbedacht, jede Steckdose, jeder Sprinkler sitzt an der dafür ausgeklügelten Stelle. Derlei Perfektionismus mag bei einem ambitioniert geplanten Einfamilienhaus üblich sein, bei einem Projekt dieser Größenordnung ist es ungewöhnlich und zeugt von einer unermüdlichen Akribie des Architekten und außergewöhnlich diszipliniertem systematischen Denken innerhalb seines ganzen Planungsteams durch alle Entwurfs- und Realisierungsphasen hindurch sowie von einem unnachsichtig kontrollierenden Baumanagement.

6
Blick von der
östlichen Galerie
auf das Restaurant

Herzog + Partner
Design Center Linz

Eine distinguierte Eleganz prägt den ganzen Bau
bis hin zur Farbwahl: Weiß und Grau dominieren,
Naturholz bei den dynamischen Geländern und als
Wandverkleidung im Kongreßsaal. Farbe bringen
die Veranstalter und Aussteller ohnehin genug ins
Haus. Trotzdem hätte man den fensterlosen Garderoben, Mietbüros und Gruppenräumen im Kellergeschoß etwas Farbe gönnen dürfen. Auch beim
visuellen Leitsystem scheint die vornehme Zurückhaltung fehl am Platze, denn die zwar eleganten,
aber unauffällig kleinen grauen Schildchen erfüllen
ihre Aufgabe, rasche Orientierung zu ermöglichen,
nur unvollkommen.

Unter dem Tonnendach sind neben der großen
Halle ein Kongreß- und ein Veranstaltungssaal mit
650 beziehungsweise 1200 Plätzen verfügbar, die
natürlich in vielerlei Formen zu nutzen, zu kombi-
nieren und zu erschließen sind. Die beiden Säle liegen an einem gemeinsamen Foyer. Die Empore
über dem kleineren Saal kann von verschiedenen
Seiten aus zugänglich gemacht werden. Dazu wird
an beliebiger Stelle ein Brüstungselement abge-

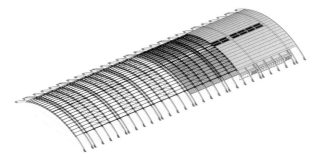

8 Die Schichten der Dachkonstruktion

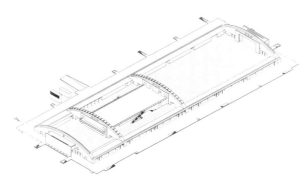

9 Die Raumteilungen der Halle

nommen und eine Art Gangway herangefahren und angedockt.

In Ergänzung zur Kongreßhalle entstand neben der flachen Glastonne ein schlanker Hochtrakt, ein Vier-Sterne-Hotel, das durch Restaurant und Tiefgarage funktional eng mit der Messehalle verbunden werden kann. Herzog hatte dessen Struktur und Fassaden entworfen (Innenausbau und Realisierung: Wolfgang Kaufmann mit Rudi Harrer, Linz) und die Hochbauten zusammen mit dem vorgelagerten ›Europaplatz‹ als Ensemble gestaltet. Die acht Stockwerke hohe Hotelscheibe wirkt als Kontrapunkt zur flachen, in ihrer ungeheuren Dimension aus Fußgängersicht kaum wahrzunehmenden Halle und gibt dem Ensemble wie dem umliegenden Stadtraum städtebaulichen Halt – der auch einem anderen prominenten Gebäude zugute kommt, Gustav Peichls ORF-Rundfunkstudio nebenan. Herzog kleidete das Hotel in eine von ihm entwickelte ›Argeton-Ziegelfassade‹, die Dauerhaftigkeit und günstige thermische Werte mit der Erscheinung einer sympathischen, soliden Materialhaftigkeit verbindet und somit auch vom Äußeren her eine formale Differenzierung der Nutzungen des Ensembles erkennen läßt.

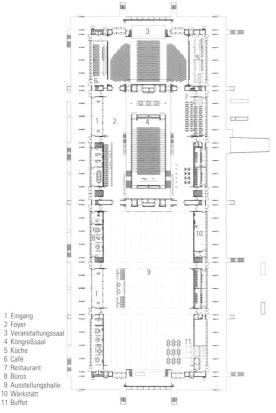

1 Eingang
2 Foyer
3 Veranstaltungssaal
4 Kongreßsaal
5 Küche
6 Café
7 Restaurant
8 Büros
9 Ausstellungshalle
10 Werkstatt
11 Buffet

10 Grundriß Erdgeschoß

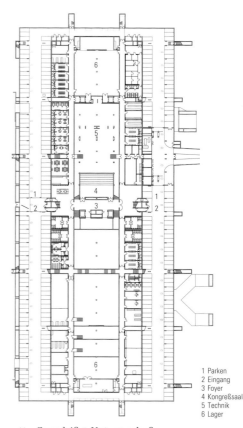

1 Parken
2 Eingang
3 Foyer
4 Kongreßsaal
5 Technik
6 Lager

11 Grundriß 1. Untergeschoß

12
Dach
Detail der
seilverspannten,
ausfahrbaren
Segel aus
Textilglas

Innovative Architektur also, die neue formale Aspekte ganz nebenbei und wie selbstverständlich zur Welt bringt, Anstöße, die, weil wohldurchdacht und von tieferem Sinn beseelt, nicht von der nächsten Modewelle hinweggespült werden, sondern Nachwirkungen haben werden in den Köpfen ernsthafter Architekten und Ingenieure.

Falk Jaeger

13
Veranstaltungssaal

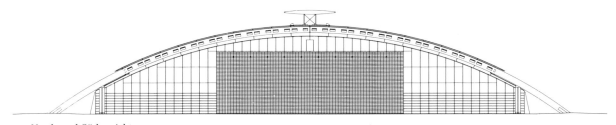

14   Nord- und Südansicht

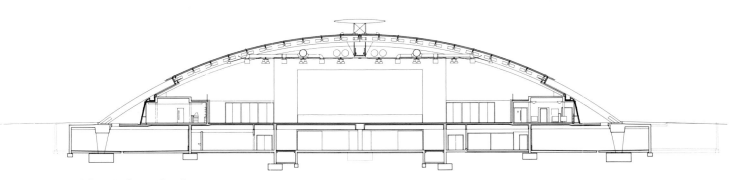

15   Schnitt Mehrzwecksaal

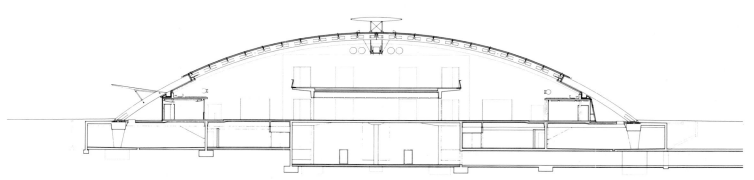

16   Schnitt Foyer

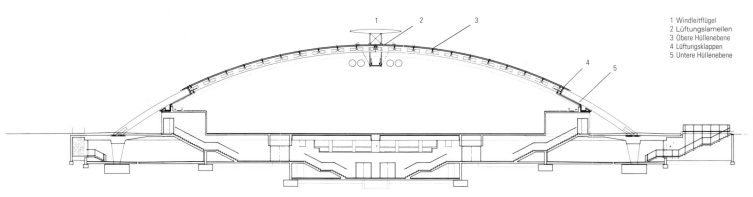

1 Windleitflügel
2 Lüftungslamellen
3 Obere Hüllenebene
4 Lüftungsklappen
5 Untere Hüllenebene

17   Schnitt Ausstellungshalle und Treppenraum

18
Ausstellungshalle
Blick nach Süden

Fotos:
Dieter Leistner

19
Mehrzwecksaal
Blick nach Süden

Heinz Hilmer
Christoph Sattler

Kommunikations-Forum, Kempfenhausen/Starnberger See

Mitarbeit   Tilmann Rohnke

1992–1994

Communications Forum

The task of creating an attractive, functional conference venue that promoted interpersonal contacts was undertaken on the basis of the existing neo-baroque main building and the coaching house linked to it by a loggia. The architects aimed to give the complex a particular light by taking into account the nearby lake. This meant altering the orientation of the main building so that it faced the water – a change that made visible the original layout of the building, whose spacious ground-floor hall and central stairway provided ideal preconditions for incorporating the natural surroundings in the design as a whole.

The new pavilions reflect the specific character of the lakeside site in an abstract way: both the form and the materials of the oval buildings reiterate the wood of the boathouse down by the lake. Here, too, the stairway forms the focal point.

KATHARINA HEGEWISCH: *Die Tagungsstätte Kempfenhausen verdankt ihren vielschichtigen Charakter im wesentlichen der sensiblen Verschränkung von bereits Vorhandenem und Hinzugefügtem. War die Bauaufgabe von Anfang an klar oder hat sie sich erst allmählich präzisiert?*

HEINZ HILMER, CHRISTOPH SATTLER: Der Bauherr hat in sein Nutzungskonzept zunächst verschiedene Vorstellungen einfließen lassen. Gewünscht war ein freundliches, Gespräch und Auseinandersetzung erleichterndes Haus, das ein naturnahes Arbeiten in einer möglichst deutlich vom Bankalltag unterschiedenen Atmosphäre erlauben sollte. Die diversen Ansprüche an das Gebäude, die Anforderungen an Funktionalität, Bequemlichkeit und Raumkapazität, waren anfangs recht widersprüchlich. Kommunikation gehörte sicherlich zu den wichtigsten Stichworten. Doch wer in Kempfenhausen mit wem, in welcher Anzahl und worüber kommunizieren sollte, hat sich erst nach einer Vielzahl von Begegnungen und dem Durchspielen zahlreicher Möglichkeiten herauskristallisiert.

K H: *Welche Kriterien waren für das realisierte Konzept ausschlaggebend?*

H & S: Im Endeffekt hat die vorhandene Bausubstanz, d. h. die barockisierende Anlage von Haupthaus und dem ihm durch eine Loggia verbundenen kleinen Kutscherhaus, alle späteren Entscheidungen vorgegeben. Obwohl total verbaut, besaß das

alte Haus eine warme, humane Ausstrahlung, die wir unbedingt erhalten wollten. Es war einfach nicht konzipiert für Großveranstaltungen mit mehr als 100 Teilnehmern. Der individuelle Charakter seiner Räume hätte einer solchen Nutzung zum Opfer fallen müssen. Und gerade in diesem Charakter bestand der Charme des Hauses.

K H: *Beschreiben Sie, was Sie in Kempfenhausen vorgefunden haben.*

H & S: Dem Haus war durch die Installation zahlreicher Zwischenwände jegliche Großzügigkeit genommen. So mußten wir zunächst einmal öffnen, bereinigen und den ursprünglichen Grundriß wieder sichtbar machen. Fasziniert haben uns von Anfang an die weitläufige Halle im Erdgeschoß und das großzügige, zentrale Treppenhaus, das alle Etagen miteinander verbindet. Beide Elemente schienen dem Wunsch des Bauherrn nach Räumen, die persönliche Kontakte auf unkomplizierte Weise ermöglichen sollten, perfekt zu entsprechen. Halle und Treppenhaus bieten nicht nur den idealen Rahmen für absichtslose, zufällige Begegnungen unter den Teilnehmern der gleichzeitig im Haus tagenden Gruppen. Sie gewährleisten auch durch ihre nach Norden und Süden geöffneten Fenster eine ständige Beziehung zu der umgebenden Natur, die sich im Wechsel der Tages- und Jahreszeiten präsentiert.

K H: *Auf welchen Grundüberlegungen basiert Ihr Entwurf?*

H & S: Uns liegen Bauaufgaben, die verlangen, sich in einen gegebenen Kontext einzufügen und diesen neu zu interpretieren. In Kempfenhausen war nicht nur das Haupthaus mit seinem Nebengebäude zu berücksichtigen, sondern auch das waldige, zum See hin abfallende Grundstück zu bewahren sowie das Seeufer und das hölzerne Bootshaus. Der See impliziert Bewegung, Transparenz und Licht. Wir wollten etwas von seiner spezifischen Ausstrahlung in die Architektur hineintragen. Für das Haupthaus bedeutete dies vor allem eine Öffnung und Umorientierung des Gebäudes zum Wasser hin. Die Seeseite wurde durch zusätzliche Fenster und eine Terrassenanlage aufgewertet. Die Pavillons dagegen reflektieren die Gegebenheiten des Grundstückes auf eine eher abstrakte Weise. In Form und Baustoffen zitieren sie die Holzverschalung des Bootshauses, aber auch Schiffsrümpfe, die Einrichtung von Schiffskajüten oder Schrebergartenhütten. Es sind kleine, durch ihren ovalen Grundriß sehr dynamische Baukörper, in deren Innerem sich en miniature ein Erlebnis wiederholt, das auch das Haupthaus charakterisiert. Wichtigstes Element ist hier wie dort die Treppe. Als kommunikatives Herz

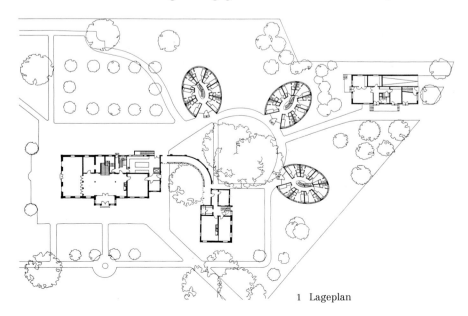

1 Lageplan

Great attention has been paid to detail in the interior design. A maximum sense of comfort was to be achieved in the small, trapezoidal guest-rooms. Their furnishings include classic designs by Eileen Gray, Marcel Breuer, Le Corbusier and Philippe Starck, which harmonize well with works by such artists as Daniel Buren, Ulrich Horndash and Günther Förg.

2
Luftaufnahme
(Foto: Bavaria
Luftbild Verlags
GmbH)

3
Entwurfsskizze
Gesamtanlage

4
Entwurfsskizze
Pavillon
Detail

stück verbindet sie sämtliche Etagen. Die Schlaf-räume sind konzentrisch um sie angeordnet. Sie ist die Nahtstelle zwischen öffentlichem Dasein und Privatsphäre. Sie bedeutet Leben, Austausch und Bewegung. Die Schlafräume dagegen garantieren schon auf Grund ihrer geringen Größe Zurückgezo-genheit, Stille und Besinnung.

K H: *Bei der Innenausstattung der Pavillons wurde große Sorgfalt auf die Details, auf Hölzer, Leuchten, Türgriffe und ähnliches gelegt. Von welchen Ideen haben Sie sich dabei leiten lassen?*

H & S: Unser Wunsch war, Räume zu schaffen, die sich von dem, was üblicherweise ein Hotelzimmer charakterisiert, deutlich unterscheiden. Vorbild war die Mönchszelle, klar und freundlich in der Form, aber ohne luxuriöse Übertreibung. Statt dick gepolsterter Sessel, schwerer Stoffe und weicher Teppiche sollten Beleuchtung, Farben und natür-liche Materialien für eine angenehme Atmosphä-re sorgen. Es galt, auf sehr kleinen, trapezoid geschnittenen Grundflächen ein Höchstmaß an Bequemlichkeit zu etablieren. Orientiert haben wir uns an den D-Zug-Maßen. Auch im Schlafwagenab-teil ist wenig Platz. Dennoch ist für alle Bedürfnisse gesorgt.

K H: *Die Räume wirken größer als sie sind. Woran liegt das?*

H & S: Wie im Haupthaus spielt auch in den Pavil-lons das natürliche Licht eine entscheidende Rolle. Große Fenster öffnen die Räume zum Garten hin. Das Treppenhaus ist von einer Kuppel aus Klarglas bekrönt, die den ovalen Grundriß der Bauten wie-derholt. Die Übergänge zwischen Innen- und Außenraum sind fließend. Sämtliche Räume erfah-ren eine optische Erweiterung in die Natur. Die Farbe des Himmels, die Färbung der Bäume und die Dichte des Laubes bestimmen die Atmosphäre im Haus.

K H: *In der Anfangsphase der Planung haben Sie für die Pavillons verschiedene riegelförmige und rechteckige Grundrisse in Erwägung gezogen. Warum haben Sie sich schließlich für die ovale Form entschieden?*

H & S: Wir wollten auf keinen Fall den großzügigen Charakter des Grundstückes zerstören. Die starre Fassade eines rechteckigen Baus verstellt den Blick. Das Oval leitet ihn an sich vorbei zurück auf die Natur. Es ermöglicht größere Freiräume zwischen den Gebäuden. Es öffnet sich dem Besucher an sei-ner schmalen Seite, lädt ihn aber durch die ihm eigene Rundung zu einer Umkreisung und damit zu einem Spaziergang im Garten ein.

K H: *Sie haben sich bei der Auswahl der Möbel vor allem für Entwürfe aus den zwanziger Jahren entschieden. Warum?*

H & S: Das Haus hätte sicherlich auch anderes zugelassen. Mit den Möbeln, die Jan Roth auf unseren Vorschlag hin für den kleinen Speisesaal angefertigt hat, ist das, denke ich, bewiesen. In ihrer Offenheit und Fragilität bilden sie einen bewußten Kontrast zu der stabilen Selbstverständlichkeit des übrigen Mobiliars. Sie tragen ein Moment des Experimentellen in die ansonsten eher klassisch anmutende Nachbarschaft. Und das war von uns auch durchaus so gewollt. Gleichzeitig aber wissen wir, daß Häuser sich im Laufe der Jahre wandeln, daß Räume umgewidmet und anderen Funktionen zugeführt werden. Diese Wandlungen zuzulassen, gehört ebenfalls zu den Aufgaben der Architektur. Die Möbel, die wir ausgewählt haben, Klassiker von Eileen Gray, Egon Eiermann, Marcel Breuer, Le Corbusier, Bruno Paul, Philippe Starck und anderen, passen sich fast jeder Umgebung an. Sie harmonisieren mit den Kunstwerken von Daniel Buren, Ulrich Horndash und Günther Förg. Sie funktionieren mit den Teppichen von Francesca Gay und den Beleuchtungskörpern von Jan Roth. In einem Haus, das vor allem der Erkundung neuer Wege gewidmet ist, sollten die Möbel nicht modischem Zeitgeist und vergänglichen Trends huldigen.

5
Pavillons
(Foto: Jens Weber)

6
Pavillon
Detail Außenansicht
(Foto: Jens Weber)

7 Treppe im Pavillon (Foto: Jens Weber)

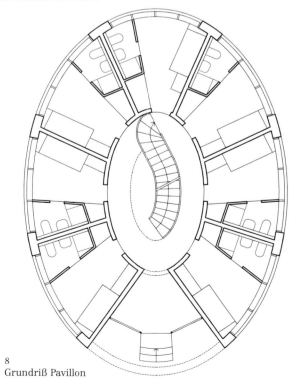

8
Grundriß Pavillon

9 Treppenhaus Altbau. Künstler Daniel Buren (Foto: Philipp Schönborn)

10 Großer Saal Altbau. Künstler Ulrich Horndash (Foto: Philipp Schönborn)

Heinz Hilmer
Christoph Sattler

Wohnungsbau, München

Mitarbeit Tilmann Rohnke und Peter Kopal
1990–1992

Houses

The five houses on Helene-Weber-Allee are part of a self-contained block in a modern urban district at the foot of the Olympiaberg in Munich. The specific urban character of the Helene-Weber-Allee precluded the construction of balconies overlooking the street. Hence, winter gardens were decided upon as the distinctive architectural feature.

Towards the courtyard, the architecture is extremely discreet, with the master bedroom and the children's bedroom, of equal size, creating the simple rhythm of the facades. Our aim was to achieve a relaxed sense of normality in this urban project and to avoid any trace of overweening architectural expressiveness.

Die fünf Wohnhäuser in der Helene-Weber-Allee sind Teil eines geschlossenen Blocks in einem Neubaugebiet zu Füßen des Münchner Olympiabergs. Die an der Planung beteiligten Architekten hatten unter der Federführung der Architekten Karg und Kessler als »kleinsten gemeinsamen Nenner« einige verbindliche Festlegungen getroffen, zu denen vor allem die Dachform und -neigung, die Traufhöhe und das Material der Außenfassade (heller Putz) gehörten.

Der städtische Charakter der Helene-Weber-Allee läßt straßenseitig aus stadträumlichen Gründen keine Balkons zu. Deshalb und zur Verbesserung des Schallschutzes bestimmen vorgebaute Wintergärten Charakter und architektonische Gestalt der Häuser. Zum Hof hin zeigen die Gebäude äußerste Zurückhaltung. Hier bestimmen die jeweils gleichgroßen Schlaf- und Kinderzimmer den einfachen Rhythmus der Fassaden. Nicht hektische Aufgeregtheit des architektonischen Ausdrucks, sondern Gelassenheit und Normalität ist für den städtischen Wohnbau unser Ziel.

Heinz Hilmer und Christoph Sattler

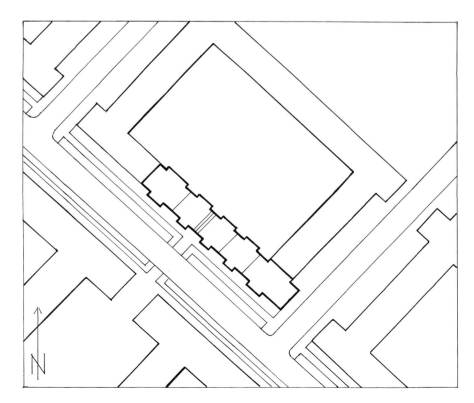

1
Lageplan

2 Straßenansicht

3 Grundriß Normalgeschoß

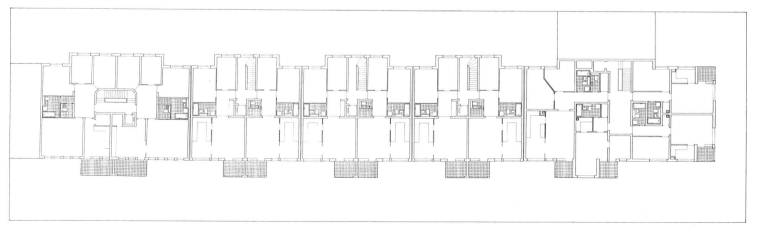

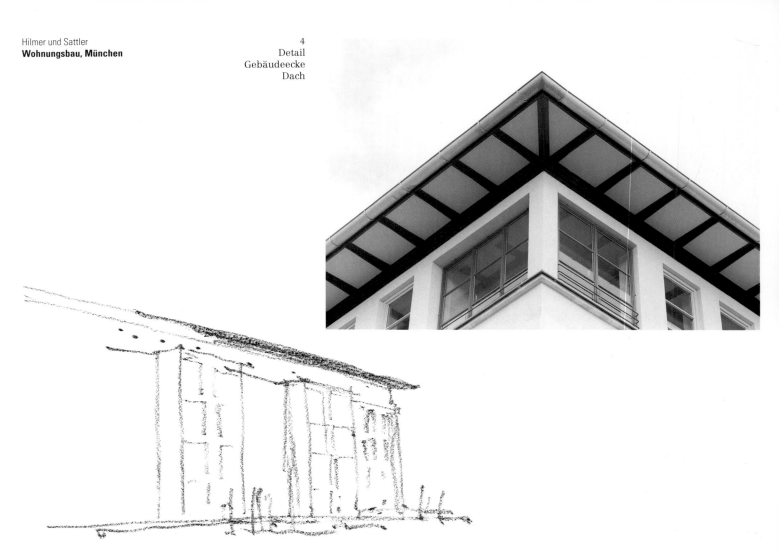

5 Entwurfsskizze

6
Straßenansicht
Ausschnitt

Fotos:
Franz Wimmer
(wenn nicht
anders
angegeben)

7 Straßenansicht (Foto: Heinz Hilmer)

8 Innenhof

9
Treppenhaus

Kindertagesstätte, Frankfurt am Main

Toyo Ito

Mitarbeit	Takeo Higashi, Mie Roth
Ausführungsplanung	Scheffler und Warschauer, Ernst Ulrich Scheffler, Brigitte Scheffler, Thomas Warschauer
Mitarbeit	Hermann Koch, Klaus Pischulti, Christian Pantzer, Kathrin Schlenker
Projektleitung	Hochbauamt der Stadt Frankfurt am Main
	1987–1993

Day Nursery

Having developed its Museumsufer – a series of museums strung out along the River Main – the city of Frankfurt am Main launched another ambitious architectural programme in 1987, this time with the goal of introducing more high-quality architecture to outlying suburbs. This aim was coupled with the urgent task of building day nurseries. Toyo Ito's design for the Eckenheim district is one of the last in the series.

The day nursery programme has evinced an architectural language as versatile and imaginative, as colourful and inventive, as the world of the children themselves. Three main tendencies have emerged: either the architects sought to interpret children's dreams of fairy-tale castles, fortresses, ships and circus tents, or they used the basic elements of a child's building blocks, or they scaled down the components of the child's immediate surroundings – the house and the city – to more childlike dimensions.

Ito adopted none of these approaches. He employed his own architectural syntax, as he had done in his other projects of recent years. At Eckenheim he started by building up an earth ridge or embankment to create a landscaped space (in a landscape otherwise destroyed by monotonous housing

Schlendert man in Eckenheim, einem der tristen Randgebiete von Frankfurt, die Sigmund-Freud-Straße entlang, um die ›Kindertagesstätte 117‹ zu suchen, so wird man sie zwischen den monotonen Hochhäusern leicht übersehen. Am Rande einer schmalen Parkanlage erhebt sich eine mit Rasen bewachsene Böschung, auf der vier kleine Baukörper stehen. Über deren Rand ragt ein hölzerner Turm auf. Einer dieser Solitäre – ein schmaler Ring von einer flachen Zinkkuppel überwölbt, mit einem ausfahrbaren Oberlicht in der Mitte – erinnert an ein gerade gelandetes Ufo. Neben diesem ›Ufo‹ führt ein leicht abschüssiger Weg auf einen durch ein weit vorkragendes Betonband tief verschatteten Eingang zu. Hat man diese Schattenzone und den dahinterliegenden fensterlosen Windfang überwunden, so steht man in einem lichten Raum, dessen große Glasfront den Blick auf eine leicht ansteigende Rasenfläche mit Spielplätzen freigibt. Jetzt versteht man, wo sich der gesuchte Kindergarten versteckt: Er verbirgt sich, von der Straße abgeschirmt, hinter dem Erdwall.

Die Grundform der Kindertagesstätte umschreibt einen langgestreckten Bogen, dessen ›Rückgrat‹ eine Stützmauer bildet, die zur Sigmund-Freud-

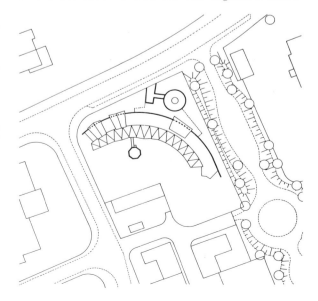

1
Lageplan

Straße hin größtenteils durch den Erdwall verdeckt ist. Die Stützmauer steigt von der nordwestlichen Grundstücksgrenze kontinuierlich an und verdeutlicht durch ihr langsames Auftauchen hinter dem Erdwall die Grundform des Gebäudes. Der Bogen ist seiner Länge nach geteilt: der zur Stützmauer liegende Gebäudebereich wird von einem Flachdach gedeckt, auf dem drei der Solitäre stehen, den Bereich zum Garten hin überspannt eine aufgeständerte Zeltdachkonstruktion.

Die Eingangshalle in der Mitte des Bogens ist das Scharnier, hier trennen sich die drei Funktionsbereiche der Kindertagesstätte: Hort – Kindergarten – Küche und Mehrzweckraum mit angrenzenden Nebenräumen, die alle im Erdwall liegen. Hier wechseln auch die Bewegungsrichtungen. Im Kindergartenbereich öffnen sich die Gruppenräume direkt zum Garten hin, während im Hort zu dieser Seite der Korridor liegt. Dieser gewinnt durch seine extreme Helligkeit, auch gerade gegenüber den Gruppenräumen des Hortes, die Dimension eines weiteren Raumes – ein Kommunikationsbereich für die größeren Kinder.

In den beiden Forträumen, die nur indirekt vom Korridor aus beleuchtet werden, bildet die freischwebende Treppe mit ihren grobmaschigen Drahtwangen den Blickfang. Der gelbe Handlauf ist der einzige Farbeffekt in den ansonsten in Weiß und Hellgrau gehaltenen Räumen. In diesen Räumen hat man das Bedürfnis, sich mit Sitzkissen niederzulassen und das zweistufige Gefälle des Fußbodens im Bereich der Treppe als ›natürliche‹ Sitzmöglichkeit zu nutzen. Diese Räume weisen jegliche herkömmliche Möblierung von sich, und so hat der Versuch, hier Tische und Stühle oder gar Regale als Barrieren gegen die Fußbodenvertiefung aufzustellen, raumzerstörende Wirkung. Die Solitäre über den Forträumen sind kleine behagliche Räume. Hier wechseln große Glasflächen mit warmen Holzpaneelen ab, vor denen sich die dünnen Stahlträger der Zeltdachkonstruktion wie Kunstobjekte ausmachen. Ursprünglich waren diese Räume für die Hausaufgaben gedacht. Da sie aber zu klein für eine sinnvolle Aufstellung von Tischen und Stühlen sind, dienen sie jetzt den Jungen und Mädchen als Refugien, wo sie sich zurückziehen können.

Die drei Gruppenräume des Kindergartens sind von einem dunklen Gang, der der Krümmung der Stützmauer folgt und nur punktuell von Oberlichtern erhellt wird, zu erreichen. Mit Erleichterung betritt jedes Kind die hellen Gruppenräume. Sie setzen sich jeweils aus drei Raumkompartimenten zusammen: einem großzügigen Eingangsbereich, einem durch Einschnürung deutlich separierten

2
Ansicht von
der Gartenseite
(Foto: Meyer
und Kunz)

Nebenraum und einem kleinen, durch eine Vertiefung im Fußboden abgesetzten Bereich. Dieser öffnet sich nicht zur Glasfront, die fast die gesamte Länge der Gartenseite einnimmt, sondern ist durch ein Mauersegment geschützt, das nur punktuelle Ausblicke erlaubt. Diese Wandstücke sind bunt und neben den Eingangstüren die einzigen Farbelemente in den ansonsten ebenfalls weiß-grau gehaltenen Räumen.

Über dem Kindergartenbereich erhebt sich der Aufenthaltsraum für die ErzieherInnen, dessen Solitärcharakter durch die aufgeständerte, elipsenförmige Dachkonstruktion von dem ansonsten vorherrschenden Zeltdach noch besonders betont wird. Im Inneren entsteht – wie schon bei den beiden Mezzaninen über dem Hort – ein lichter Raum, in den sich die dafür konzipierte Möblierung unauffällig einfügt.

Was aber verbirgt sich unter dem ›Ufo‹? Ein kreisrunder Raum, eingegraben in den Erdwall, mit ansteigendem Fußbodenniveau und belichtet durch den Okulus in der flachen Kuppelscheibe, durch einen leicht abschüssigen, dunklen Gang von der Eingangshalle aus zu erreichen. Eine Höhle als Mehrzweckraum!

Zur ›Höhle‹ kontrastiert im Garten ein zweigeschossiger oktogonaler Turm, der einen Werkraum und eine kleine Bibliothek beherbergt. Lediglich die am Zeltdach aufgehängte leicht gekrümmte Plexiglasüberdachung als Schutz über der steil hinaufführenden Treppe verbindet den Turm mit dem Hauptbaukörper. Wie schon im Hortbereich werden Treppe und Überdachung in ihrer konstruktiven Schlichtheit zum Kunstobjekt. Durch seine Eisenholzbeplankung setzt sich der Turm im Material deutlich von den ansonsten vorherrschenden Stahl- und Betonteilen ab. Er antwortet nur mit seiner polygonalen Grundform auf einen aus dem Bogenverlauf hervortretenden sechseckigen Nebenraum im Kindergartenbereich.

Nach der Bebauung des Museumsufers startete die Stadt Frankfurt 1987 ein weiteres ehrgeiziges Architekturprogramm, das dieses Mal eine qualitätvollere Architektur in die Peripherie der Stadt bringen sollte. Gleichzeitig wandte man sich einer immer dringender werdenden, bis dahin aber sehr

developments) in which he could embed his architecture. This engenders an interaction between natural and artificial, between outside and inside, light and dark, open viewpoint (solitaire and tower) and sheltered cavern ('ufo'). Intermediate tones between these clear contrasts are provided by distinctly differentiated spatial compartments. Children who grow up in stereotyped box-like apartment blocks can thus experience architecture as the constantly changing perception of space. However, the functions of the rooms can barely match such subtle spatial aesthetics, as evidenced by the furnishings and the split levels installed since the inauguration of the nursery.

3 Nordansicht

4 Südansicht

Toyo Ito
**Kindertagesstätte,
Frankfurt am Main**

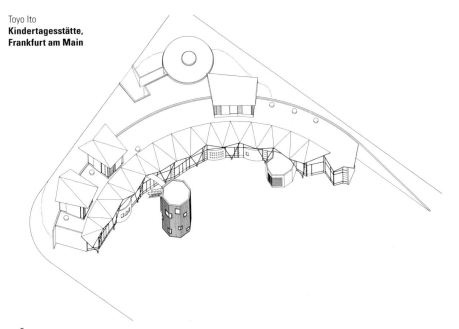

5
Gesamtperspektive

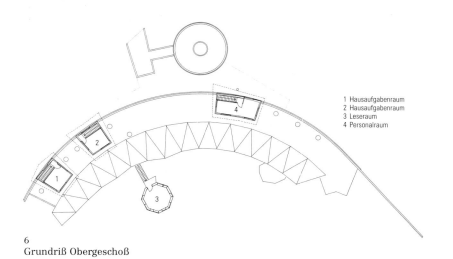

1 Hausaufgabenraum
2 Hausaufgabenraum
3 Leseraum
4 Personalraum

6
Grundriß Obergeschoß

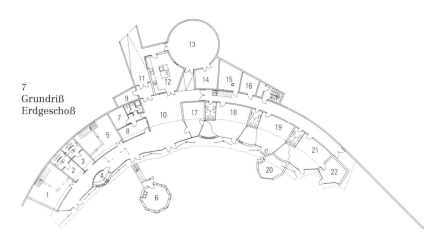

7
Grundriß
Erdgeschoß

1 Gruppenraum	7 Abstellraum	13 Mehrzweckraum	18 Gruppenraum
2 Garderobe	8 Leiterin	14 Abstellraum	19 Gruppenraum
3 Garderobe	9 Vorrat Küche	15 Abstellraum	20 Nebenraum
4 Kinderküche	10 Eingangshalle	Kindergarten	21 Gruppenraum
5 Gruppenraum	11 Eingang	16 Hauswirtschaftsraum	22 Nebenraum
6 Werkraum	12 Küche	17 Nebenraum	

vernachlässigten Bauaufgabe zu: den Kindertagesstätten. Der Bau von Toyo Ito in Eckenheim ist einer der letzten in dieser Reihe. So bunt und phantasievoll die Welt der Kinder ist, so vielfältig und ideenreich sind auch die architektonischen Lösungen dieses Bauprogrammes ausgefallen. Dabei lassen sich drei Tendenzen festhalten: die Architekten versuchten entweder Kinderträume wie das Märchenschloß, die Burg, das Schiff oder das Zirkuszelt in eine abbildhafte Architektur umzusetzen, oder sie bauten mit den Grundelementen des Baukastens oder transferierten den unmittelbar erfahrbaren Lebensbereich der Kinder – Haus und Stadt – in kindlichere Dimensionen. Anders bei Toyo Ito. Er wählt die ihm eigene Architektursprache, die sich auch in anderen Projekten aus seinen letzten Jahren wiederfindet. Er baut keine kindliche Architektur.

Toyo Ito schafft zunächst einmal in einer durch monotone Wohnbebauung vernichteten Landschaft mit seinem aufgeschütteten Erdwall einen landschaftlichen Bezugsraum, in den hinein er seine Architektur bettet. So entsteht das Wechselspiel von natürlichem und künstlichem Raum, von Draußen und Drinnen, Hell und Dunkel, lichtem Aussichtspunkt (Solitäre und Turm) und geborgener Höhle (›Ufo‹). Zwischen den Kontrasten liegen die Zwischentöne in den differenziert abgesetzten Raumkompartimenten. Die in stereotypen Wohnkisten aufwachsenden Kinder erleben hier Architektur als ein sich wandelndes Raumerlebnis. Dennoch hält die Funktion der Räume dieser subtilen Raumästhetik kaum stand, wie die nach der Eröffnung des Kindergartens vorgenommene Möblierung und der Einbau von Hochebenen deutlich machen.

Ursula Kleefisch-Jobst

9 Aufgang Hausaufgabenraum (Foto: Waltraud Krase)

8
Gruppenraum
am westlichen Ende.
Verglasung zum Flur
(Foto: Waltraud Krase)

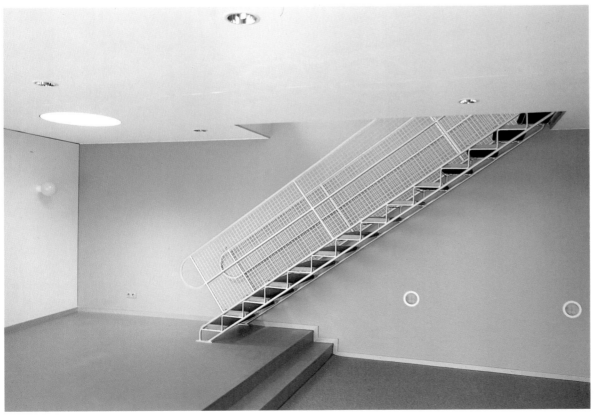

10 Gruppenraum
am westlichen Ende
(Foto: Meyer
und Kunz)

Toyo Ito
**Kindertagesstätte,
Frankfurt am Main**

11
Garderobe
(Foto: Wal-
traud Krase)

13
Gruppenraum
(Foto: Meyer
und Kunz)

12
Kinderküche
(Foto: Waltraud Krase)

15
Flur zur Kinderküche
von Osten
(Foto: Meyer und Kunz)

14
Flur zur Kinderküche
von Westen
(Foto: Meyer und Kunz)

Uwe Kiessler
Manes Schultz
Vera Ilic

Städtische Galerie im Lenbachhaus Kunstbau U-Bahnhof Königsplatz, München

Mitarbeit   Martin Höcherl, Markus Link, Mathias Garbe

1986–1994

Underground Exhibition Space

The 'Kunstbau' in Munich's Königsplatz underground railway station was conceived as an integral part of the Lenbachhaus gallery, to be used for the display of changing exhibitions. It is not actually a new space, but merely the conversion of an area 'left over' from the construction of the station. The site – an extremely narrow, long space corresponding to the station below it and divided down the middle by a regular sequence of heavy, rectangular pillars – presented Kiessler with a considerable challenge. The lack of width and the slight curve of the long sides give the space a dominant directional impulse. Instead of spatial harmony, this interior possesses a distinct dynamic force, which draws the gaze of the observer forwards. The space thus resembles a passage-way, the short ends forming only a vague optical termination.

This space has two distinctive architectural elements: a ramp jutting into it at the entrance and a round lecture room on the upper level.

Die Frage nach dem Ursprung und dem Wesen der Architektur beantwortete der Leipziger Kunsthistoriker August Schmarsow mit dem berühmten und oft zitierten Leitsatz, daß die Baukunst eine Raumkunst sei.[1]

Diese Definition läßt sich ohne Einschränkung auf den von Uwe Kiessler entworfenen Kunstbau in der U-Bahnstation des Münchner Königsplatzes anwenden, der als ein integraler Bestandteil der Städtischen Galerie im Lenbachhaus für die Präsentation der Wechselausstellungen konzipiert worden ist. Um so erstaunlicher ist solch eine positive Wertschätzung, da es sich hierbei nicht um eine neu geplante Rauminvention, sondern lediglich um die Umgestaltung eines aus dem Tagebau der Unter-

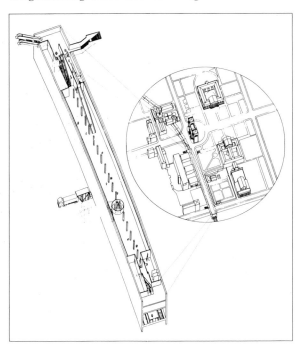

grundbahn resultierenden Restraumes handelt. Die Aufgabenstellung, die Kiessler dabei zu lösen hatte, war denkbar schwierig: Ein außergewöhnlich schmaler Longitudinalraum, der den Abmessungen und dem Verlauf der darunterliegenden U-Bahnhaltestelle entspricht und der durch eine parataktische Abfolge schwerer Vierkantpfeiler in der Längsachse unterteilt wird. Durch die geringe Breitenentfaltung und eine leichte Krümmung der Langseiten entsteht eine Raumdisposition, die mit ihrer Längserstreckung eine dominierende Richtungstendenz aufweist. Statt der Ausgewogenheit räumlicher Verhältnisse beherrscht eine dynamische Komponente das Innere, die den Blick des Betrachters unweigerlich nach vorne leitet. Das zur Verfügung gestellte Raumvolumen erhält damit den Charakter einer internen Passage, die von den Schmalseiten optisch nur vage begrenzt wird.

Die vorgegebene Ausrichtung des Innenraumes ist als grundlegender Akzent der Umgestaltung beibehalten worden. Indem Kiessler eine mächtige, leicht schräg in den Raum ragende Rampenanlage als Zugang gewählt hat, wird das Eintreten in das Innere architektonisch thematisiert. Wie auf einer corbusianischen »promenade architecturale« gelangt der Besucher in den Ausstellungsbereich, der erst am unteren Ansatz der Rampe seine volle Wirkmacht entfaltet. Das Durchschreiten, die innere Zirkulation ist das eigentliche Thema dieses Kunstbaus, das durch keinerlei unnötige Detailelemente gestört wird und das seinen optischen Zielpunkt in der zentralen Durchfensterung beider Schmalseiten erhält. Der von Ludwig Mies van der Rohe geprägte und in der Architektur der Moderne oftmals überstrapazierte Begriff der »Transparenz des Raumes« wird somit auf eine originelle Weise umgesetzt, da an beiden Endpunkten der Raumerschließung dem Betrachter ein Blick nach draußen – in diesem Falle auf die Rolltreppen der U-Bahnstation – gleichsam oktroyiert wird. Ein wechselseitiger visueller Diskurs zwischen Innen- und Außenraum ist das vom Architekten bewußt kalkulierte Ergebnis.

1 Isometrie

2 Längsschnitt

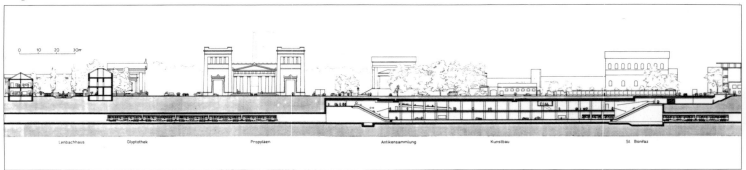

3 Lüftungsschächte vor den Propyläen

4 Eingangsbereich

5 Querschnitt

Uwe Kiessler
Kunstbau U-Bahnhof
Königsplatz, München

Die Durchlässigkeit als baukünstlerische Qualität bestimmt zugleich auch die Gestaltung des Auditoriums, neben der Rampe die einzige Neuerung mit einem ausgeprägten architektonischen Eigenwert. Die Lage dieses kleinen, für 40 Personen geplanten Vortragssaales war durch einen Lastenaufzug an der Außenwand des Langbaus schon vorbestimmt. Statt der Einfügung auf der Ebene des Bodenniveaus, die wie eine Barriere die rechte Raumhälfte in der Mitte zerschnitten hätte, wählte Kiessler die Anbringung an der Decke. Der Zusammenhalt des Gesamtgefüges bleibt somit gewahrt. Ebenso überraschen der durchfensterte Zugang zu dem kreisrunden Saal und die Treppenanlage durch eine ungemein offene Konstruktion, die gleichfalls die Tendenz der ungestörten Raumentfaltung zu unterstreichen sucht.

Der Tenor der Umgestaltung liegt auf der Beibehaltung des ursprünglichen Raumeindrucks, der dadurch noch gesteigert wird, daß der Architekt sich an den vorgefundenen materiellen Eigenschaften orientierte und diese auf geschickte Weise in die Neukonzeption involvierte: Die für einen Ausstellungsbereich mit wechselnden Exponaten notwendigen neutralen weißen Wände werden in diesem Falle als vor die eigentliche Raumkontur geblendete Wandschalen gekennzeichnet, da sie weder mit der vorgegebenen Decken- noch mit der Bodenkonstruktion verbunden sind. Insbesondere am oberen Abschluß trennt eine klare Zäsur beide Oberflächen, so daß dem Betrachter die ursprüngliche Wandschicht bewußt vor Augen geführt wird. Die weißen Wandflächen nähern sich damit dem Charakter mobiler oder sogenannter ›semipermanenter‹ Wandsequenzen an, die die originale Struktur der Außenwand wenn nicht offenkundig, so doch zumindest partiell wahrnehmbar übermitteln. Gleichzeitig wird der Zwischenraum für den Einsatz der Lüftungstechnik genutzt. Der Parkettfußboden aus einem hellen Ahornholz gleicht sich demgegenüber mit seinen längsverlegten Tafeln dem Krümmungsverlauf der Langseiten an, so daß in der Textur des Bodens eine weitere Reaktion auf

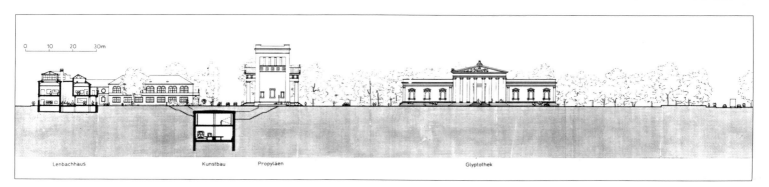

Kiessler's conversion has deliberately retained the original spatial impression, and even enhanced it by the skilful incorporation of existing material properties. This involved, for example, leaving the original ceiling and support structures open to view. 'Appropriate use of materials' and 'legibility of structure and building materials' are the mainstays of Kiessler's architectural approach here; not on theoretical or ideological grounds, but solely in the interests of the overall spatial impression.

7
Ausstellungsraum
Ansicht vom
Kopf der Rampe

den vorgegebenen Rahmen zu finden ist. Wiederum durch einen schmalen Spalt an der Fußkante wird der originale Betonboden sichtbar.

Ist in der Gestaltung der Wand- und Bodenflächen der Versuch spürbar, durch unterschiedliche Details auf den ursprünglichen Zustand zu verweisen und den nachträglichen Eingriff als eine bloße Umgestaltung deutlich zu kennzeichnen, so tritt die vorgefundene Bausubstanz an der Decken- und Pfeilerkonstruktion offen zutage. Die grobe und roh belassene Materialeigenschaft der schweren Betonstützen bleibt erhalten, wobei selbst die Konturen der Schalungsbretter und die Fehlstellen an der Oberfläche nicht kaschiert worden sind. Ebenso wird die massive Betondecke ostentativ hervorgehoben, die mit ihren Schalungsprofilen, den unregelmäßigen Gußlinien sowie den unzähligen Ausbesserungen und Unebenheiten ein organisch anmutendes Oberflächenrelief besitzt. Die Anerkennung der originalen Beschaffenheit dieser Elemente trägt einen plastischen und fast haptischen Reiz in den Innenraum, der in einem bewußt intendierten Gegensatz zur Flächigkeit von Wand und Boden steht. Die einzige Veränderung an der Decke sind die offenen Lichtschienen, die wie der Bodenbelag dem Krümmungsverlauf der Langseiten folgen und eine größtmögliche Variabilität der Beleuchtung garantieren. Durch eine einfache und anspruchslose Aufhängung wird dem Kunstlichtsystem ein funktionales Aussehen verliehen.

Die Farbgebung des Innenraumes ist auf ein kleines Spektrum reduziert, das mit dem Weiß der Wände, dem Grau des Betons und dem Beige des Fußbodens bzw. dem schwarzen Linoleum der Rampe einen neutralen Habitus bekundet, der für die Zurschaustellung verschiedenartiger Kunstobjekte den geeigneten Rahmen liefert. Mit dem Schwarz der Wände des Eingangsbereichs – eine Analogie zu dem Innenraum des Auditoriums – und einer rationalen Formensprache der Details erlangt dieses Ambiente eine nüchterne Ausstrahlung.

Überrascht und gleichermaßen überzeugt ist man von den wenigen Veränderungen, die den Umgestaltungsprozeß bestimmen. Indem der Architekt die Ursprünglichkeit des ehemaligen Zweckraumes soweit als möglich gewahrt und nur jene für eine museale Nutzung notwendigen Korrekturen vorgenommen hat, gewinnt er den vorhandenen, auf rein technischen oder konstruktiven Erwägungen basierenden Elementen einen ungewohnten ästhetischen Wert ab. Die sorgfältige und zurückhaltende Anpassung zwischen Alt und Neu schafft eine zwar sachliche, aber dennoch angenehme Atmosphäre, in der jedes einzelne Element eine durchaus elegante Erscheinungsform darstellt.

10
Rampe
Unteransicht

8   Rampe. Längsschnitt

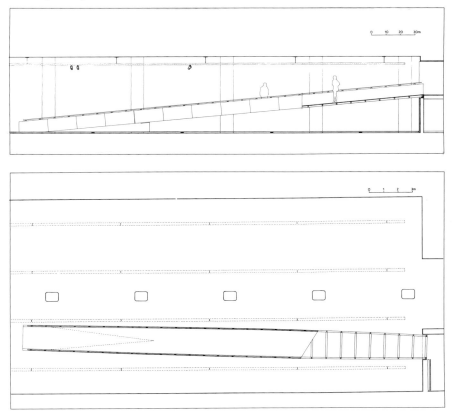

9   Rampe. Grundriß

11
Rampe
Seitenansicht

12 Ausstellungsraum. Gesamtansicht nach Südosten

13 Auditorium

In einer Zeit, in der die Begriffe der ›Materialgerechtheit‹ oder der ›Ablesbarkeit von Konstruktion und Baustoff‹ zum traditionellen historischen Repertoire der Architekturgeschichte gehören und damit schon seit langem aufgehört haben, für die aktuellen Tendenzen noch irgendeine bedeutende Rolle zu spielen, wirkt der Versuch von Kiessler, den Charakter eines Materials offen zu demonstrieren, merkwürdig unzeitgemäß.[2] Die Vorstellung, dem Sichtbeton, jenem von Le Corbusier als »beton brut« frenetisch gefeierten Baustoff, noch eine ästhetische Dimension abzuverlangen, erscheint heutzutage fast unmöglich. Auch der Gedanke, daß man in einem Kunstbau der mittleren neunziger Jahre noch die alte Forderung von Hendrik Petrus Berlage nach dem ehrlichen Ausdruck von Struktur und Material auf überzeugende Weise verwirklicht findet, ist schließlich ebenso erstaunlich.[3]

Es bleibt zu fragen, auf welcher Grundlage solch eine architektonische Qualität basiert, die, ohne in einen flachen Anachronismus zu verfallen, überlieferte Gestaltungsprinzipien im Sinne einer Akzeptanz des vorgegebenen Rahmens zu neuem Leben erweckt. Hinter dem baukünstlerischen Ansatz von Kiessler, das Material und das Konstruktionsverfahren offen darzulegen, verbirgt sich gerade nicht die in der zeitgenössischen Architektur häufig anzutreffende Bemühung, mit der Wahl einer spezifischen Methode zugleich auch theoretische oder gar ideologische Implikationen mitzuliefern, sondern einzig, diese für den Raumeindruck zu nutzen. Jedes Detail unterwirft sich dem kompositorischen Zusammenhang und gewinnt dadurch eine Zurückhaltung und Neutralität, die jeglichen Versuch, einen wie auch immer gearteten Bedeutungsgehalt zu vermitteln, sofort zunichte machen. Es ist die reine Freude an der Eigenschaft und der Qualität des Werkstoffs, die Kiessler dazu veranlaßte, einen nicht unbeträchtlichen Teil der vorhandenen struktiven Elemente in ihrer rohen Materialität zu demonstrieren. Die harmonische Integration in den Innenraum legitimiert seine Entscheidung ganz eindeutig.

Die Ingenieur-Ästhetik und die Baukunst, um es mit den Worten von Le Corbusier zu fassen, sind in diesem Ausstellungsraum auf eine fast natürliche Weise miteinander verknüpft.[4] Was sie zusammenhält, ist ein überraschend hohes Maß an künstlerischer Raffinesse, die in der Reduktion auf wenige Einzelelemente eine räumliche Kohärenz zu erreichen vermag. Dieses ›Wenige‹ der Umgestaltung ist im Sinne Ludwig Mies van der Rohes ein klares und deutliches ›Mehr‹.[5]

Steffen Krämer

15
Aufgang zum
Auditorium

16
Auditorium
Grundriß

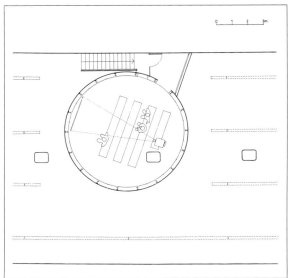

Anmerkungen

1 August Schmarsow, *Das Wesen der architektonischen Schöpfung*, Leipzig 1894
2 Diese Begriffe wurden von der modernen Architekturbewegung des Brutalismus, insbesondere durch den Kreis um das englische Architektenpaar Alison und Peter Smithson, in den fünfziger Jahren in den internationalen Sprachgebrauch eingebracht; vgl. dazu Jürgen Joedicke, *Architekturgeschichte des 20. Jahrhunderts. Von 1950 bis zur Gegenwart*, Stuttgart/Zürich 1990, S. 82 ff.
3 Hendrik Petrus Berlage, *Gedanken über den Stil in der Baukunst*, Leipzig 1905, S. 23 ff.; ders., *Grundlagen und Entwicklung der Architektur*, Berlin/Rotterdam 1908, S. 93 ff.
4 Mit diesem Begriffspaar ließ Le Corbusier seine berühmte Publikation *Vers une Architecture* aus dem Jahre 1923 beginnen; siehe dazu die deutsche Ausgabe *Ausblick auf eine Architektur*, Braunschweig 1982, S. 21 (*Bauwelt Fundamente* Nr. 2).
5 Die Verwendung dieses populären Leitsatzes von Ludwig Mies van der Rohe, der nicht erst durch Robert Venturi eine berechtigte Kritik erfahren hat, soll zeigen, daß die zugrundeliegende Gestaltungsidee im Einzelfall durchaus noch ihre Gültigkeit besitzt.

17
Durchblick
auf die
Rolltreppen
zur U-Bahn

19
Lastenaufzug

18   Querschnitt

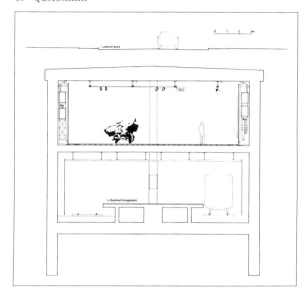

21   Lastenaufzug. Schnitt

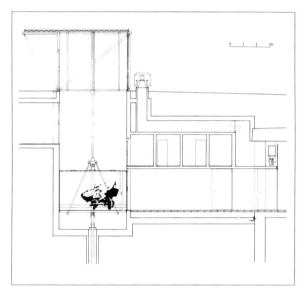

20
Durchblick
auf die
Rolltreppen
zur U-Bahn

Fotos: Peter Bonfig

Sämtliche Innenaufnahmen
zeigen den Bau während
seiner Eröffnungsveran-
staltung, einer Neon-
Installation von Dan Flavin.
© VG Bild-Kunst, Bonn 1994

22
Ausstellungsraum
Gesamtansicht
nach Nordwesten

Hans Kollhoff
Helga Timmermann

Kindertagesstätte, Frankfurt am Main

Projektleitung Hochbauamt der Stadt Frankfurt am Main
Künstler Roland Fässer
1988–1994

Day Nursery

Our original intention was to build a 'house for children' in the street (the word 'kindergarten' simply does not express what we were aiming for), but then we realized that the site was too small and the remaining space too narrow and dark. So we turned the house to face the sun, without abandoning the link with the street. The result was a distorted, easily legible 'face' reminiscent in some ways of a Cubist portrait by Picasso. The house looks across the street to the zoo, the perimeter wall of which is reiterated in the ground floor: the street is thus channelled between two brick walls.

The house is four storeys high, with a terrace facing towards the sun for each group activity room and

1
Lageplan

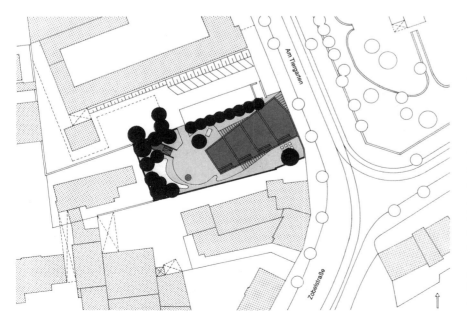

Vor wenigen Monaten öffnete am Zoo in direkter Nachbarschaft zum Heinrich von Gagern-Gymnasium – einem Bau aus der Gründerzeit und umringt von überwiegend viergeschossiger dichter Wohnbebauung – eine neue Kindertagesstätte ihre Pforten. Sie ist das Werk der beiden Berliner Architekten Hans Kollhoff und Helga Timmermann. Das für eine Kindertagesstätte extrem kleine Grundstück verlangte eine kompakte architektonische Form, um noch ein Minimum an Spielfläche im Freien zu erhalten. Die beiden Architekten haben diese schwierige Bauaufgabe in genialer Weise gelöst.

Sie errichteten zur Straße hin – als Barriere gegen den Lärm der Verkehrskreuzung – einen viergeschossigen Turm, der zum Garten hin in vier großen Stufen abfällt. So entstand in jedem Geschoß eine große Dachterrasse und damit noch weitere Spielmöglichkeiten im Freien. Die Dachterrassen sind von hohen Brüstungsmauern umgeben und so von außen als solche nicht erkennbar. Der Baukörper wirkt daher von allen Seiten geschlossen und hebt sich deutlich als Solitär von seiner Umgebung ab. Die Außenverkleidung in einem roten Backstein im Kopfverbund knüpft jedoch ein Band zur umgebenden Architektur: zu den roten Sandsteinrahmen an Fenstern und Portalen des Gagern-Gymnasiums und der gegenüberliegenden hohen Ziegelmauer, die den Tiergarten umschließt.

Die Straßenfassade läuft in ihrer Mitte leicht spitzwinklig zu. Die Spitze weist genau auf die Mitte der südöstlich gelegenen Straßenkreuzung. Im Inneren kehrt in jedem Geschoß das Motiv der Fassadenspitze in veränderter Gestalt wieder und führt zu ganz unerwarteten Raumeindrücken. Man wird an das Museum für Moderne Kunst erinnert, wo Hans Hollein mit Ironie das Thema des ›Tortenstücks‹ variierte. Im Eingangsbereich der Kindertagesstätte taucht das Motiv noch einmal auf. Der Eingang liegt in einem spitzen Winkel konträr zu dem der aufsteigenden Geschosse. Er ist als eine große Glasfront gestaltet, in die eine zweiflügelige Buchenholztür eingelassen ist. Anstelle eines Türgriffes ist ein großes Lederpaneel angebracht. An solchen Details spürt man, wie hier überall sehr überlegt auf die Bedürfnisse der kleinen Benutzer eingegangen worden ist. Statt mit aller Kraft an der Türklinke zu zerren, kann man sich mit den Armen gegen die Türflügel stemmen.

Hinter dem Eingang liegt zunächst ein Foyer, das als schmaler Schacht durch die beiden untersten Geschosse geführt wird. Ein aus einzelnen spitzwinkligen Dreiecken zusammengesetzter Fußbodenrost markiert noch einmal subtil die Spitze der Fassade. Gleichzeitig wendet sich die Bewegungsrichtung jedoch in einen langen, sich zum Garten hin verjüngenden Gang. Dieser mit hellem Parkett und Wandschränken ausgestattete Flur dient als Eßhalle, und bei schlechtem Wetter kann man hier auch mit dem Skateboard flitzen. Die seitlich angrenzenden beiden Gruppenräume für den Kindergarten bestehen jeweils aus einem Nebenraum mit eigenem Ausgang in den Garten, zwei Toiletteneinheiten und einem großen Gruppenraum. Die Räume strahlen eine ruhige und lichte Atmosphäre aus. Ihre Wände sind weiß gehalten und im unteren Bereich mit hellen Wandpaneelen verkleidet, die als Pinnwände genutzt werden. Farbige Akzente sind im ganzen Haus nur äußerst zurückhaltend auf einzelnen Wandstücken verteilt, und dann auch nur im ›öffentlichen‹ Bereich – Foyer, Flur, Treppenhaus. In den Gruppenräumen wirken die Spielzeuge der Kinder als Farbeffekte, und so wird eine Überfrachtung mit zu vielen Farbwerten vermieden. In dem Gruppenraum, der sich mit großen Glastüren zum Garten hin öffnet, ist eine schalldichte Schiebetüre aus Buchenholz eingelassen, eine handwerkliche Meisterleistung, wie im übrigen alle Details in diesem Haus, die mit größter Sorgfalt ausgeführt worden sind.

Das von Foyer und Flur aus zu erreichende Treppenhaus ist eher klein für ein öffentliches Gebäude. Wie alle Räume ist es schlicht in seiner Gestaltung und dennoch mit einem deutlichen architektoni-

2 Gartenseite. Detail (Foto: Dieter Leistner)

3 Straßenseite
(Foto: Heinrich Helfenstein)

a street facade which is unmistakably that of a public facility. The building drives a wedge into the garden, leaving no space unused. Only the ground floor deviates from the symmetrical layout. The resulting impression is of a huge, four-stepped brick stairway offering a view of the zoo, or of a platform with a view of Frankfurt's high-rise skyline. The stairway motif is repeated in varying scales in the escape stairs with their stepped parapets.

The playfully manipulated overall form is consolidated in the choice of materials and painstaking attention to detail. We felt it was important for children to experience such materials as wood, stone, plaster, steel, glass and fired clay before being sent out into a world of plastic.

schen Akzent versehen. Hier ist es die Treppenwange, die, konträr zum wellenförmigen Schwung der Treppenstufen, in den Krümmungen scharfkantig gebrochen ist.

Im ersten Obergeschoß läuft der Flur pointiert auf die Fassadenspitze zu. Zwei gefachte Glaswände stoßen im spitzen Winkel aufeinander. Durch die eine der beiden schaut man in die Tiefe

4
Eingang von der Straße
(Foto: Heinrich Helfenstein)

des Foyers, die andere erlaubt einen Blick in die Küche. Zum Garten hin liegt in diesem Geschoß ein großer Mehrzweckraum, der vor allem zum Turnen genutzt werden soll, wozu sein beheizbarer Parkettboden geradezu einlädt.

Die beiden obersten Geschosse beherbergen die Räume für die Hortkinder. Sie finden dort eine Reihe unterschiedlicher Rückzugsmöglichkeiten: Lesezimmer, Werkraum und Bauzimmer. Im zweiten Geschoß steht man zunächst in einem kleinen Flur und blickt durch einen schmalen, bis zur Decke reichenden Holzrahmen in einen fensterlosen trapezförmigen Raum. Hier klingt noch einmal deutlich das Fassadenmotiv an. Dieser ›Restraum‹ bietet Platz für die Ranzenfächer. Die Hausaufgabenräume liegen zur Gartenseite und öffnen sich mit großen Glastüren auf die Dachterrasse. Ferner befinden sich in diesem Geschoß noch ein Speiseraum für die Hortkinder und eine Kinderküche, die sowohl in Gestalt als auch Materialwahl eine Miniaturausgabe der großen Küche im ersten Stock ist.

Im obersten Geschoß öffnet sich der Flur direkt zur Dachterrasse. Die Räume liegen hier nur noch zur Fassade hin und werden durch ein Fensterband belichtet. Dieses Fensterband beherrscht auch die ansonsten fast fensterlose Straßenfassade. Es gleicht einem Aussichtspunkt in einem Turm. Erst ein ganzes Stück oberhalb der lärmenden und staubigen Straße öffnet sich die Fassade ein wenig.

Über dem dritten Geschoß befindet sich nochmals eine große Terrasse, von der aus man einen schönen Ausblick in den Zoologischen Garten hat. Von hier führt eine steile Treppe, die alle Terrassen miteinander verbindet, direkt in den Garten.

Wie auch Toyo Ito (s. S. 90 ff.) wählten Hans Kollhoff und Helga Timmermann für die Kindertagesstätte am Zoo keine der kindlichen Phantasie oder Formenwelt entlehnte Architektur. Sie entwarfen einen Baukörper, der den schwierigen Bedingungen seiner Umgebung Rechnung trägt und mit wenigen, aber klar artikulierten architektonischen Akzenten sich behauptet. Anders als Toyo Ito, der die Kindertagesstätte als sich ständig veränderndes Raumerlebnis konzipierte, gestalteten die beiden Berliner Architekten eine architektonische ›Hülle‹, die den kleinen Benutzern aus Kindergarten und Hort sowie ihren ErzieherInnen viel Freiraum für eigene Gestaltung läßt. Dabei versinkt die Architektur selbst durchaus nicht in Ausdruckslosigkeit. Die Einheitlichkeit und Geschlossenheit des Bauwerkes wird unter anderem auch durch die radikale Beschränkung auf nur wenige Materialien bewirkt: Klinker im Außenbereich, weiß verputzte Wände im Inneren und helles Holz für alle weiteren Ausstattungsstücke vom Parkettfußboden bis zur

5
Gartenseite
(Foto: Dieter Leistner)

Kücheneinrichtung. Unendliche Sorgfalt wurde von Helga Timmermann auf die Gestaltung der Details verwandt. So sind die Abdeckungen der Heizkörper als kleine Bänke gestaltet, leicht abnehmbar und bei Bedarf an anderer Stelle wieder zu nutzen. Auf den Brüstungen der Dachterrassen verhindern schmiedeeiserne Krokodile, die sich gegenseitig in den Schwanz beißen, daß allzu neugierige Kleine und auch Große sich zu weit hinauslehnen.

Das Hochbauamt der Stadt Frankfurt formulierte 1987 als eines der hehren Ziele seines Architekturprogrammes für die Gestaltung der Kindertagesstätten: »Die Qualität der Architektur muß ausstrahlen auf die Kinder. Der gebaute Raum soll das Kind unterstützen beim sozialen Lernen wie beim sinnlichen Erleben.« Es bleibt zu hoffen, daß die von Hans Kollhoff und Helga Timmermann geschaffene Architektur bleibende Spuren bei ihren kleinen ›Bewohnern auf Zeit‹ hinterlassen wird. Daß sie auf subtile Weise geschmacksbildend wirkt und sich auflehnt gegen die ausdruckslosen Wohnkisten, in denen die meisten unserer Kinder groß werden und die gefüllt sind mit dem Glimmer der Barbie-Puppen-Welt.

Ursula Kleefisch-Jobst

6
Nordwestseite
(Foto: Heinrich Helfenstein)

7
Eingangsbereich
(Foto: Heinrich
Helfenstein)

8
Garderoben im
Erdgeschoß
(Foto: Heinrich
Helfenstein)

9 Gruppenraum (Foto: Waltraud Krase)

10
Kinderküche
(Foto: Waltraud
Krase)

11 Garderobenraum im Erdgeschoß als Gruppenraum genutzt (Foto: Waltraud Krase)

12 Gruppenraum mit Ausgang zur Terrasse (Foto: Waltraud Krase)

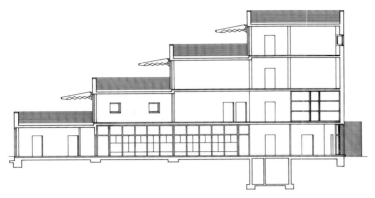

13 Schnitt Südwest-Nordost

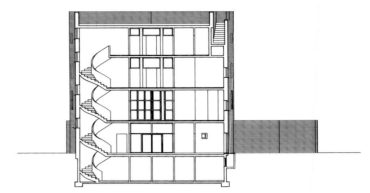

14 Schnitt Südost-Nordwest

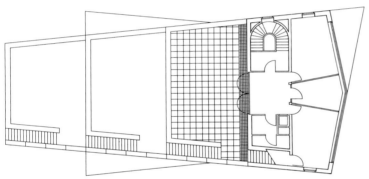

15 Grundriß 3. Obergeschoß

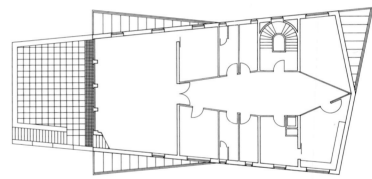

16 Grundriß 1. Obergeschoß

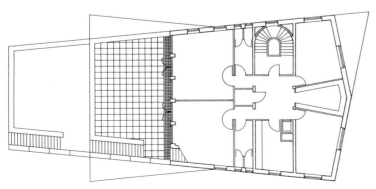

17 Grundriß 2. Obergeschoß

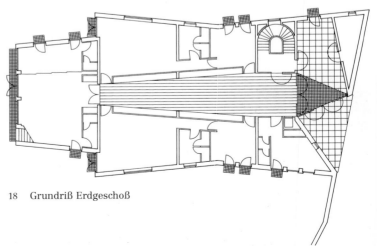

18 Grundriß Erdgeschoß

20
Treppenhaus
(Foto: Heinrich
Helfenstein)

Hilde Léon
Konrad Wohlhage

Grundschule, Berlin-Frohnau
Erweiterung eines Gebäudes von 1957

Mitarbeit　　Brigitte Fischer, Rainulf Elmpt

Tragwerksplanung　Gerhard Pichler mit Andreas Schulz

Wettbewerb 1. Preis, 1987

1990—1994

Extension to a Primary School

The existing primary school, which was built in 1957, has been extended to create double the amount of space simply by making a mirror image of the original building. The organizational principle in the old building – corridors with classrooms along one side – also dominates in the new buildings. An intermediate zone, where single-storey or sometimes two-storey buildings with north light roofs alternate with small atria, admits daylight to the interior corridors.

The old and new buildings together create a new architectural composition with an identitiy of its own. All the buildings are grouped around a central entrance courtyard, which forms the new centre of the ensemble.

The materials and colour scheme of the new buildings, with their smooth painted plaster, frameless windows and steel and glass facades, form a deliberate contrast to the fifties building, with its unpainted rough cast walls, wooden window frames and roof overhangs.

Gangbarer Weg

Vielerorts in Deutschland wird den Reisenden auf der Autobahn der Weg nach Berlin gewiesen von einem in Bronze gegossenen Bären, auf dessen Sockel die jeweilige Entfernung bis zur Hauptstadt vermerkt ist. Das Urbild dieses Bären steht in Dreilinden, geschaffen hat es die Berliner Bildhauerin Renée Sintenis (1888–1965), die durch ihre Tierplastiken Bekanntheit erlangte. Ein Reh von ihrer Hand steht vor der unscheinbaren Schule, die ihren Namen trägt: der Renée-Sintenis-Grundschule in Berlin-Frohnau.

1957 wurde das Gebäude im nördlichen Bezirk Reinickendorf vom Bezirksbauamt errichtet, ein zweigeschossiger Querbau mit aus der Symmetrieachse gerücktem Mittel- und zwei Eckrisaliten und einer an der Rückseite mit einigem Abstand beigestellten Turnhalle. Die Anlage gehört zu jener Architektur der fünfziger Jahre, in der wir heute wieder Qualitäten sehen, die Werkgerechtigkeit und materielle Solidität, die Schlichtheit, die sich mit Angemessenheit verbindet, die vorsichtigen Akzente an prädestinierter Stelle. Als die Schule in den achtziger Jahren zu klein wurde, schrieb der Senat einen Wettbewerb für die Erweiterung aus, den die Berliner Architekten Hilde Léon und Konrad Wohlhage für sich entschieden.

Auch Léon und Wohlhage erwiesen dem Altbau ihre Referenz. Soweit als möglich wurde renoviert, wurden die Originalfarben ermittelt und wieder aufgebracht, wurden die tropfenförmigen Brunnensteine in den Fluren gegen Abbruchbegehren von Hausmeister und Bezirksbaubeamten verteidigt.

Die Neubauten allerdings sprechen eine ganz andere Sprache, haben scharf eingeschnittene Fenster, Glattputz statt Rauhputz und strahlende Farben – Weiß, Gelb, Mint und Bordeaux.

Was wie ein den Entwurf charakterisierender Geniestreich erscheint, hatte sich mit logischer Konsequenz entwickelt. Wie erweitert man ein einhüftiges Schulhaus? Klar, man macht eine Zweibundanlage daraus, oder einen Dreibund, wie hier geschehen. Denn zwischen dem Flur des Altbaus und jenem des Neubaus fand ein schmaler Streifen mit Nebenräumen, Bibliothek usw. Platz. Durch den Kunstgriff der Parallelverschiebung wird die Intervention auch von der Straße aus sichtbar; das Gebäude fächert sich am Ostende auf, zeigt seine Schichtung aus Altbauklassentrakt, Zwischenzone mit dienenden Räumen, Neubauflur mit Fluchttreppe und Neubautrakt mit Klassenräumen.

Soweit, könnte man meinen, entwarf sich die Aufgabe fast von selbst (doch nicht erst seit Mies weiß der Eingeweihte, daß die einfach scheinenden, logischen Lösungen oft nur mit viel Mühe und Beharrlichkeit ans Licht gebracht werden). Nun war nicht nur die Schule durch mehrere Klassenräume, Fachsäle und Verwaltungsbereich zu erweitern, der alten Turnhalle sollte auch eine zweite hinzugesellt werden, samt Umkleidetrakt in zeitgemäßem Standard. Und den Architekten fiel auf, daß sich solches ja mit dem selben Prinzip wie beim Schulhaus bewerkstelligen ließe. Sie formten aus den beiden Turnhallen und dem dazwischenliegenden Umkleidetrakt eine Art Dreibundanlage und benutzten die auskragende Mittelzone gleich dazu, einen Hofraum zu formulieren und nach Norden abzuschließen. Nur dieser Hofraum vermittelt zwischen Schule und Turnhallen; auf einen baulichen Anschluß, der nur schiefwinkliges Zwischenglied sein könnte, verzichteten die Architekten.

Im Inneren entstanden aus der dreihüftigen Situation überraschende räumliche Erlebnisbereiche. Wo alt und neu zusammentreffen, blieben nur die Pfosten der einstigen Flurfensterfassade bestehen und geben dem Übertritt durch die schmalen Durchlässe in die Zwischenzone und den hellen Neubauflur einen transitorischen Charakter. Die Zwischenzone mit zweigeschossiger Bibliothek, Besprechungsräumen und Lichthöfen ist durch Sheds belichtet. Der anschließende Neubaugang zwischen dem massiv gemauerten (49er HLZ-Mauerwerk!) Neubau und dem Altbau vermittelt als leichtere Stahl-Glas-Konstruktion zwischen den schwereren Volumina. Frei nach Le Corbusiers La Tourette ist dessen Glasfront vertikal durch in Abständen und Breiten wechselnde Pfosten rhythmisiert. Auch die scharf und tief einge-

1　Gesamtensemble von Alt- und Neubauten

schnittenen Fenster des Neubaus zeigen eine solche Unterteilung.

Ein Schmuckstück ist die neue Turnhalle, ein weißer Kubus mit Lamellenzone unter dem wellenförmig geschwungenen Trapezblechdach. Innen wirkt die Wellendecke natürlich noch bewegter, pointiert durch die filigranen Spannglieder des Tragwerks. Rot lasierte Tischlerplatten bilden die Wände und bringen eine wunderbare Farbstimmung in den Raum. Unregelmäßig angeordnete Fenster bringen Licht und Luft ins Spiel. Durch geböschte Stirnwände und Dämmaterial in der perforierten Decke haben die Architekten zudem eine für Turnhallen ungewöhnlich angenehme Raumakustik geschaffen. Das Design der Geländer, die Auswahl der Beschläge, die Ausstattung der Sanitärräume, viele Details zeigen das Bemühen, trotz eines engen Kostenrahmens sich nicht mit dem banalen Standard des jeweils billigsten Angebots zufriedenzugeben.

Für seinen profanen Inhalt fast ein wenig zu dramatisch, aber ungeheuer elegant schwebt der als Brücke ausgebildete Umkleidetrakt über der Freitreppe zum Hof. Die Uhr an seiner Wand ist Zeichen, nicht nur für Schule, sondern auch für die Methode der Architekten, alltägliche Funktionen anders als gewohnt zu sehen, zu gestalten, zu positionieren, und damit kompositorische, künstlerische Effekte zu erzielen, mit denen die an sich stereometrische, nüchterne Körperlichkeit der Gebäudeteile jeweils zum Sprechen gebracht wird. Die Architekten beweisen, daß sie aus der Postmoderne gelernt haben, ohne auf deren Prinzipien der sekundären oder gar tertiären Codierungen eingehen zu müssen. Sie sind damit sicher auf einem gangbaren Weg der Fortentwicklung der Moderne, der sie an den derzeit virulenten Versuchungen der ›Neuen Einfachheit‹ oder der neu definierten ›Berlinischen Architektur‹ ungefährdet vorbeiführt.

Falk Jaeger

2   Blick vom Pausenhof

3   Blick auf Hofplateau und Turnhalle

4
Blick vom Hofplateau
auf Umkleidegebäude
und Turnhalle

5
Turnhalle

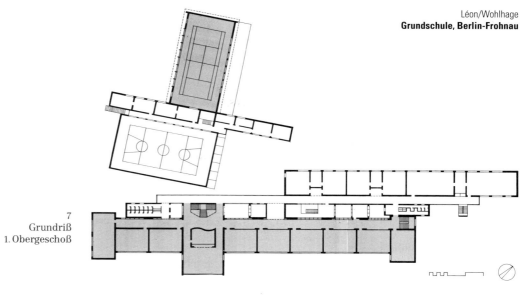

7
Grundriß
1. Obergeschoß

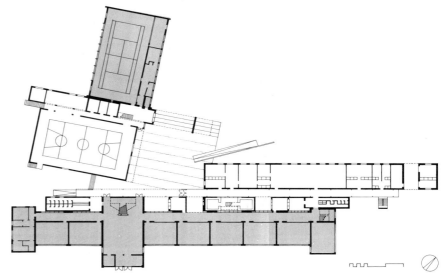

6 Querschnitt Turnhalle

8
Grundriß
Erdgeschoß

9
Innenansicht
Turnhalle

10
Fassade
Klassentrakt

11
Fassade
Gang

12   Treppe Turnhalle

Fotos:
Christian Richters

Christoph Mäckler

Gleichrichterwerk und Museumsdepot, Frankfurt am Main

Mitarbeit Jan Pieter Fraune, Birgit Jung, Thomas Mayer, Ralf Zander

Tragwerksplanung BGS, Frankfurt am Main, Klaus Noll

1994

Rectifier Station and Museum Depot

A rectifier station was required for the electricity supply serving a new underground railway line in Frankfurt am Main. The only available site was already earmarked for museum depots; for it to be developed in a logical way, the first phase of the depot building therefore had to be completed along with the rectifier station.

The building in question forms the entrance to this

Teilt man die Auffassung, daß manche Architekten eher für diese, andere für jene Aufgaben Talent besitzen, dann ist Christoph Mäckler in der Sparte des Städtischen zu Hause. Seine Bauten zeigen eine veritable Nähe, sie stehen ruhig und fest, könnten auch anderswo einen Ort bestimmen. Ihre innewohnende Originalität kommt eher beiläufig zum Ausdruck, sie ist geradezu altmodisch – falls man darunter eine besondere Qualität versteht.

Der Betrachter, der Mäcklers Architektur begegnet, wird schon auf den ersten Blick zufriedengestellt. Nichts regt ihn auf. Er trifft auf vertraute Gestalt – vorausgesetzt, es handelt sich um einen sensiblen Idealbetrachter, der von den Zumutungen des landläufig Gebauten, dem Groben, Abstrusen, dem Schrillen aus zweiter Hand noch nicht blind geworden ist. Erst wenn er sich Zeit nimmt, genauer hinzusehen, worauf diese selbstverständ-

liche Harmonie begründet ist, begreift er die Architektur.

Wie diesen merkwürdig hermetischen Zwitterbau in der Frankfurter Borsig-Allee. Schon die Adresse läßt das Gewerbegebiet ahnen. Und dennoch stellt sich die große Bau-Skulptur mit einer Kraft an die Straße, bietet ihre provisorisch verputzten Flanken zum solidarischen Anbau, als sei hier die Stadt zu einer Hommage an die Maschinenbauer- und Lokomotiven-Dynastie verpflichtet. Mit der Bahn hat der Block indes nur im Unsichtbaren zu schaffen. In den unteren Geschossen geschieht die technische Umformung der elektrischen Energie, die oberen drei Ebenen dienen dem Museum für Völkerkunde als Depot. Alles keine Räume für Publikum, im Gegenteil, Licht und Einblicke waren ausdrücklich unerwünscht. Wie soll da Architektur entstehen?

Mäckler begann mit einer Ordnung des Geländes, über das das Amt für Wissenschaft und Kunst verfügte. Der Bauherr, die Stadtwerke, handelt inzwischen als Vermieter des Museumsdepots. So verwirrend der Interessenausgleich der Frankfurter Behörden auch sein mag, das Gebäude antwortet mit einer geradezu zwingenden Klarheit, seine Grundrisse sind symmetrisch geordnet wie ein Ornament. Um der Straße Kontur zu geben, ist es in ihre Flucht gerückt. Durch eine portalartige Öffnung kann eine Lagerhalle im Hintergrund des Grundstücks erschlossen werden, auch wenn künftige Bauabschnitte den Industrie-Solitär auf beiden Seiten befestigt haben werden. Zu einem Haus an der Straße gehören Öffnungen. Mäckler organisierte die Funktionen so, daß genügend Aufenthaltsräume, Treppen, Putz- und Fluchtbalkone an der Fassade liegen konnten. Dennoch entstand kein Homunkulus, der ein heiteres Innenleben vortäuscht.

Bestimmend ist die seitlich ein wenig über die Brandwände ragende Ziegelfassade, die wie ein dunkler, rot-bunter Teppich in zwei Hälften vom Dachgesims zu hängen scheint. Dazwischen, über der Durchfahrt, springt das Gebäude deutlich zurück, um darüber mit einer über drei Geschosse reichenden, schräg nach vorne kippenden Betonhaube um so drastischer Aufmerksamkeit zu reklamieren. Diese keilförmige Blende, ein bekanntes Motiv der Moderne, rahmt die vollflächig verglasten Restauratorenbüros. Drei verzinkte, gondelartige Kästen als Putzbalkone machen die Geschoßebenen ablesbar. Das Treppenhaus erfährt eine besonders raffinierte Behandlung. Nur auf dem zweiten und dritten Geschoß wird es zu beiden Seiten der massiven Ziegelfronten als gläserner Kasten gezeigt, der um die Portalflanken reicht. Seine Scheiben werden von horizontalen, flach liegenden Leiter-

1 Lageplan

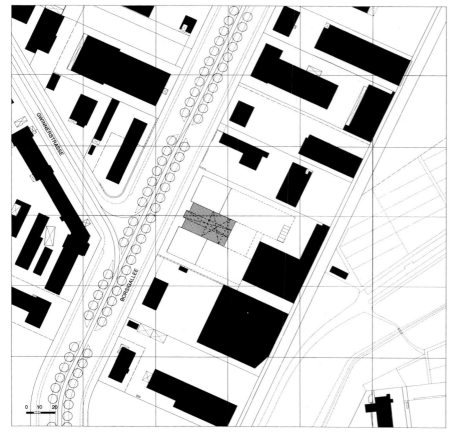

sprossen gehalten, die von senkrecht durch beide Holme führenden Stäben einer Zugkonstruktion stabilisiert werden. Man muß nicht fragen, wo es so etwas zu kaufen gibt: Das haben die Architektur-Handwerker des Büros selbst entwickelt. Durch die Scheiben erkennt man die massiven Schrägen der Treppenbrüstungen, die sich auf den Podesten in horizontale flache Geländerstäbe auflösen. Der Treppenraum bleibt roh, er lebt von der kalkulierten Materialwirkung, den Gegensätzen der Oberflächen, der Abwesenheit von Farben – und auf einmal erhält ein eisenglimmerndes Profil Bedeutung.

Diese handwerkliche Beherrschung zeigt sich vor allem in den Ziegelflächen. Wittmunder Torfbrandklinker sind noch kein Patentrezept, solange man die Wirkung ihrer großflächigen Versammlung im Wilden Verband nicht vorhersagen kann. Maßgebend bleibt die akkurate Schichthöhe, die Verläßlichkeit auf senkrechte Kanten und horizontale Rollschichten. Die Fugen haben nicht nur eine konstruktive Aufgabe, sie sind das feine Netz, das über die Tiefenwirkung der Fläche entscheidet. In diesem Fall sind die ruhig schimmernden, dunklen, von ihrer Lage im Ringbrandofen gezeichneten Steine nicht verfugt, sondern mit einem Holzspan ausgerieben. Ein Gummischlauch oder nasser Lappen, wußten die Architekten, hätte durch das angesaugte Anmachwasser und den an der Oberfläche verdichteten Mehlkornanteil eine glänzende Wirkung ergeben. So blieben die Mörtelfugen matt.

Der Ziegelfassade zur Straße entspricht die Räson einer in rechteckige Felder gegliederten Betonwand auf der Hofseite. Vier Schalkonen lassen in jeder Teilfläche erkennen, daß das Material nicht zufällig zwischen den Tafeln erstarren, sondern durch eine konstruktive Maßnahme zur Tektonik des Gebäudes beitragen sollte. Die plastischen Motive der Straßenfront tauchen verwandelt auf, der Ziegel bringt sich als Portalrahmung in Erinnerung.

Weniger gelungen ist das Dazwischen. Hier mußte gespart werden, und deshalb bedeckt nun ein finster blaugrüner Anstrich die Betonflächen der Durchfahrt. Schon an der Straßenfassade kündigt er sich in der rauh geputzten Gebäudenut an. Die Backsteinflächen verschwinden, werden auf Bordüren, Friese und Bänder reduziert, die Öffnungen und Bauteilkanten in allen Dimensionen säumen. Man rätselt, wie die Ziegel beim Baufortschritt Halt gefunden haben. Auf beiden Seiten der Passage rahmen sie mächtige Bögen, aber die ursprünglich vorgesehene Tragfunktion ist auch hier nur als ästhetische Präsenz vorhanden. Beton brut hätte dem großen, starken Bau besser getan.

Wolfgang Bachmann

2
Ansicht
Straßenseite

street-side site in an industrial zone, on which one depot building had already been erected.

As neither the rectifier station nor the museum depot could have windows, the two fire escape stairways and the three restorers' rooms – the only extensively glazed areas – face towards the street, opening up the building in that direction.

3
Ansicht
Rückseite

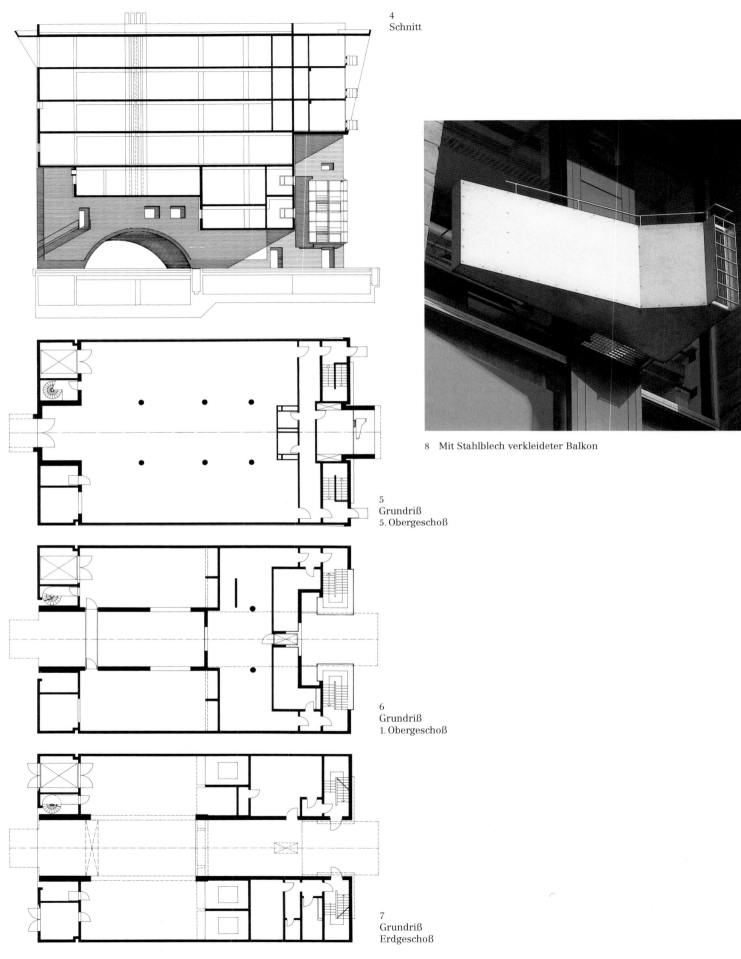

4
Schnitt

8 Mit Stahlblech verkleideter Balkon

5
Grundriß
5. Obergeschoß

6
Grundriß
1. Obergeschoß

7
Grundriß
Erdgeschoß

9
Austritt

10
Unteransicht
Straßenseite

Christoph Mäckler
**Gleichrichterwerk und Museums-
depot, Frankfurt am Main**

11
Verglasung
vor den
Fluchttreppen

Fotos:
Dieter Leistner

12
Decke der
Durchfahrt

13
Rücksprung
an der
Straßenseite.
Detail

14
Verglasung
vor den
Fluchttreppen.
Detail

Christoph Mäckler

Umbau und Renovierung eines Bürohauses von 1960, Frankfurt am Main

Mitarbeit   Ralf Zander, Thomas Mayer, Carsten Standke

1991–1993

Conversion of an Office Building

The site at Eschersheimer Landstrasse 25 was an office block built in the early 1960s with a three-storey extension, to which a further floor and several extensions were later added. The ten-storey high-rise and the extension housed the headquarters of a travel company; the ground floor was occupied by a travel agency.

The aim of the conversion was to update the office space and technical facilities to state-of-the-art standards. The high-rise was gutted and stripped down to its load-bearing structure; some parts were demolished. In order to harmonize the building with the surrounding urban fabric and enhance its overall proportions, it was given a distinctive cap structure. One third of the extension was demolished and replaced with elements more appropriate to the urban context. The staircases in the high-rise were removed and rebuilt on the outside so that new service core areas could be created inside the building.

All the facades were replaced with completely new structures. These include a single-glazed winter window construction that not only provides sound insulation and sunshading, but also allows natural ventilation of the rooms. The winter window system can be opened manually in each office. This is the most technically advanced facade construction of any office building in Frankfurt.

Wie es um die Architektur der Stadt steht, ist bekannt: Da gibt es einerseits die Tendenz, zu retten, was noch zu retten ist, und wiederaufzubauen, was in blinder Zukunftsgläubigkeit vielleicht erst vor zwanzig, dreißig Jahren abgerissen wurde. Ganze Häuserzeilen werden aufwendig restauriert, zerstörte Blockstrukturen werden geflickt, um die locker gestreuten Bauten der Spätmoderne wieder einzubinden. Auf der anderen Seite aber wird rücksichtslos weitergerodet, um neuen Denkmälern für den herrschenden Kommerz Platz zu machen. Jedes Unternehmen, das auf sich hält, braucht ein auffälliges Aushängeschild, das weithin Botschaften zur Firmenidentität verkündet – beliebt sind Signale für Fortschritt, Kreativität und Dynamik. Die beifallheischenden Einzelobjekte übertönen natürlich die Bemühungen um sanfte Stadtreparatur lautstark.

Bemerkenswerterweise sind an Christoph Mäcklers Bürohausumbau in Frankfurt am Main einmal beide Tendenzen an einem Projekt abzulesen. Er bringt das Kunststück fertig, beide Merkmale heutigen Städtebaus auf sympathische Weise miteinander zu verbinden. Der ursprüngliche Bau von 1960, bestehend aus einem zehngeschossigen Hochhaus und einem anfangs drei-, später viergeschossigen Anbau, stand als Solitär in der vorhandenen Blockstruktur des Stadtviertels, ohne diese zu berücksichtigen. In den folgenden Jahrzehnten kamen ringsum weitere Einzelbauten hinzu, so daß sich

die Blockstruktur völlig auflöste. Auch der Solitärstatus des Hochhauses ging neben dem Neuen, Ähnlichen verloren. Es wirkte schließlich belanglos.

Ziel der Architekten war es, »das Haus aus dieser Anonymität wieder als Solitär hervorzuheben«. Eine neue Identität sollte die Wiedererkennung des Ortes gewährleisten. Dies gelingt ihnen tatsächlich, und zwar allein durch den weithin sichtbaren Dachaufbau: Er hebt das Hochhaus aus dem Häusermeer heraus, er verbessert zudem seine Proportionen, macht es schlanker, läßt es höher erscheinen, als es ist. Die Firmen, die einziehen werden, bekommen also ein Aushängeschild.

Ebenso wichtig erschien es den Architekten, die vor- und zurückspringenden Gebäudekanten an der langgezogenen Kurve der Einfallstraße zum Frankfurter Stadtzentrum zu glätten, sie durch einen sanften Schwung auszugleichen. Damit wird die Straßenfassade nicht mehr unterbrochen, und selbst aus dem vorbeifahrenden Auto ist die Blockstruktur nun wieder deutlich erkennbar – ein Stück ebenso behutsamer wie wirkungsvoller Stadtreparatur.

Auf den ersten Blick scheint beim Hochhaus nur ein Teil der Fensterbänder durch ein riesiges Stück Glasfassade ersetzt worden zu sein. Tatsächlich aber wurde die ganze Tragstruktur bis auf Stützen und Deckenplatten entkernt, die Fassade komplett ausgetauscht und zudem das flache Dachgeschoß abgebrochen und neu aufgebaut. Die vorhandenen Treppenhäuser wurden entfernt und nach außen an die Stirnwände verlagert.

Die Kastenfensterfassade ist eine der jüngsten Entwicklungen zur natürlichen Belüftung mehrgeschossiger Gebäude. Die Fenster in jedem Büro-

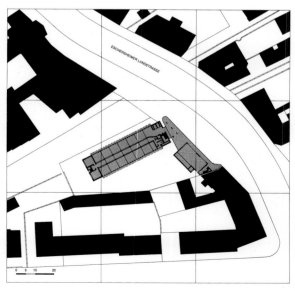

1
Hochhaus mit Anbau
vor dem Umbau

2
Lageplan

3 Gesamtansicht von Osten

4 Fassadendetail (Foto: Artwerk-Studio für Fotodesign)

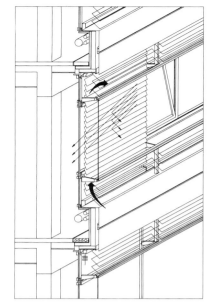

raum lassen sich öffnen, die äußere Einfachvergla-sung bietet ausreichend Schallschutz. Der im Kastenfenster angeschraubte Sonnenschutz kann je nach Wunsch vom Innenraum aus bedient werden; er ist geschützt und daher nicht mehr so repara-turanfällig. Auch die sonst übliche, spiegelnde Son-nenschutzverglasung wurde überflüssig, die viel zur Eintönigkeit einer Fassade beitragen kann. Klarglas vermittelt einen wesentlich freundliche-ren, weil transparenten Eindruck. Es gibt übrigens eine unterstützende Lüftung, außerdem sind Kälte-leitungen für Einzelklimageräte vorhanden, falls sie benötigt werden.

Das beinahe immaterielle, horizontal gegliederte Feld der Kastenfenster wird von einer neuen Klin-kerfassade breit eingerahmt. Die braun-violetten Klinker aus Wittmund mit den dunklen Einschlüs-sen sind Ausschußware, die bei einem anderen Bauvorhaben nicht verwendet werden durfte; hier sorgt sie, im Gegensatz zu manch anderen perfek-ten, aber toten Oberflächen, für eine sehr lebendige Wirkung.

Der spektakuläre neue Dachaufbau hat hauptsächlich die Funktion, aufzufallen. Das opti-mistisch in den Himmel ragende Flugdach der Nachkriegszeit scheint hier auf die Spitze getrie-ben; es erinnert auch an das Symbol der »Offenen Hand« von Le Corbusier. Da das oberste Geschoß

zurückgesetzt und zudem schräg verglast ist, scheint die gewaltige Dachwanne zu schweben. Blickt man hier von oben nach draußen, so dräut ihr mattgrauer Stahlmantel über dem Haus wie eine schwere Gewitterwolke.

Der viergeschossige Anbau entlang der Eschers-heimer Landstraße wurde nicht nur entkernt, son-dern zu großen Teilen abgerissen, da durch den städtischen U-Bahn-Bau zwischen Haupt- und Nebengebäude unterschiedliche Setzungen und daher Risse entstanden waren. Die Tordurchfahrt an dieser Stelle gab es bereits, dieser Bauteil wurde aber abgerissen und in neuer Form wieder aufge-baut. So konnte die Möglichkeit genutzt werden, den Eingangsbereich neu zu gestalten, denn der

6
Kastenfensterfassade

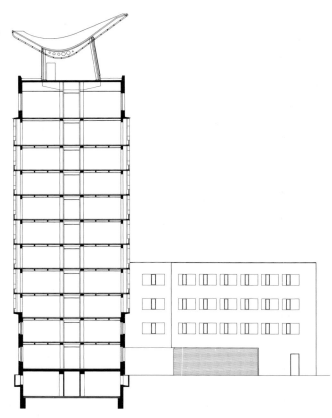

7
Schnitt Hochhaus
und Hofansicht
des Anbaus

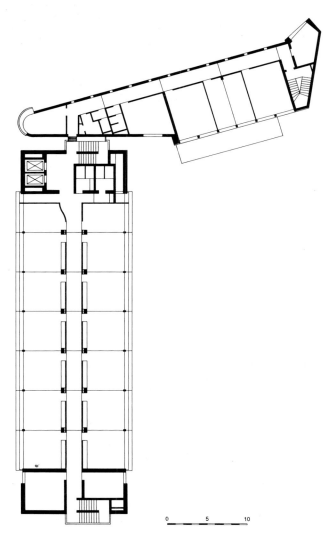

8
Grundriß

Zugang zum Haus war bisher für den Fußgänger nicht leicht zu erkennen. An dieser Stelle fangen nun dünne Doppelstützen das Gebäude ab. Darüber erst liegt das dreigeschossige, verputzte Fassadenband.

Die kleinen Guckfenster belichten nur die Flure, denn die Büros sind zum lärmabgewandten Innenhof orientiert.

Am Angelpunkt zwischen Hochhaus und Nebengebäude bildet sich eine neue Ecksituation heraus. Leicht vorspringende Glasstein-›Fenster‹ machen auf diesen städtebaulich wichtigen Punkt aufmerksam: Nicht nur der Bau erhält damit einen Blickfang, sondern der ganze Block wird an dieser Stelle als solcher definiert.

Im Erdgeschoß befindet sich immer noch eine Zweigstelle des früheren Besitzers. Das Deutsche Reisebüro hatte ehemals hier seine Zentrale eingerichtet, ist nun aber in eines dieser oben beschriebenen, kreativ-dynamisch-bunten Verwaltungsgebäude in der Vorstadt umgesiedelt. Der neue Eigentümer zog dann, obwohl er ›nur‹ ein Investitionsobjekt gesucht hatte, fünf Frankfurter Architekten wegen des Umbaus zu Rate und entschied sich schließlich für Mäckler. Ein Abriß kam nicht in Frage, da in den sechziger Jahren eine wesentlich höhere Geschoßflächenzahl erlaubt war.

Mit Mäckler wurde ein Architekt gewählt, der die frühe wie die späte Moderne schätzt und versteht. Er beherrscht ihre Sprache, somit konnte ein Gebäude von einer fast aus der Mode gekommenen Solidität entstehen. Trotz kompletter Modernisierung und einer Erweiterung ist kein Fremdkörper im Stadtviertel entstanden, sondern ein versöhnendes Element, das Qualitäten aus seiner Entstehungszeit zu bewahren und damalige Fehler aus heutiger Sicht auszugleichen sucht. Ein ehemals belangloses Hochhaus mit Anbau hebt sich nun vom Banalen ringsum ab und repariert gleichzeitig einen der vielen wunden Punkte in der Frankfurter Innenstadt.

Sabine Schneider

9 Verglastes Treppenhaus

10
Anbau

Fotos: Waltraud Krase
(wenn nicht anders
angegeben)

11
Ansicht von Norden

Mecanoo   **Mehrfamilienhaus, Stuttgart**

Architekten   Erick van Egeraat, Francine Houben

Mitarbeit   Birgit Jürgenhake, Dick van Gameren, Jana Schulz,
Marjolijn Adriaansche

Baukoordination   Bidlingmaier, Egenhofer und Dübbers

Bauleitung   Erich Fritz

1992

»Man könnte bewundernswert gut geplante Häuser bauen, vorausgesetzt natürlich, der Mieter ändert seine Mentalität.«
Le Corbusier

Apartments

The design combines three small tower blocks and a simple site development to create a light and playful composition. The building complex opens up to forge a link between the public green area and the green of the courtyard.

Access to the apartments is via the staircases in each block, which house a lift and stairs. The three blocks contain thirteen apartments and three maisonettes; the latter can be divided into six apartments. Each apartment has a service zone and a recreation zone, a loft. All necessary facilities are situated in the service zone. The lofts are spacious and can be partitioned into two rooms.

The stairways are designed so that apartments can be linked at any point without having to alter the installation technology or the design of the building. This means that the stairways can be communal or private. Two apartments together create a spacious maisonette, while several linked apartments can accommodate a group of people.

The service zone can be adapted to any situation. All the apartments are south-facing. In order to benefit from this, and in order to reduce noise, each apartment has its own small winter garden. All the apartments have access to the roof-garden.

Die Schwebebahn zwischen dem Rosensteinpark und dem Killesberg ist eingemottet, und all die hübschen Musterpflänzchen der IGA '93 in Stuttgart sind längst kompostiert. Aber die Musterhäuser, die man eigens zu diesem Anlaß unter dem Motto ›Wohnen Expo 2000‹ von dreizehn europäischen Architekten entwerfen ließ, die sind immer noch zu bewundern. »Experimentelles Bauen«, »grünes Wohnen« hieß die ehrgeizige Devise, unter der man damals angetreten war. Inzwischen hat alles ein wenig Patina angesetzt, und mancher vollverglaste Traum von Transparenz und Kommunikation ist hinter dichten Gardinen verschwunden. Dem exemplarisch ökologischen Anspruch werden weder die Reihenhausgruppen noch die Häuserzeile mit Geschoßwohnungen gerecht, denn schon

in der Planungsphase war klar, daß aufwendige Öko-Technik aus Kostengründen entfallen mußte. Und so beschränkt sich das Gros der haustechnischen Neuerungen auf den traditionellen Wintergarten als Lärm- und Wärmepuffer.

Der Wunschtraum von einer zweiten Weißenhofsiedlung hat sich nicht erfüllt. Dafür ist auf dem IGA-Gelände ein eindrucksvolles Dokument der baukünstlerischen Situation am Ende des 20. Jahrhunderts entstanden: Architektur, das heißt: Anything goes – von expressiven Entgleisungen des Zeichenstifts über Anleihen an die frühe Moderne bis zu kargen Beispielen der neuen Schlichtheit.

Die holländische Architektengruppe Mecanoo bietet mit ihren drei Wohntürmen eine signifikante Zusammenfassung all dieser aktuellen Ansätze. Typisch dabei ist der undogmatische und spielerische Umgang, denn über allem scheint das postmoderne Motto ›form follows fiction‹ zu schweben. So zum Beispiel zitieren die schlank aufragenden Wohntürme rein formal das strenge Vokabular des Neuen Bauens. Diese Strenge wird aber gleichzeitig durch verschiedene Elemente relativiert. Ein solches Element sind die verspielten Glasbaustein-Einsprengsel an den Seitenwänden der Gebäude. Sie sollen im Wohnraum für winzige Lichtpunkte sorgen. In der Dunkelheit soll das durchscheinende Licht aus den Wohnungen die Fassade in eine funkelnde Milchstraße verwandeln. Ein schönes Bild, das an Installationen von Dan Flavin erinnert und vergangene Träume von Lichtarchitektur zu neuem Leben erweckt. Aber weil es mit der Kongruenz von innen und außen entschieden hapert – so mancher Glasbaustein ist durch rein graphische Plazierung im Versorgungsschacht gelandet –, ist es eben nicht mehr als ein schönes Bild.

Dieses virtuose Spiel mit bildlichen Versatzstücken ist durchgängiges Prinzip. Da gibt es den freistehenden gläsernen Aufzugsturm, der nachts illuminiert wie eine Lichtstele schimmert, sowie luftige Erschließungsstege mit unverkennbarer Reminiszenz an die technoiden Phantasien der Konstruktivisten. Zugleich wirkt diese Formensprache wie eine späte Huldigung an die Schönheit frühindustrieller Fabrikarchitektur.

Auch die zum öffentlichen Grün hin orientierten Rückfassaden der Wohntürme werden zur imaginären Spielwiese bildlicher Assoziationen: Die horizontal geriffelte Zinkverkleidung, die schmalen dunklen Fensterschlitze und quadratische Minibalkons, die wie hölzerne Nasen aus der Wand ragen – ein Spiel mit Geometrie, konkrete Malerei ins Dreidimensionale übersetzt. Funktional gesehen sind die Balkonwinzlinge allenfalls dekorativ, denn schon ein einziger Stuhl würde sie hoffnungslos

1
Gebäudegruppe
von Norden
(Foto: Kim Zwarts)

2 Treppenhaus (Foto: Kim Zwarts)

3
Axonometrie

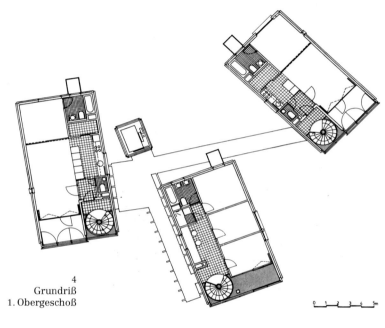

4
Grundriß
1. Obergeschoß

0 1 2 3 4 5m

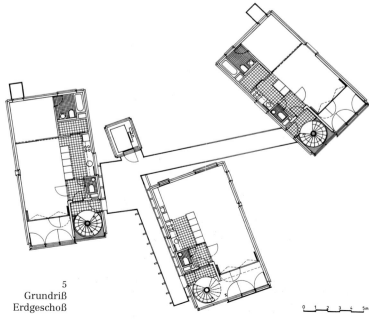

5
Grundriß
Erdgeschoß

0 1 2 3 4 5m

überfüllen. Wer außerdem nicht ganz schwindelfrei ist, sollte den Balkon meiden. Denn der Holzrost der Bodenkonstruktion ist eine so durchlässige Angelegenheit, daß sich wolkige Gefühle in der Magengegend bemerkbar machen können. Zugänglich sind die Balkons meistens vom Wohnzimmer oder dem Schlafraum. Bei einigen Wohnungen allerdings muß man erst ›über die Badewanne krabbeln‹, um den Balkonblick zu genießen.

Das Innenleben der Wohnungen trägt alle Zeichen einer distanziert-kühlen Reduktion: dunkelgraues Linoleum und Sisalteppich als Bodenbeläge, weiße Wände, Raumteiler in Holz.

Die flexibel konzipierten Grundrisse von rund 50, 60 und 100 Quadratmetern orientieren sich am holländischen Wohnungsbau der zwanziger Jahre. Typisches Beispiel sind u. a. die mobilen Trennwände, die im Tagesrhythmus veränderbar sind, so daß auch in einer kleinen Wohnung ein Mindestmaß an Großzügigkeit gegeben ist.

Neu und spektakulär ist das nicht, denn schon in den späten Sechzigern war Flexibilität und Polyfunktionalität das Nonplusultra innovativen Wohnens. Rückblickend war der Erfolg dieses Postulats äußerst bescheiden. Aber heute wird es angesichts radikal veränderter Familienstrukturen – der steigenden Zahl von Singles und Alleinerziehenden – zwingend, vom Ideal der klassischen Wohnung mit fixierter Funktionstrennung Abschied zu nehmen.

Die Stuttgarter Mecanoo-Wohnungen sind ein erster Schritt in diese Richtung. Und wie es scheint, ziehen die Mieter mit, denn sie haben sogar die übliche Abschottungsmentalität aufgegeben und präsentieren sich zur Straße nach Süden hin in vollverglaster Transparenz. Gegen alle Erwartungen wehen hier keine Gardinen vor den Glasfronten der Wintergärten. Wie auf einer Bühne spielt das Leben der Bewohner, das Auf und Ab auf der spindelförmig gedrehten Treppe. Wer will, darf hingucken.

Die betont skulpturale Wendeltreppe koppelt die einzelnen Appartements zu größeren Wohneinheiten. Außerdem ist sie das verbindende Element zwischen den Maisonetten.

Stadtplanerisch folgt Mecanoo nicht dem üblichen Trend zur Blockrandschließung. Ihr dreiteiliges Wohnturmkonzept gliedert in Einzelteile auf, anstatt mit Masse zu erschlagen. Auch die optisch fließenden Übergänge von den Gärten im Hof zu den öffentlichen Grünanlagen legitimieren die Auflockerung des Blockrandes.

Ein originelles Beispiel zeitgenössischen Wohnens, das den Versuch wagt, mit wenigen Elementen und einfacher Typologie den städtebaulichen Raum neu zu definieren.

Karin Leydecker

7
Wintergärten
(Foto: Christian Richters)

Mecanoo
Mehrfamilienhaus, Stuttgart

8
Gläserner Aufzugsturm
und Balkonansichten
(Foto: Kim Zwarts)

9
Erschließungssteg
(Foto: Kim Zwarts)

134

10 Eingang (Foto: Christian Richters)

Mehrfamilienhaus, Berlin-Tempelhof

1990

Städtebau und Architektur der temperierten Schritte

Sie sind allgemein bekannt: die vor, während und nach dem Zweiten Weltkrieg entstandenen offenen Räume im städtebaulichen Gefüge. Sie sind verschiedenen Ursprungs. Zum einen sind sie aus der Einsicht entstanden, der zu stark verdichteten Stadtstruktur mehr Hygiene, Licht, Luft und Sonne verschaffen zu müssen. Während zum Beispiel Siedlungen wie Bruno Tauts und Franz Hillingers Wohnstadt Carl Legien (Berlin 1929–30) das Prinzip der Blockrandbebauung mit dem des Zeilenbaus verbanden, war es doch eher der artikulierte Zeilenbau (wie zum Beispiel Bruno Tauts Wohnhäuser in der Normannenstraße, Berlin 1928), der verstärkt in der Nachkriegszeit in Berlin zur Realisierung kam. Dort, wo die Großprojekte dieser Zeit der noch vorhandenen Stadtstruktur gegenüberstanden, gab es oft Bedenken und Berührungsängste. Waren nicht unbedingt großflächige Straßen- und Siedlungsplanungen gedacht, die auch diese noch bestehende Bausubstanz grundlegend ›sanieren‹ wollten, so ließen sich Architekten, Verkehrs- und Städteplaner dennoch oft den zukünftigen Weg frei, an den Nahtstellen zwischen neuen Siedlungen und Bestand nichts Definitives zu tun, sprich: Freiräume zu lassen.

Nun könnte man eine weitere Wurzel der Freiräume, speziell der unbebauten Blockecke, sicherlich im Begehren nach einem ungehinderten ›Raumfluß‹, der in den späten zwanziger Jahren statisch-konstruktiv in der offenen Gebäudeecke ausgedrückt wurde, wiederfinden. Demonstrativ stehen dann oft Gebäude einige Meter von der Straßenecke entfernt. Diese offenen Ecken erlauben Blicke in die halböffentlichen Zwischenräume, welche manchmal als Hinterhöfe mit Garagen, manchmal als Gärten mit kleinen Spielplätzen ausgebildet sind. An einigen Ecken findet man eventuell auch einstöckige Ladenzeilen, eine wirtschaftlich und städtebaulich logische Nutzung, die aber eigentlich der neoplastischen Ästhetik widerspricht und somit von Anhängern der ›offenen‹ Stadt als ›Kompromiß‹ angesehen wird.

Die tatsächliche Reinheit der städtebaulichen Modelle – zum Beispiel der ›Ville Radieuse‹, der Straßen- und Parzellenbebauung – wird somit immer an den Nahtstellen zwischen den verschiedenen Systemen geprüft; und es ist genau an einer dieser Nahtstellen, an der Anne Rabenschlag ein Wohnhaus planen durfte. Während also auf der nordöstlichen Seite der Felixstraße sich eine artiku-

lierte Zeilenbausiedlung aus den fünfziger Jahren befindet (Architekt Max Rudolph für die BEWOGE, 1953), wo auch das Bebauungsgrundstück für das neue Wohnhaus ist, wird die nordwestliche Seite der Felixstraße von niedrigen Gewerbe- und Großhandelsbauten definiert. Auf der nördlichen Straßenseite stehen geschlossene fünfstöckige Wohnbauten mit Läden im Erdgeschoß und geneigten Dächern. Kurzum, von klassischer Straßenecke ist nicht zu sprechen, es handelt sich um eine für heute typische und normale städtebauliche Situation: Autosalons, Tankstellen, Stellplätze auf Vorgärten, Großhandel, geschlossene Bebauung mit Mischfunktionen, monofunktionale Nachkriegsbauten.

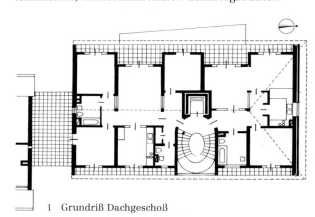

1 Grundriß Dachgeschoß

2 Grundriß 1.–3. Obergeschoß

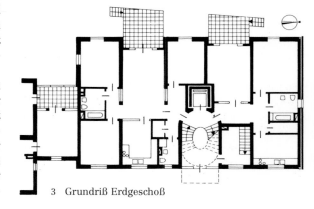

3 Grundriß Erdgeschoß

Apartments

In the past, large-scale architectural projects along the lines of Bruno Taut's houses in Normannenstrasse in Berlin were set off against existing urban structures. They created 'open spaces' that served as back yards, as gardens or as play areas.

Anne Rabenschlag has designed an apartment house on just such an urban interface in the Tempelhof district of Berlin, bounded on the north-east, towards Felixstrasse, by 1950s terraced housing and on the north-west by commercial premises. On this open corner site in an area with a typically urban mixture of multi- and monofunctional postwar structures, she has erected a building that adopts certain features of 1950s architecture: it is not built edge to edge with the street and its roofs are pitched. The window forms, too, echo those of the 1950s.

A narrow extension, faced with wooden planking towards the street and with aluminium strips towards the garden, facilitates the transition to the eave height of the adjacent building. The recessed roof parapet on both sides and the detailed coping also tie the new building in with its neighbours.

The layout attempts to keep all the rooms similar in size, in order to ensure functional versatility. The balconies are large enough to dine on.

Rabenschlag's concept may be regarded as a blueprint for making similarly difficult interfaces 'work' well without disrupting existing urban structures.

Die offene Ecke, die sich hier befand, wird nun vom neuen Wohnhaus belegt. In der Baukörperhaltung entspricht dieses Wohnhaus den vierstöckigen Zeilenbauten der fünfziger Jahre. Durch die leicht angewinkelte Straßenanordnung und unter Beibehaltung einer gewissen aufgelockerten Randbebauung wurden die Wohnhäuser damals eben nicht straßenbündig, sondern einzeln zurückspringend gebaut. Das neue Wohnhaus, von der gleichen gemeinnützigen Wohnbaugesellschaft in Auftrag gegeben wie die Siedlung aus den fünfziger Jahren, hat diese städtebauliche Struktur übernommen. Darüber hinaus übernimmt das neue Wohnhaus das Prinzip der geneigten Dächer der gegenüberliegenden Häuser und eine helle Backsteinwand von einem etwas weiter entfernten Wohnblock (Architekten Mebes & Emmerich, Germaniastraße, 1930–32), die hier anhand einer doppelschaligen Konstruktion auf der Nordseite des Wohnhauses für erhöhten Schallschutz sorgt.

Auch in der Gestaltung der Fenster ist diese zwischen den verschiedenen Gegebenheiten überbrückende Haltung des Wohnhauses zu spüren. Sind diese auf der Straßenseite noch quadratisch, selbst wenn schon vertikal unterteilt, vermitteln also zwischen den eher horizontalen Fenstern der Wohnbauten aus den fünfziger Jahren und den eher vertikalen Fenstern der Wohnbauten aus der Jahrhundertwende, gibt es auf der Gartenseite französische Fenster sowie breite Balkonöffnungen.

Der dem Nachbargebäude zugute kommende schmale Anbau erleichtert die Realisierung der neuen höherliegenden Traufkante. Auf der Straßenseite ist der Anbau mit Holzbrettern, auf der Gartenseite mit leicht spiegelnden Aluminiumstreifen verschalt. So wirkt die Straßenfassade als Weiterführung der Wohnbauten aus den fünfziger Jahren, die Gartenfassade als eher unabhängig davon. Die beidseitig zurückspringende Attika, mit den gleichen Holzbrettern verschalt wie der Anbau, ist, wie so oft, als Versuch zur Reduzierung der Bauhöhe zu denken. Hier gelingt der Versuch insofern, als die Dachkante dünn detailliert wurde und somit einen leichten Abschluß ergibt.
Das Thema der minimalen und filigranen Detaillierung ist auch in den Balustraden und Holzfenstern zu sehen. Die Balustraden für Balkone und französische Fenster verbinden das Prinzip der aufgelösten Ecke – und damit die Anwendung der nach innen versetzten Stützen – mit der rhythmischen Auflösung von Ecken, wie sie in den Kassettendecken angewandt wurden. Auch die Mischung von verschiedenen Rundstäben und flachen Stahlprofilen, bei den Balkonen mit Milchglasscheiben zusätzlich versehen, geben diesen heute ungewohnten Schlosserarbeiten, trotz der Schlichtheit, etwas Außergewöhnliches.

Das gleiche gilt für die ovale Haustreppe. Wenn es schon nicht mehr möglich zu sein scheint, Handläufe in einem Zug herstellen zu lassen, ist der abgestufte Handlauf eine geometrisch saubere Lösung. Die räumliche Kontinuität, die eine ovale Treppe mit sich bringt, und die Abmessungen in diesem Wohnhaus verleihen dem sonst eher trockenen gemeinschaftlichen Raum etwas Großzügiges. Für den Grundrißtypus ergeben sich deshalb keine

wesentlichen Einschränkungen. Der leicht nach innen gekurvte Eingangsraum stellt die einzige Konsequenz dieser Treppenform dar.

Abgesehen von Rabenschlags Versuch, alle Zimmer ungefähr gleich groß zu halten, damit sie möglichst variabel genutzt werden können, ist die Hälfte der einzelnen Wohnungen ›normal‹. Einzig der allen Wohnungen zugeordnete große Balkon gibt diesen eine Besonderheit. Die andere Hälfte der Wohnungen, die der 4-Zimmer-Typen, ist anspruchsvoller. Durch verschiedene Verbindungen, seien es Blickachsen durch geschoßhohe Verglasung vom Windfang durch das Wohnzimmer, sei es der direkte Bezug von der Küche zum Wohnzimmer, wirken die fünf 4-Zimmer-Wohnungen geräumiger, als ihre tatsächliche Nutzfläche ist. Die verglaste Raumtrennung zwischen Küche und Wohnzimmer läßt die Benutzer der beiden Räume unmittelbar

7
Gartenseite
Der Anbau

am Geschehen in den jeweilig anderen Räumen teilhaben. Dieser Wohnungstypus wurde zum Beispiel auch in den Interbau-Wohnhäusern im Hansaviertel (siehe insbesondere Fritz Jaeneckes und Sten Samuelsens Wohnhaus Nr. 15, oder in etwas anderer Version Alvar Aaltos Wohnhaus Nr. 16) realisiert. Die Offenheit, die die geschoßhohe Verglasung zu den Fluren herstellt, wird von einigen Bewohnern akzeptiert, von anderen als störend empfunden. Hierzu meint Rabenschlag, daß das Prinzip zwar nicht falsch ist, sie aber in anderen Wohnungsbauten eine höhere Brüstung vorschlagen würde.

Die Tiefe der Balkone, großzügig für Bestuhlung und Mahlzeiten im Freien dimensioniert, hat natürlich, mit Ausnahme der zwei obersten Geschosse, Konsequenzen für die Tageslichtbeleuchtung der Wohnzimmer. Die Balkone selbst sind in ihrer Statik so schmal gehalten wie möglich, diesbezüglich wurden auch die Balustraden so offen gestaltet wie möglich. Das meiste Tageslicht kommt dennoch über die Küche in das Wohnzimmer, und in dieser Hinsicht erhält die Glastrennwand eine weitere Qualität.

In der Detaillierung der Fenster, speziell der gartenseitigen französischen Flügelfenster, erreichte Rabenschlag mit wenigen sparsamen Mitteln – abgesehen von der Proportionierung der Teile –, wie zum Beispiel dem kannelierten Mittelpfosten, eine Verfeinerung, die der gesetzten Erscheinung des Putzbaus entgegenwirkt. Auch die Verglasung des Treppenhauses sowie die Konstruktion der Treppe mit ihren dünnen Podesten wurden durch gemeinsame Anstrengungen des Statikers und der Architektin so minimal gehalten wie möglich.

Vergleicht man das Wohnhaus mit anderen zeitgenössischen Beispielen, erkennt man einerseits einen unverspielten Härtegrad, der durch einige genaue Details relativiert wird. Die Bewohner, deren Blumentröge, Inneneinrichtungen und Nutzungsgewohnheiten das eigentliche Leben ins Haus bringen, wissen sicherlich die Qualitäten zu schätzen, an denen die Architektin besonders gefeilt hat. Ohne daß das Gebäude unnötigerweise aus dem Gesamtrahmen fällt, hat es eine eigene Physiognomie. Sicherlich hat man vieles anders machen wollen, vieles hat Rabenschlag auch untersucht und versucht, zum Beispiel eine offenere Nordfassade,

8 Gartenseite

9 Backsteinwand an der Nordseite. Detail

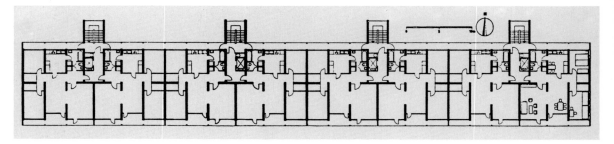

11   Fritz Jaenecke und Sten Samuelson, zehngeschossiges Wohnhaus, Interbau Berlin 1957. Grundriß

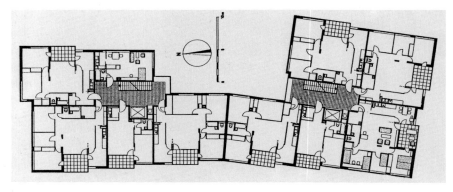

12   Alvar Aalto, achtgeschossiges Wohnhaus, Interbau Berlin 1957. Grundriß

Fotos:
Eberle & Eisfeld

um den Abschluß der Häuserreihe auszudrücken, oder ein größeres Vordach beim Eingang, das den feuerpolizeilichen Notwendigkeiten nicht entsprochen hätte. Das Gebäude hat dennoch viele positive Eigenschaften, insbesondere die der Wohnlichkeit der 4-Zimmer-Wohnungen.

Das Unsichtbare oder das leicht Übersehbare in solchen temperierten Bauten wie diesem Wohnhaus liegt aber auch in den Details, die, wie eigentlich vorgesehen, für die Bewohner entworfen wurden. In dieser Hinsicht unterscheidet sich dieser Bau von einigen zeitgenössischen Entwürfen, die durch große Baukörpergestik dynamische Energie vortäuschen, um dann im kleineren Maßstab, nämlich dem des Bewohners, oftmals in mäßigen, wenn nicht sogar schlechten Details zu enden.

Das Projekt ist durchaus als Modell für ähnliche städtebauliche Situationen anzusehen. Zum Thema Verdichtung und Neustrukturierung von ungelösten Nahtstellen samt öffentlichen Einrichtungen wie Spiel- und Stellplätzen, Außenraumgestaltung und Mülltonnenlager ist dieses Projekt als ein wichtiger Beitrag einzuschätzen. Bauträger und Behörden möchte man allerdings bitten, die Architekten, insbesondere in diesem Fall die Architektin, für solche offenen Stadträume intensivere Lösungen entwickeln zu lassen. Zum Beispiel könnte man sich Läden im Erdgeschoß vorstellen. So könnten auf diese oder ähnliche Weise unglückliche Nahtstellen wieder verwachsen, ohne daß das eine oder das andere städtebauliche System in Frage gestellt wird. Vielleicht wäre das ein konstruktiver Beitrag des ausgehenden Jahrhunderts zum Städtebau: Die Kunst der Fuge.

Wilfried Wang

13
Treppenhaus
Ansicht
von unten

14
Treppenhaus
Ansicht
von oben

Karljosef Schattner **Diözesanarchiv, Eichstätt**

In Zusammenarbeit mit

Baudirektor Karl Frey,
Diözesanbauamt Eichstätt

1994

Diocesan Archives

The last project to be carried out during Schattner's term of office as diocesan architect, the renovation of the dilapidated canons' palace in Eichstätt – the Ostein-Hof of 1723 – was begun in 1989. It was decided that the building should be completely gutted and converted into administrative premises for the diocesan archives. A nondescript 1950s extension in the palace courtyard was demolished, and in its place Schattner erected a new building for the archives themselves. The new building is a white cube with tall, slit-like windows. A steel and glass construction connects the baroque building with the contemporary one.

At first glance, it is a simple building with a protruding pent roof. There is no guttering; rain-water drains away in the wide pebble surround. The building has a cool and

»Historisches ist nicht, das Alte allein festzuhalten oder zu wiederholen. Dadurch würde die Historie zugrunde gehen. Historisch handeln ist das, welches das Neue herbeiführt und wodurch Geschichte fortgesetzt wird.«
Karl Friedrich Schinkel

Ein Archiv, schreibt das Lexikon lapidar, ist ein »Raum zum Aufbewahren einer Urkundensammlung«. Nichts Spektakuläres also und für einen Architekten eine vergleichsweise leichte Übung. Schließlich braucht er nichts anderes zu tun, als einen möglichst einbruchsicheren, dunklen und wohltemperierten Container für bedrucktes und beschriebenes Papier zu entwerfen. Wenn dieser Container allerdings innerhalb eines barocken Ensembles entstehen soll, wird die leichte Übung schnell zum harten Prüfstein.

Nicht so für Karljosef Schattner, den Baumeister von Eichstätt. Er schuf als Erweiterung des barocken Diözesanarchivs einen Magazin-Neubau von verblüffender Prägnanz: ein Quader in Weiß mit schmalen, hohen Fensterschlitzen. Die berühmte Fuge des »trennenden Verbindens« (Pehnt) in Stahl und Glas bildet das Gelenkstück zwischen historischer und zeitgenössischer Architektur. Wie bei allen seinen Bauten, zum Beispiel bei der Erweiterung von Schloß Hirschberg

(1987–92) oder beim Umbau des Ulmer Hofes in Eichstätt (1978–80), gibt Schattner auch hier kompromißlos zu erkennen: Hier ist das Alte, hier ist das Neue. Beide heterogenen Elemente zusammengenommen machen ein spannendes Angebot an die Wahrnehmung. Es ist ein Angebot, auf engstem Raum Architekturgeschichte pur zu erleben.

Das letzte Projekt in der Amtszeit Schattners als Diözesanbaumeister begann im Jahr 1989 mit der Sanierung des heruntergekommenen barocken Domherrenpalais, dem Ostein-Hof aus dem Jahr 1723. Es galt, das jahrzehntelang zweckentfremdet genutzte und jämmerlich verbaute Objekt zu entkernen und zu einem Verwaltungsgebäude des Diözesanarchivs umzubauen. Ein nichtssagender Anbau aus den fünfziger Jahren im Hof des Palais wurde gleich mit abgerissen. An seiner Stelle entstand Schattners neues Diözesanarchiv. Hier sind nun auf vier Geschossen, eines davon unterirdisch, kostbare Handschriften ebenso wie andere wertvolle Archivalien aus dem Fundus aufgelöster Pfarrarchive deponiert.

Auf den ersten Blick: ein schlichter Bau mit weit überkragendem Pultdach. Eine Dachrinne gibt es nicht, der Regen versickert im breiten umgebenden Kiesbett. Kontrastierend zur weißen Putzfassade steht das tiefe Blutrot an der Unterseite des holzverkleideten Daches.

Der Übergang von der Fassade zum Dach ist ein gelungener Kunstgriff: Durch Überhöhung und Zurücksetzung der Traufe in Stahl – eine Attitüde an die frühe Moderne – wird die Fassade zur klar umrissenen Fläche mit geometrischen Farbfeldern.

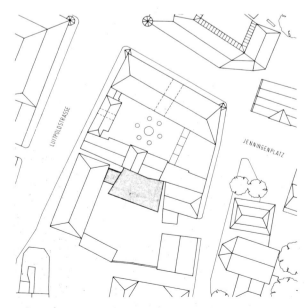

1 Lageplan

2 Gesamtansicht

3 Verglastes Treppenhaus

4 Ansicht von ehemaligem barockem Domherrenpalais und Magazingebäude

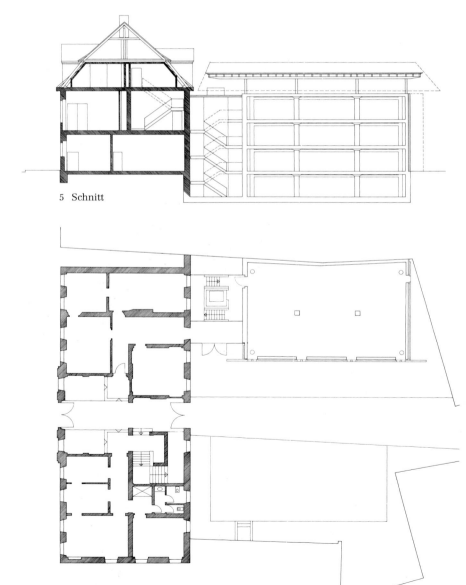

5 Schnitt

6 Grundriß Erdgeschoß

Assoziationen zur monumentalen Farbfeldgeometrie von Olivier Mosset oder zu den parzellierten Flächenkompositionen von Helmut Federle liegen auf der Hand. Gleichzeitig läßt dieses konstruktive Element das Dach wie eine dünne flachgeneigte Scheibe erscheinen, die leicht über dem Baukörper schwebt und reizvoll mit dem angrenzenden massigen Barockdach korrespondiert.

Kühl und ruhig wirkt dieses Gehäuse – und dennoch irritierend. Denn auf den zweiten Blick entpuppt sich die Schaufassade mit den schmalen Schießscharten-Fenstern als eine Wandscheibe, die Schattner wie eine zweite Haut vor den Beton-Container gestellt hat. Dieses Prinzip der Raumschichtung zeigt sich in modifizierter Form bereits bei der Umgestaltung des ehemaligen bischöflichen Waisenhauses in Eichstätt (1985–88).

Auch die langen Fensterschlitze, die winzigen ornamental wirkenden Fensterquadrate und die proportionierende horizontale Streifengliederung in der Fassade sind Elemente, die in vielen Bauwerken Schattners wiederkehren. Mit den kleinen quadratischen Wandöffnungen beispielsweise arbeitete er schon bei einem seiner frühen Bauten, der Pädagogischen Hochschule in Eichstätt (1960–65).

Virtuoses Spiel mit einem ausgewählt sparsamen Vokabular – das ist die Kunst, auf die sich Schattner versteht. Bei seinem Archiv-Neubau gelingt ihm zudem ein befremdliches Spiel mit Illusion: Alle Fenster des hermetischen Gebäudes sind blind. Sie gleichen toten Augen, die nichts preisgeben, sondern nur wolkig verzerrt die Außenwelt spiegeln. Und noch einmal das Spiegelmotiv: Im gläsernen Verbindungsstück zwischen Alt- und Neubau spiegelt sich die historische Fassade. Die Fensterreihe des barocken Palais wirkt scheinbar verdoppelt, das Alte spiegelt sich im Neuen. Auf diesem Umweg sind die barocken Meister des Illusionismus doch noch zurückgekehrt.

In der Nahtstelle zwischen den beiden Häusern mit dem Treppenhaus und dem integrierten gläsernen Aufzug entfaltet Schattner seine ganze Liebe zum wohlproportionierten Detail. Die streng gerasterte Glasfront, die wohltuend reduzierte Eleganz der Geländerkonstruktion, die kühne Kombination der Materialien Glas, Stahl, Beton und Naturstein – eine stimmige Komposition subtiler Ästhetik. Der Vergleich mit Carlo Scarpa drängt sich auf, jedoch ist Schattners Version unterkühlter und ohne jedes spielerische Moment. Daß dieser Purismus jedoch niemals unsinnig wird, beweisen Schattners ungewöhnliche und doch wie selbstverständlich anmutende Materialverbindungen, die nicht nur optische, sondern auch haptische Impulse geben.

7
Nordwestecke

uncluttered air, yet at the same time is somehow disturbing. This is because, on closer inspection, the facade, with its embrasures, turns out to be a cross-wall placed in front of the concrete body of the building like a second skin. All the windows of the hermetic building are blind; they are playing with illusion, giving only a cloudy and distorted reflection of the world outside. In the interface between the two buildings, in its stairway and integrated glass elevator, Schattner displays his love of perfectly proportioned detail. The austere geometricality of the front, the pleasingly minimal elegance of the railing structure, the bold combination of materials add up to a harmonious composition of considerable aesthetic subtlety: a purism that does not preclude sensuality.

Fotos:
Atelier Kinold

Er konfrontiert grauschwarzen Stahl mit dem Milchkaffeebraun der Solnhofner Platten, er grenzt gebürsteten Beton hart an grünlich schimmerndes Glas, er kombiniert Rauhes mit Seidigem, Kaltes mit Kühlem. »Es gibt Materialien, die sich gegenseitig steigern«, sagte Schattner einmal in einem Interview. Sein Werk ist ein beredtes Beispiel für die Fülle solcher Möglichkeiten und zugleich Zeugnis baukünstlerischer Kontinuität.

Karin Leydecker

8
Nordfassade
und Westwand
mit kleinen
Balkonen des
Fluchttreppen-
hauses

Umbau einer Wohnsiedlung von 1936–38, Köllnische Heide, Berlin

Ausführungsplanung
und Bauleitung

Reichardt, Temp, Wunderlich

1990–1994

Conversion of a Housing Estate

The housing estate built in 1936–8 around the allotments of Köllnische Heide in the Neukölln district of Berlin was designed by F. Beyer, J. Scherer and E. Dieckmann for a local housing welfare organization. With its approximately 1,200 units, the estate remained virtually unchanged until 1990, when it was decided that the small apartments should be upgraded to meet present-day needs and standards. Although lacking bathrooms, balconies and central heating, the units were equipped with inside lavatories and had access to communal baths in the basement.

The renovation of the estate mainly involved carrying out structural repairs to the buildings and modernizing the apartments. Installing bathrooms meant, for instance, reducing the size of the kitchens, which then required special built-in fittings. The addition of a further level, containing new housing units, has shown that it is both possible and worthwhile to increase the density of this type of estate and improve the quality of accommodation while retaining the buildings' historical value. Given the negative connotations of German architecture of this period, the architects have displayed a rare blend of discretion and critical awareness in their design for the new top floors.

Von der Überwindung einer Tristesse tausendjähriger Vergangenheit

Das Stadtbild der weiten Berliner Stadtlandschaft, so wie diese im Verlauf des 20. Jahrhunderts, nach dem Groß-Berlin-Gesetz von 1920, aus vormals 51 selbständigen Gemeinden und Städten ›zusammengewachsen‹ ist, zeigt eine große Vielfalt. Das gilt im besonderen Maße für die vielen Wohnblocks und Wohnsiedlungen, die seitdem bis zur unmittelbaren Gegenwart in den früher landwirtschaftlich oder gärtnerisch genutzten Freiflächen zwischen diesen, den jetzigen Ortsteilen oder an deren Rändern, entstanden sind. Die frühen Reformbestrebungen aus der Zeit vor dem Ersten Weltkrieg, gekennzeichnet durch die Begriffe ›Lebensform‹ und ›Gartenstadt‹, erwiesen sich nicht nur als tragfähig für dieses Jahrhundert, sondern führten gerade in Berlin zu einer andauernden Kulmination von Ideen neuer Stadtvorstellungen. Auf die Parole »Licht, Luft Sonne!« folgten Siedlungsentwürfe und Realisationen, die in unterschiedlichen Bebauungsformen das Wohnen der Stadtbürger als Teil des Lebens in der Natur interpretierten und demzufolge Wohnfor-

men entwickelten, die das Grün und einen Teil der Weite der Stadt-Landschaft einbeziehen konnten.

Nach den Ansätzen eines reformierten Arbeiterwohnungsbaus noch vor dem Ersten Weltkrieg wurde Berlin während der Periode der Weimarer Republik zum Versuchs- und Experimentierfeld eines neuen, sozial verpflichteten Wohnungs- und Städtebaus. Zwar fand dieser moderne Wohnungsbau mit dem Ausbruch der Weltwirtschaftskrise sein Ende, aber die auf der Bauausstellung 1931 in Berlin gezeigten Ergebnisse und Projekte steckten gewissermaßen doch die Leitlinien für die weitere Entwicklung in Berlin ab.

Nach 1933 wurde der Wohnungsbau durch die Bewilligung von Krediten wieder aufgenommen. Er sollte nicht nur die große Wohnungsnot dämpfen, sondern auch der Arbeitsbeschaffung dienen. Gleichzeitig setzte damit aber auch ein staatswirtschaftlicher Dirigismus ein, der den Wohnungsbau der Wiederaufrüstung unter- beziehungsweise zuordnete. Das begann mit der Kontigentierung der Baustoffe durch den Vierjahresplan und der Verkündung von Vorschriften, die die Stahlverwendung im Bauwesen beschränkten, und führte schließlich zur Beherrschung des Wohnungsbaus durch ideologische Vorstellungen. Jede individuelle Planung wurde grundsätzlich abgelehnt. Es erfolgte die staatliche Kontrolle der Architektur. Vorrangiges Ziel war dabei, eine strenge Einheitlichkeit zu erreichen. Eine bedrückende Eintönigkeit jedoch war das Ergebnis, vor allem was die Ausbildung der Häuserfronten und Fassaden betraf: »Der Wohnungsbau wird zur Kaserne« (›Berlin und seine Bauten‹, Teil IV, Wohnungsbau).

Diese Wohnhäuser gruppieren sich überwiegend um einen großen Hof als räumliche Mitte der Siedlung, an dem auch die Hauseingänge und Treppenhäuser liegen, während die Straßenfronten mit den einheitlichen geschlossenen Fassaden, also nur unterbrochen durch den stets gleichbleibenden Rhythmus der kleinen Fensteröffnungen, die Hinwendung zur schlichten ›Wohnkaserne‹ manifestieren.

Zu den Wohnanlagen dieser Art gehört auch die Randbebauung der Kleingartenkolonie Köllnische Heide mit rund 1200 Wohnungen im Bezirk Neukölln. Die Siedlung wurde in den Jahren 1936 bis 1938 nach Entwürfen der Architekten F. Beyer, J. Scherer und E. Dieckmann für die Wohnungsfürsorgegesellschaft Berlin mbH errichtet, deren Rechtsnachfolgerin die STADT UND LAND Wohnbauten-Gesellschaft mbH ist. Im Kernbereich der Wohnsiedlung werden die Häuser größtenteils von der Hofseite her erschlossen, wodurch die glatten und schmucklosen dreigeschossigen Straßenfassaden noch geschlossener wirken als die von Haus-

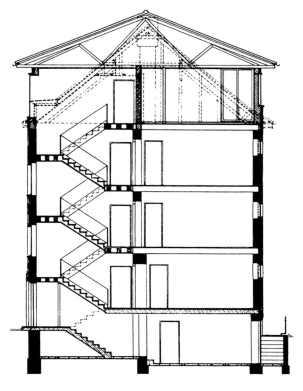

türen und Treppenhausfenstern gegliederten Hof-
seiten. Balkone und Loggien fehlen gänzlich. Im
vollen Gegensatz zur Geschlossenheit und Kargheit
der Baukörper wirken die Ausmaße und Proportionen der Freiräume geradezu großzügig. Dieser
Zustand dürfte wohl einerseits auf die schon vor
dem Bau vorhanden gewesene Kleingartenkolonie
zurückgehen, andererseits auf die Luftschutzbe-
stimmungen von 1937, die gewissermaßen als Teil
der Kriegsplanung des Dritten Reiches weite
Abstände zwischen den Gebäuden verlangten.
Dazu gehörte auch die Einplanung von Luftschutz-
räumen.

Und natürlich paßte es den damaligen Machthabern sehr, die weiten Gartenbauflächen der Kleingartenkolonie in die ideologisch bestimmte Selbst-
versorgung mit Gemüse, Obst und Kleintierhaltung
einzubeziehen.

Die Siedlung Köllnische Heide hat den Krieg
nahezu unverändert überstanden. Heute bietet sie
mit ihrem 50jährigen Baumbestand eine großzügige ›grüne Wohnlandschaft‹, die ihre Herkunft fast
vergessen läßt. Dennoch ist die Siedlung ein wichtiges Zeitdokument, das im Interesse der Darstellung
von Abläufen geschichtlicher Prozesse erhalten
werden muß, zumal sie auch die Kriterien wissenschaftlicher Erforschung des Wohnungs- und Städtebaus in Berlin während des Dritten Reichs erfüllt.
Allerdings mußten nun die seinerzeit um die Kleingartenkolonie gebauten kleinen Wohnungen dem
heutigen Lebensstandard und den veränderten
Wohnbedürfnissen angepaßt werden. Sie besaßen
weder Bad, Balkon noch Sammelheizung, dafür
Innen-WC und Gemeinschaftsbäder im Keller. Die
insgesamt 869 Wohnungen bieten ausschließlich
kleine Wohneinheiten (310 WE mit 1 Zimmer, 420
WE mit 1¹/₂ Zimmern, 53 WE mit 1 ²/₂ Zimmern und
86 mit 2 Zimmern).

1990 beauftragte das Stadtplanungsamt des Be-
zirks Berlin-Neukölln, in Zusammenarbeit mit der
Senatsverwaltung für Bau- und Wohnungswesen,
die Architekten und Stadtplaner Martin & Pächter,
ein Gutachten über die Siedlung Köllnische Heide
zu erstellen. Anlaß war die Absicht der STADT UND
LAND Wohnbauten-Gesellschaft mbH, die Siedlung
instandzusetzen, zu modernisieren und neue Wohnungen durch Dachaufbauten zu schaffen. Das Bezirksamt befürwortete die geplanten Maßnahmen.
Einwände des Landeskonservators von der Senatsverwaltung für Stadtentwicklung und Umwelt-
schutz, die wegen der Schutzbedürftigkeit der Siedlung Bedenken gegen verändernde Maßnahmen
artikulierten, wurden später wieder zurückgezogen.

Die Eigentümerin hat dann mit der Vorlage von
Um- und Ausbauplanungen zwei Architekturbüros

beauftragt, und zwar RTW, Reichardt, Temp und
Wunderlich in Berlin, sowie die Architekten Scho-
mers, Schürmann und Stridde in Bremen. Finan-
ziert wurden die Baumaßnahmen der drei Förder-
abschnitte aus Mitteln des Modernisierungs- und
Instandsetzungsprogrammes 1990 und, soweit es
den Dachaufbau betrifft, aus Mitteln des sozialen
Wohnungsbaus. Am 18. September 1991 konnte
bereits das Richtfest für den ersten Bauabschnitt
gefeiert werden, in weniger als zwölf Monaten
waren 289 Wohnungen instandgesetzt und moder-
nisiert worden. Das Bezirksamt Neukölln über-
nahm die Mehrkosten für die Einbauküchen sowie
die Kosten für die Erneuerung der Außenanlagen.
Die Einbauküchen wurden erforderlich, da der
Badeinbau nur durch die Verkleinerung der Küchen

4 Treppenhaus

möglich war und diese dann nur noch mit einer speziellen Einbaumöblierung praktikabel gemacht werden konnten.

Im geförderten sozialen Wohnungsbau konnten in den Häusern Sonnenallee 294–294c und 296–296c, Planetenstraße 49–81, Neuköllnische Allee 75–91a durch Dachaufbauten 58 weitere Wohnungen geschaffen werden. Dabei haben die Mieter ein gut organisiertes Umsetzungsverfahren akzeptiert. In jeder zweiten Woche wurden zwei Hausaufgänge mit je 6 bis 9 Wohnungen fertiggestellt, so daß die betroffenen Mieter innerhalb von 7 bis 8 Wochen wieder in ihre nunmehr modernisierten Wohnungen einziehen konnten. Sämtliche Umsetzungen fanden innerhalb der Siedlung statt, wobei sowohl eine geschulte Mieterberatung als auch die Architekten für Rück- und Nachfragen der Mieter zur Verfügung standen. Sie hatten auch die Wahl hinsichtlich der Wohnungsgröße und -ausstattung im Wohnbestand. Auch mancher Wunsch, in die neugeschaffenen Dachgeschoßwohnungen umzuziehen, konnte in begrenztem Maß berücksichtigt werden. Eine ›Durchmischung‹ bei der Belegung der aufgestockten neuen Sozialwohnungen soll nämlich dazu beitragen, einen möglichen Neid zwischen Alt- und Neumietern der Siedlung gar nicht erst aufkommen zu lassen. Da die Instandsetzungs-

5
Vorplatz
mit Ladenzeile

und Modernisierungsmaßnahmen öffentlich gefördert wurden, bleiben auch die Mieten sozial ver-
träglich.

Die Gesamtkosten des ersten Bauabschnitts
beliefen sich auf 21 000 000,– DM für die Instandsetzung und Modernisierung des Bestandes von 289
Wohnungen und auf 12 500 000,– DM für den Neubau von 58 Dachgeschoßwohnungen. Die Instandsetzung und Modernisierung des Wohnungsbestan-
des umfaßte im wesentlichen Maßnahmen zur
Instandsetzung und Modernisierung der Häuser
sowie zur Modernisierung der Wohnungen.

Baubeginn war am 30. März 1992 gewesen. Ein
Jahr später, am 14. Oktober 1992, konnte das Richtfest für den zweiten Bauabschnitt stattfinden.
Damit wurden zwischen Sonnenallee, Jupiterstraße
und Neuköllnischer Allee weitere 276 modernisierte
Wohnungen und 48 neue Wohnungen in Dachaufbauten im Frühjahr 1993 fertiggestellt. Im Frühjahr
1994, also mehr als 55 Jahre nach ihrer Entstehung,
konnte die Wohnsiedlung Köllnische Heide dann
vollständig in ›neuem Glanz‹ erstrahlen. Nach
umfangreichen Instandsetzungs- und Modernisie-
rungsarbeiten ist nicht nur ihr Aussehen freundlicher geworden. Die »Tristesse tausendjähriger Ver-
gangenheit« wurde innen und außen weitgehend
überwunden. Die Ausstattung der Wohnungen entspricht nunmehr dem heutigen Lebensstandard.
Der Aufbau neuer Wohnungen beweist, daß es
durchaus möglich und sinnvoll ist, bei aller Wah-
rung historischer Formen, eine solche Wohnsiedlung angemessen zu verdichten und den Wohnwert,
zu dem selbstverständlich auch die architektonische Qualität zählt, ganz wesentlich zu verbessern.
Diese besteht an diesem durch die Geschichte
durchaus belasteten Ort in einer – heute schon selten gewordenen – selbstkritisch geprüften Zurückhaltung der Architekten in der Gestaltgebung für
die Dachaufbauten. In einer Zeit, die auf der Suche
nach dem richtigen Maß und nach sozial verträgli-
chen Werten ist, kann ein solches Beispiel, das sich
jeder ›modischen Effekthascherei‹ entzieht, nicht
hoch genug bewertet – und ausgezeichnet – werden.

Lothar Juckel

Fotos:
Wolfgang Schumann

Kunstmuseum Wolfsburg

Architekten	Peter P. Schweger, Franz Wöhler, Hartmut Reifenstein, Bernhard Kohl, Wolfgang Schneider
Entwurf, Projektleitung	Philipp Kahl, Alexander Mayr, Wilhelm Meyer
Mitarbeit	Rolf Achilles, Ulrike Andreas, Ingeborg Biedermann, Michael Giebeler, Christiane Hansen, Hannelore Hedde, Dieter Heinrichs, Erika Kamprad, Rudolf Krebs, Frank Morgenstern, Peter Oschkinat, Bettina Peschka, Matthias Schmitz, Thomas Ventker, Arne Wellmann
Fachberatung	Carl Haenlein, Kestner-Gesellschaft, Hannover

Wettbewerb 1988/89, 1. Preis 1990

1991–1993, Eröffnung des Museums 1994

Art Gallery

In 1994 the city of Wolfsburg, founded in 1938 and now an industrial centre with a population of 129,000, inaugurated its new art gallery, the Kunstmuseum, financed by the Volkswagen Art Foundation (established in 1987). Designed as an integral part of the city's urban master plan, the Kunstmuseum, together with the City Hall extension and an underground parking facility below the museum, reinterprets the southern entrance to the city centre in relation to the existing buildings. It stands on an axis between two post-war buildings – the Kulturzentrum designed by Alvar Aalto (1962) and the theatre by Hans Scharoun (1973) – and is intended to improve Wolfsburg's urban image, attracting 130,000 visitors a year.

The predominant use of steel, aluminium and glass gives the new building an air of lightness that is further enhanced by the design of the roof, which sweeps out to the north and west, spanning the various building components at a height of 18.8 metres. The entrance, at the north-west corner of the

Die Industriestadt Wolfsburg leistet sich ein Kunstmuseum, dessen Bau und im Vergleich zu anderen Institutionen dieser Art noble Existenz dem Rahmen einer jahrzehntelangen industriellen Prosperität angepaßt sind. Die Grundlage der Finanzierung bildete die 1987 gegründete Kunststiftung Volkswagen, in die vor allem Gelder flossen, die mit dem Auto verdient wurden, für dessen Produktion die Stadt im Jahr 1938 gegründet wurde.

Zusammen mit dem Erweiterungsbau des Rathauses und einer Tiefgarage unter dem Museum als städtebauliche Gesamtlösung konzipiert, formuliert das Kunstmuseum Wolfsburg im Zusammenhang mit der bestehenden Bebauung und dem zeitgleich entstandenen Südkopfcenter den Südeingang zur Innenstadt an der Porschestraße neu. Der auswärtige Besucher wird so schwungvoll in die Tiefgarage und von dort vor den Eingang des Kunstmuseums geleitet, daß er den Neubau unmöglich verfehlen kann. Dies entspricht durchaus der Intention dieser Neugründung, die sich nicht nur an das Wolfsburger, sondern auch an das auswärtige Publikum richtet, das der Stadt mit 129 000 Einwohnern, die einst im Schatten der Grenze zur DDR, aber nun an einer wichtigen Ost-West-Achse liegt, mit der angestrebten Zahl von 130 000 Besuchern im Jahr zu einer Aufwertung ihrer immer noch etwas problematischen Urbanität verhelfen soll.

Das Kunstmuseum wurde auf der Achse zwischen den beiden Architektursolitären der Nachkriegszeit plaziert: An der Nordseite befindet sich gegenüber, durch einen neuentstandenen Platz getrennt, das 1962 gebaute Kulturzentrum von Alvar Aalto, die Eingangssituationen beider Gebäude beziehen sich allerdings auf die Porschestraße, so daß der Austausch eher indirekt stattfindet. In Richtung Süden liegt, wesentlich weiter entfernt und durch eine mehrspurige Straße und Parkanlagen getrennt, der Theaterbau Hans Scharouns

1
Ansicht von Nordwesten
(Foto: Heiner Wessel)

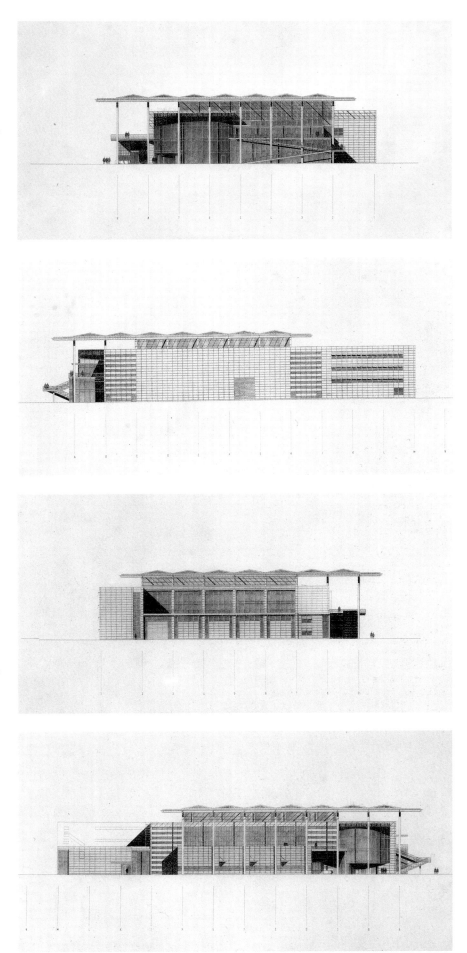

aus dem Jahr 1973. In direkter Nachbarschaft, auf der anderen Seite der Porschestraße, die wie der Platz Fußgängerzone ist, entstand zur gleichen Zeit das Südkopfcenter, eine ästhetisch wenig qualitätvolle Mischung aus postmoderner Prächtigkeit und Armseligkeit, so daß wohl bedauert werden muß, daß diese Bauaufgabe nicht wie der Erweiterungsbau des Rathauses in den Wettbewerb einbezogen wurde.

In dieser städtischen Umgebung folgt das neue Kunstmuseum nun der Idee einer Stadtloggia. Dieser Eindruck entsteht vor allem durch das im Norden und Westen weit nach außen gezogene Dach, das die verschiedenen Baukörper, die sich um die zentrale Halle gruppieren, in einer Gesamthöhe von 18,80 m überspannt. Die schwebende Leichtigkeit dieser als Gitterrost ausgebildeten Stahlkonstruktion verleiht dem außen hauptsächlich aus Stahl, Aluminium und Glas bestehenden Gebäude seinen unverwechselbaren Charakter und trägt zu seiner einladenden Wirkung bei, die sich außerdem durch die Transparenz vor allem im Kommunikationsbereich begründet. Das Dach auf seinen filigranen Stahl-Stahlbeton-Verbundstützen mit Spannweiten von 16,20 m im äußeren und 24,30 m im inneren Stützenquadrat bewegt sich in die Stadtsituation hinaus und bietet dem sich nähernden Besucher schon Schutz, ehe er den Eingang erreicht hat. Dabei wirkt der Bau mit einer Bruttogrundrißfläche von 6504 m² und seinen Außenmaßen von 94,80 x 73,90 m zwar überhöht und zeichenhaft, aber keinesfalls unangenehm monumental. Die Gebäudegeometrie entspricht der Gliederung der Tiefgarage, der primäre Konstruktionsraster beträgt 8,10 x 8,10 m, der Ausbauraster 1,35 m. Die geschlossenen Fassadenteile sind mit gewellten, teilweise zusätzlich gelochten Aluminiumtafeln auf einer Stahlunterkonstruktion verkleidet, Elemente, die sich auch im Innenbau fortsetzen. Die transparenten Fassadenteile sind entweder in einer Pfosten-Riegel-Konstruktion verglast oder entsprechend den Aluminiumtafeln mit aufgeschraubten, rückseitig emaillierten Glasplatten versehen. Die Stahlträger sind gelocht, was zum Eindruck der Leichtigkeit beiträgt.

Der Eingang befindet sich an der nordwestlichen Ecke des Museums und ist als gläserne Rotunde ausgebildet. Der Bodenbelag des Foyerbereiches aus Granit entspricht der Gestaltung des Platzes und markiert damit den Übergang von außen nach innen, alle anderen Böden sind mit hellem Holz belegt. Normalerweise wird der Blick des Besuchers von dort durch die transparente Rückwand der Rotunde in die zentrale Ausstellungshalle weitergeleitet, wenn dieser nicht – wie bei der Léger-

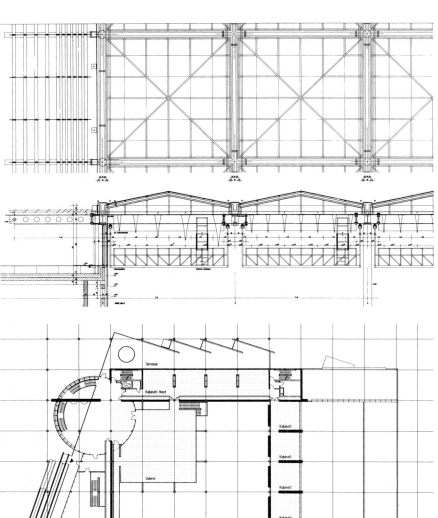

8 Grundriß 2. Obergeschoß

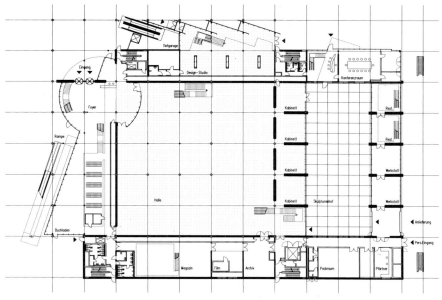

9 Grundriß Erdgeschoß

Ausstellung zur Eröffnung – mit Ausstellungsarchitektur verstellt wird. Im Foyer hat der Besucher entweder die Möglichkeit, nach dem Passieren der Kasse direkt in die Ausstellungshalle zu gehen oder aber an der Westseite des Gebäudes geradeaus die Garderoben, Toiletten und den Museumsshop zu erreichen. In dieser Richtung führt auch eine Treppe über eine Plattform im ersten Stock, wo Leseeinrichtungen untergebracht sind, zum Bistro im zweiten Stock, das außerdem über eine zickzackförmig verlaufende Rampe von der Porschestraße direkt zu erreichen ist und damit unabhängig vom Museum betrieben werden kann. Zwei weitere Treppen, eine direkt der Rotunde folgend, die andere abgetrennt an der Nordseite des Gebäudes, erschließen ebenfalls die oberen Ebenen und tragen als eine von mehreren Komponenten zur Variabilität der Nutzung bei.

Diese variable Nutzung war eine der Planungsgrundlagen des Wolfsburger Museums, das mit einer Gesamtausstellungsfläche von 3411 m² als Kunsthalle für Wechselausstellungen, durchaus auch mehrere parallele Ausstellungen, und als Museum, dessen Sammlung zeitgenössischer Kunst seit den sechziger Jahren sich zur Zeit im Aufbau befindet, dienen soll. Die Doppelfunktion zielt auf die Mobilisierung der Besucher, auf die, wie Wolfgang Pehnt es ausdrückt, »nicht das bleibende, immer verfügbare Gut ... die Attraktion« ausübt, »sondern die vorübergehende Chance, das befristete Ereignis«. Außerdem stärkt eine Sammlung im Rücken bekanntermaßen die eigene Position bei dem Versuch, wichtige Leihgaben für temporäre Ausstellungen zu bekommen. Der Rundgang beginnt also – außer man wird wie beschrieben umgeleitet – in der zentralen Halle, die von der Architektur her offen, für Wechselausstellungen gedacht ist und für jede dieser Präsentationen eine besondere Ausstellungsarchitektur benötigt. Ihre Höhe von 16,80 m bei einer Größe von 40 x 40 m, mit unterschiedlichen Wandflächen in voller oder halber Höhe, die im zweiten Obergeschoß von einer ein Viertel der Grundfläche der Halle überspannenden, eingeschobenen Empore unterbrochen und gemildert wird, hat zu einigen Diskussionen geführt. Die von dem künstlerischen Fachberater Carl Haenlein propagierte »kuratorische Arbeit mit den ›Elementen‹ Höhe, Raum und Licht« hat in anderen Reaktionen zu dem Vorwurf der übersteigerten Monumentalität geführt. Auch »der überzogene High-Tech-Charakter wäre der Kunst wenig förderlich, die Architektur feiere sich – wie im Centre Pompidou – wieder einmal selbst«, beschrieb Peter Winter in der FAZ einige der Äußerungen. Das ist sicher etwas extrem, trotzdem bleibt das Gefühl,

10
Dach mit Stützen
Blick entlang
der Westseite

daß Malerei und Kleinformatigeres keinen leichten Stand haben werden, während die Halle sicher sehr geeignet für größere Skulpturen oder Installationen ist.

Im Osten schließen sich, erreichbar durch den Wechsel zwischen Wänden und Stützen, die hinauf bis zur zweiten Ebene reichen und dort freie Durchblicke in den zentralen Raum ermöglichen, mehrere Kabinette an die Halle an, aus denen der Blick auf den zur Zeit noch nicht benutzten Skulpturenhof fällt, der im Osten von den Werkstätten, im Norden von dem separat benutzten Gebäudeteil der Kunststiftung und im Süden von dem Verwaltungstrakt begrenzt wird. Direkt nördlich der Halle, die hier wie im Süden und Westen von durchgezogenen Wänden begrenzt wird, befinden sich die aus der zum Platz gerichteten Nordfassade treppenartig hervorspringenden Designstudios mit Galerien im Erdgeschoß und im ersten Stock, der hier eher als Zwischengeschoß mit niedrigerer Raumhöhe fungiert. Der südlich über die gesamte Breite des Museums angelagerte Gebäudeteil mit der Verwaltung und den Magazinen ist durch eine Sicherheitsschleuse vom Ausstellungsbereich getrennt und verfügt über einen separaten Personaleingang und eine Anlieferung am südlichen Ende der Ostseite des Gebäudes, gleichzeitig befindet sich hier die Verbindung mit den Werkstätten.

Auch von der Halle führen Treppen zu den oberen Ebenen, die in ihrer Materialverwendung Elemente des Außenbaus wie die gelochten Träger oder Metallbleche wieder aufgreifen. Die oberen Kabinette befinden sich wie die schon erwähnte Empore auf der Ebene des zweiten Obergeschosses und sind als Rundgang organisiert, auf dem man immer wieder in die Halle, über die Halle hinweg, nach oben und nach außen blicken kann. Da im schräg angelagerten Gebäudeteil der Westseite ja der Kommunikationsbereich mit dem Bistro liegt, erstrecken sich die Kabinette auf dieser Ebene auf der Nord-, Ost- und Südseite, wobei jeder Himmelsrichtung eine andere Konzeption zugeordnet ist. Über die Empore gelangt man in die Nordkabinette, die zum Platz hin offen verglast sind. Über den im unteren Bereich vorspringenden Designstudios befindet sich hier eine mit Robiniumholz belegte Terrasse, die für die Aufstellung von Skulpturen geeignet ist. Der Blick in dieser Höhe auf das gestaffelte Dach des Kulturzentrums von Alvar Aalto ist sicher einer der schönsten Ausblicke des Museums. Der Lichtregulierung dienen, dem Außenbau zugeordnet, verstellbare, schwertförmige Vertikallamellen aus Aluminium, die an der Ostseite im unteren und oberen Bereich horizontal eingesetzt werden. Das System der Stellwände ist,

11
Ostkabinette im
2. Obergeschoß

12
Treppe zur Galerie

Schweger und Partner
Kunstmuseum Wolfsburg

13 Ostseite mit Horizontallamellen

14 Nordseite mit Design-Studios im Erdgeschoß
und Kabinetten im 2. Obergeschoß
(Foto: Bernadette Grimmenstein)

15 Ausstellungshalle mit eingeschobener Galerie
(Foto: Wolfgang Neeb)

museum, takes the form of a glass rotunda. From there, either the communications and service zone or the various exhibition areas can be reached. Exhibition spaces of varying sizes are grouped on two levels around the 16.8-metre-high central hall, the gallery of which spans a quarter of the overall floor space. The vistas within the building and the views towards the exterior play an important role, as does the use of outdoor materials inside the structure.

wie in den anderen Kabinetten auch, variabel und kann damit den jeweiligen Erfordernissen angepaßt werden. Leider wurde in den oberen Ostkabinetten von der schlicht weißen Einheitlichkeit der Zwischenwände abgegangen, die dort mit den Wellblechelementen des Außenbaus eingefaßt wurden. Dies erscheint unnötig dekorativ und beeinträchtigt als unruhiges Element eher die Kunstwerke, so wie sich diese Fassadenelemente im Innenraum überhaupt an einigen Stellen etwas zu dominant zeigen. Die Kabinette der Südseite schließlich sind als Black-box-Räume konzipiert und ermöglichen in ihrer Schlichtheit am ehesten die Konzentration auf komplexere Kunstwerke wie zum Beispiel die Installation ›High Moon‹ von Rebecca Horn. Von dort führt ein Steg wieder zur Empore.

Der obere Bereich der Halle über den Kabinetten ist verglast und sorgt so für weiteres Tageslicht in den Ausstellungsräumen. In der Hallendecke ist ein aufwendiges Tageslichtergänzungs- und Kunstlichtsystem installiert. Störende Anteile der direkten Sonneneinstrahlung werden über in die Glasscheiben der Dachkonstruktion integrierte Mikroraster in den Außenraum zurückreflektiert, alle anderen Anteile des Lichts werden durch »kleine Lichtschächte« in den Innenraum geleitet. Die Tageslichtergänzung geschieht mit Hilfe von Sekundärreflektorleuchten, wobei das Licht von den in der Trägerstruktur befindlichen Leuchten nach oben auf den gewölbten Sekundärreflektor und von dort, vom Ausblendraster reflektiert, nach unten in den Raum gestrahlt wird. Jeweils in der Mitte eines Lichtrasters hängen Doppelfokusleuchten, sogenannte Nautilusstrahler, die mit der Lichtfarbe Warmrot das nächtliche Kunstlicht ergänzen. Während dieses System der Verstärkung der Vertikalbeleuchtung dient, gibt es für die horizontale Beleuchtungskonzeption und die Hervorhebung einzelner Ausstellungsobjekte ein individuell installierbares Spiegelwerfer-System. Die gesamte Lichtanlage ist variabel steuerbar und kann damit optimal an die jeweiligen äußeren Verhältnisse und Ausstellungserfordernisse angepaßt werden. Trotzdem ist nicht zu übersehen, daß die ausgeklügelte Lichtdecke eine ausgeprägte skulpturale Eigenständigkeit entfaltet, die fast an ein kinetisches Kunstwerk denken läßt.

Das Kunstmuseum Wolfsburg ist ebenso wie die meisten Museumsneubauten der letzten Jahrzehnte kein Museum der leisen Sprache oder der ›neuen Einfachheit‹. In einer von Industrie geprägten Umgebung behauptet es sich als jüngster Architektursolitär mit einer eleganten, industrielle Formen aufgreifenden Sprache, in der diese Formen nicht nur der Konstruktion und Funktionalität,

16
Ansicht von Westen
(Foto: Bernadette
Grimmenstein)

sondern durchaus auch der ornamentalen Dekoration verpflichtet sind. Der Bau, weniger eine ruhige Hülle für die Kunst als auch nach außen abstrahlendes Erlebnis und Ereignis, richtet sich sicher eher an eine »Gesellschaft der Flaneure«, um Wolfgang Pehnt noch einmal zu zitieren, die ständig in Bewegung und von wechselnden Aussichten in Spannung gehalten werden will. Ob dies das Ziel einer zukünftigen Kunstvermittlung sein kann, der gerade in diesem Museum besondere Aufmerksamkeit geschenkt werden soll, wird sich in der Spannung zwischen dem reizvollen Bauwerk und einem ambitionierten Ausstellungsprogramm erweisen müssen.

Angeli Sachs

Particular care has been taken to regulate the use of daylight, by means of vertical and horizontal slats and a highly sophisticated ceiling, which aims at achieving an even diffusion of light. To the north is the separate area used by the Art Foundation, and to the west, interrupted by a sculpture court, are the workshops. The administrative offices are located to the south, separated by a security tract.

Fotos:
Bernhard Kroll
(wenn nicht anders
angegeben)

17
Foyer
(Foto: Wolf-
gang Neeb)

Benedict Tonon **Sparkassengebäude,
Hamburg-Barmbek**

Mitarbeit Götz Hinrichsen, Dorothee Grundmann

Wettbewerb 1987

Realisierung 1991–1994

Savings Bank

As it approaches the city centre, the character of Fuhlsbüttler Strasse gradually changes from section to section. From the landscaped park of the Ohlsdorf cemetery and the suburban atmosphere of two-storey, turn-of-the-century houses, it takes on the urban atmosphere of block-edge building by such architects as Georg Oelsner and the Frank brothers from the 1920s. Here, Barmbek's shopping street has the cosmopolitan atmosphere typical of Hamburg. Down the hill and around a corner, it moves on towards the centre, framed by the bridge-like structure of the elevated railway, with an unhindered view downwards.

»Ich hatte das Glück, einen ›unkonventionellen‹ Bauherrn für ein ›konventionelles‹ Projekt zu haben, also einen Bauherrn, der nicht von vornherein ein Geschäftshaus aus Stahl und Glas haben wollte, sondern Interesse an der Verkörperung einer Haltung zeigte, an einer symbolischen und metaphorischen Sinngebung.«
Benedict Tonon

Das neue Gebäude der Hamburger Sparkasse in Barmbek-Nord ist städtebaulich sehr exponiert gelegen, nämlich auf dem spitzen Winkel des von der Hufnerstraße und der Fuhlsbüttler Straße gebildeten Blocks, der hier auf die Hellbrookstraße trifft. Kommt man von Norden Richtung stadteinwärts, wird der Blick schon von weitem auf die gläserne Front eines angeschnittenen steinernen Volumens gelenkt, das sich zunächst nach beiden Seiten hin auswölbt, um dann in einen höheren kubischen Querriegel hineinzuwachsen. Das Bankhaus ist mit blau-bunten friesischen Klinkern verkleidet; aber das nimmt man an dieser Stelle noch nicht so bewußt wahr. Die sich der ankommenden Bewegung quer in den Weg stellende Glaswand dominiert die ersten sinnlichen Eindrücke, fordert zum Innehalten auf und zieht gleichzeitig wie magisch in

das Gebäude hinein. Das soll auch so sein, denn hier befindet sich der Haupteingang der Sparkasse. Geht der Betrachter weiter nach rechts oder links, fällt sein Blick auf den sanften Schwung der Klinkerfassade, die sorgfältigst mit den rauhen Steinen gefügt ist und lebhaft in vielen Farben schillert. Durch ihren Schattenwurf heben sich einzelne senkrecht hervorstehende Rechtecke aus der feingewobenen Wand und bilden ein unaufdringliches Rombenmuster, mit dem der ganze Komplex überzogen ist. Wandert der Blick weiter bis zu der Stelle, an der die Wölbung dieses Gebäudeteils mit seinen vier horizontalen Fensterbändern über dem Sockelgeschoß auf den scharfkantigen Abschluß des Ensembles trifft, so offenbart sich hier besonders deutlich, wie perfekt die Anschlüsse ausgearbeitet sind und wie sehr sich das Backsteinmaterial für schmiegsame Übergänge eignet.

Die häßlichen Dehnungsfugen, die den Ziegelverband normalerweise rücksichtslos durchtrennen, sind beim Gebäude der Hamburger Sparkasse glücklicherweise nicht sofort auszumachen, weil

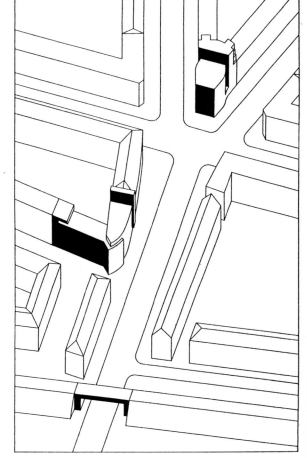

2 Stadträumliche Axonometrie nach Süden

1 Lageplan

3 Hauptansicht

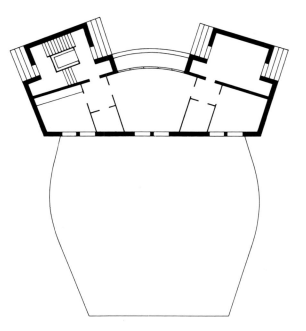 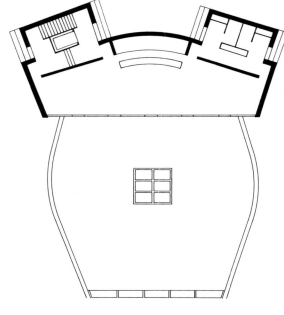

4
Grundriß 6. Obergeschoß
Hausmeisterwohnung

5
Grundriß 5. Obergeschoß
Cafeteria mit Dachterrasse

Following the transverse movement of the elevated-railway bridge, this building at the corner of Fuhlsbüttler Strasse uses another transverse movement to contrast with the view from the north, bringing the urban dimension of this sequence to a close. As the Fuhlsbüttler Strasse forks sharply into two new streets at this point, the building provides access from the south for these streets while, at the same time, creating a spatial conclusion by means of the curve of the city wall. The stepped gables are a reference to the Hanseatic *Kontorhaus* motif and are also used as a means of mediating between the new development and the smaller-scale structures of the 1960s. The commercial building emphasizes a public space to the north, to which the two-storey banking hall opens up from the inside. The canteen, the rest area and the janitor's flat on the upper floor are also orientated, via the roof-top terrace, downwards towards the urban space. The standard floors are intended for use as offices. The basement houses a compact underground garage with a mechanical parking facility. All the external walls are double-shelled. The load-bearing inner core is a reinforced concrete body with steel compound ceilings in the upper floor, while the

der Architekt sie nicht senkrecht herunterstürzen, sondern mäanderförmig dem Steinverband entsprechend verlaufen läßt.

Die an die Rundung angrenzende gerade Wand nimmt die Flucht der vorhandenen Häuser in der Straße wieder auf. Sie ragt hoch auf, ist aber, ab Traufhöhe der bestehenden Bebauung, dreifach zurückgestaffelt. Nun gelangen wir zur Rückseite der Sparkasse und stellen fest, daß sich der Riegel in zwei auseinanderdriftende turmartige Gebäudeflügel auflöst, die einen kleinen Hof bilden, der Licht einläßt. Im westlichen Turm sind die Sanitäreinrichtungen untergebracht, im östlichen ein Treppenhaus.

Bemerkenswert an diesem hinteren, monumental wirkenden Teil des Bankgebäudes ist, wie er sich zugleich als Abschluß der Blockspitze und Anschluß an die Bebauung des sich allmählich zum Dreieck ausformenden Blocks darstellt. Benedict Tonon: »Das Projekt der Hamburger Sparkasse vollzieht

die Kontinuität eines Stadtteils und definiert diesen zugleich neu. Das Gebäude steht wie ein Rammbock am Ende der Fuhlsbüttler Straße, kristallin, hart. Und es öffnet sich zugleich mit einer weichen Bewegung in den Stadtraum wie zwei sich öffnende Hände. Es spielt mit der Wellenbewegung steinerner Textur und dem sparsamen steinernen Schmuck, mit den steinernen Stadtwänden, zwischen die sich eine Membran spannt, ein Filter aus Glas und Stahl, und nicht zuletzt spielt es mit dem geometrischen Rhythmus der Treppengiebel auf Fritz Höger, die Kontorhäuser und die hanseatischen Kaufmannstugenden an.«

Werfen wir nun einen Blick in das Innere des Gebäudes. Hinter dem gläsernen Eingangsbereich befindet sich die zweigeschossige Kassenhalle, welche auf halber Höhe zu beiden Seiten die Wölbung nach außen mit Hilfe einer (aufgehängten) Zwischenebene wieder aufnimmt, die mit ihrem Pendant einen ovalen Luftraum formt. Diese Figur bildet

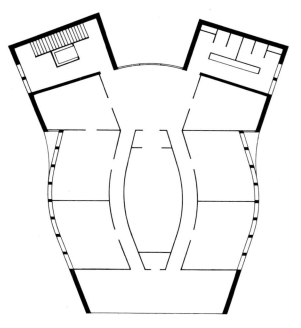 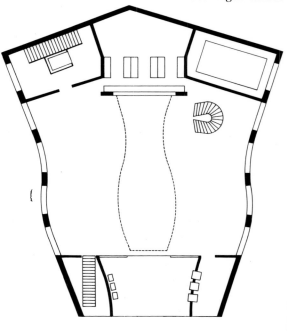

6
Grundriß
Normalgeschoß

7
Grundriß
Erdgeschoß

fortan den mittleren Bereich der dreibündigen Anlage. Im zweiten Obergeschoß dient er als Archivraum; im dritten Obergeschoß beherbergt er einen zwei Stockwerke hohen Sitzungssaal von ungewöhnlichem Charakter mit einem besonders sorgfältig konstruierten Oberlicht. Über insgesamt vier Geschosse wird der ovale Kernbereich von Büroräumen eingefaßt, an den Längsseiten außen wahrzunehmen durch die Reihen der quadratischen Metallfenster. Im rückwärtigen Querriegel befindet sich über der Höhe des zylindrischen Bauteils die Kantine der Sparkasse, deren vollständig verglaste Front sich auf den Dachgarten öffnet. Darüber liegt, im letzten Geschoß, die Wohnung des Hausmeisters mit phantastischem Ausblick auf die Hamburger Altstadt. Bleibt zum Schluß noch die unterirdische Parkgarage zu erwähnen, die dreizehn Autos mit Hilfe eines computergesteuerten Förderbands auf engstem Raum stapelt.

Die Filiale der Hamburger Sparkasse in Barmbek-Nord wirkt in ihrer klaren, strengen Form und ihrem übersichtlichen Aufbau großstädtisch elegant. Sie bildet eine eindrucksvolle Akzentuierung der Blockspitze und überzeugt durch die Schönheit ihrer Materialien, ihre Perfektion und die Präzision ihrer Zusammenfügung. Gegensätzliche Elemente wie Transparenz und Geschlossenheit, Leichtigkeit und Schwere, lineare und plastische Konturen, unterschiedliche Höhen werden zu einem dynamischen Gleichgewicht ausbalanciert und üben suggestive Wirkung aus. Das Gebäude ist hervorragend in das vorhandene Hamburger Stadtbild hineinkomponiert und bezieht sich dabei auch auf jene städtebaulichen Prinzipien, die Fritz Schumacher als verantwortlicher Stadtplaner seit 1918 für dieses und andere damals neu zu entwickelnde Wohngebiete festgelegt hat. Für ihn war ›Stadt‹ zugleich ein technisches, soziales und ästhetisches Problem. Schumacher setzte sich konsequent dafür ein, den neuen Aufgaben stilistisch ungebunden, sachlich, aber mit aller Rücksichtnahme auf ihren topographischen, historischen und stadträumlichen Kontext zu begegnen. Bebauungspläne wurden von ihm in Plastilinmodelle umgesetzt und damit die städtebauliche Massenverteilung festgelegt. Gemeinsam mit den beauftragten Architekten ließen sich an diesen Modellen neue Ideen erproben und in sie einpassen. Dabei sollte die Form sowohl des einzelnen Gebäudes als auch des städtischen Raumes nicht nur ihrem Zweck entsprechen, sondern auch ihrer Zeit und ihrer Bedeutung am jeweiligen Ort gerecht werden. Wer sich Benedict Tonons neue Sparkasse in Barmbek-Nord anschaut, die sich diesem Anspruch stellt, darf daher nicht versäumen, auch die Gebäude von Fritz Schumacher, Gustav

Oelsner und Karl Schneider aus den zwanziger Jahren zu besichtigen, die sich in fußläufiger Entfernung befinden. Allen Bauten gemein ist das Backsteinmaterial, ebenfalls ein wichtiges städtebauliches Instrument Schumachers, mit dem es gelang, den neuen Quartieren trotz architektonischer Vielfalt einen einheitlichen, harmonischen Charakter zu geben. Es war übrigens dieser »Bauedelstein« (Fritz Höger), der damals die tiefen ideologischen Gräben zwischen den divergierenden Strömungen Heimatstil, Expressionismus und Neues Bauen zu überbrücken vermochte. Auf subtile Weise artikuliert das Geschäftshaus von Benedict Tonon die Verknüpfung dieser unterschiedlichen architektonischen Haltungen. Die neue Filiale der Hamburger Sparkasse zeigt auch, daß der Genius loci in heutiger Zeit überleben kann – und dies ganz ohne Nostalgie.

Romana Schneider

external shell makes reference to the traditional Hanseatic architectural vernacular with its brickwork in blue and brightly coloured Frisian clinker. The walls on the inside are rough-cast, whereas the banking area is allocated more precious materials. The load-bearing elements of the windows are made of stainless steel and the window frames themselves of aluminium.

9
Rückansicht
(Foto: Benedict Tonon)

10
Bankhalle
im Erdgeschoß

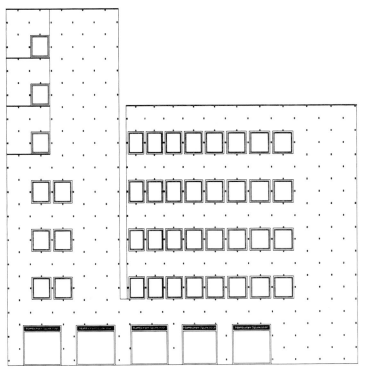

11 Seitenansicht

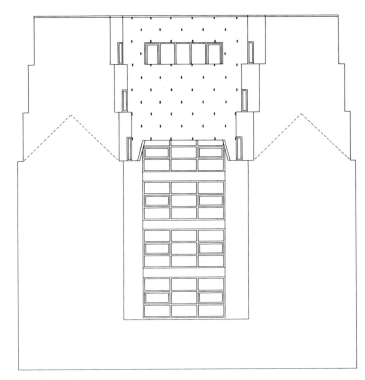

12 Rückansicht

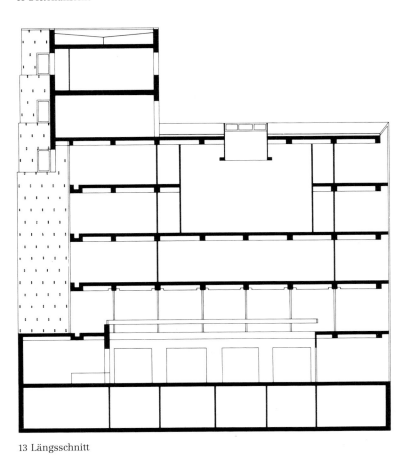

13 Längsschnitt

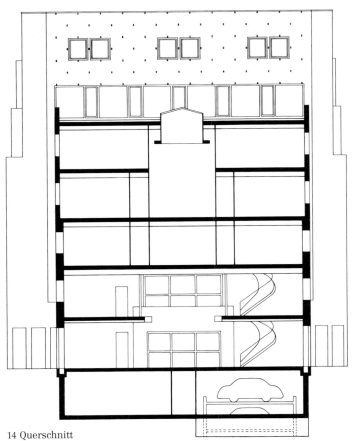

14 Querschnitt

15
Ansicht
von Westen

Fotos:
Tom Schoper
(wenn nicht
anders
angegeben)

Projekte
Projects

Stephan Braunfels **Georgplatz, Dresden**

Georgplatz

In the midst of what is by far Dresden's biggest intersection there is a tiny traffic island with a street sign bearing the name of the square where the Kreuzschule once stood.

With unparalleled thoroughness , the town planners razed what little the wartime bombs had left, building six-lane autobahns through what was once a densely populated inner city district.

The competition for Georgplatz therefore not only involves designing a master plan for an area that is no longer recognizable as a city square, but also means revitalizing an urban district which has been totally eradicated.

In redesigning Dresden's inner city, three main issues must be addressed:
1 the Altstadtring (ring-road round the historic centre);
2 the urban link between the Altstadt and Grosser Garten;
3 the linking of the nineteenth-century Bürgerwiese park to the Altstadt.

My Altstadtring concept has been approved by the city council following intensive public debate. It envisages a magnificent 85 m wide boulevard, with trees and greenery.

The area between the Grosser Garten and the historic centre is to be completely redeveloped and is to become the central area for relieving the burden on the Altstadt. The predominance of office use is to be balanced by a 25 per cent housing quota.

The Lingner-Allee is to be reconstructed to its full previous width. Since the former Pirnaische Strasse has always led towards the dome of the Frauenkirche, this axis should certainly be reconstituted.

Wettbewerb 1. Preis, 1993

Bebauungsplan 1994

Der Georgplatz ist im heutigen Stadtbild Dresdens kaum noch auffindbar. Inmitten der mit Abstand größten Verkehrskreuzung Dresdens – einer riesigen Stadtbrache, die vom Rathaus bis zum Großen Garten, vom Pirnaischen Platz bis zur Prager Straße reicht – findet sich auf einer kleinen Verkehrsinsel das Straßenschild, das noch den Namen des alten Platzes trägt, an dem einst die Kreuzschule stand.

Wie an kaum einer andern Stelle der ehemaligen DDR folgten hier den Kriegsbomben die Verkehrsplaner und legten sechsspurige Autobahnen mitten durch ein einst dicht bebautes Innenstadtquartier.

Der Wettbewerb für die Gestaltung des Georgplatzes umfaßte also neben der eigentlichen Gestaltung des heute nicht mehr erkennbaren Platzes die Neugewinnung eines völlig ausradierten Stadtviertels. Hierbei mußten drei Hauptfragen der Neugestaltung der Dresdner Innenstadt beantwortet werden:
1. Die Führung und Gestaltung des Altstadtrings
2. Die stadträumliche Verbindung zwischen Altstadt und Großem Garten
3. Die Anbindung der Bürgerwiese Lennés an die Altstadt

Das Leitbild für den Altstadtring, welches ich in den letzten drei Jahren entwickelt habe, ist nach intensiver öffentlicher Diskussion im Stadtrat bestätigt worden. Es sieht einen 85 m breiten grünen Boulevard vor, der als vierreihige Allee aus Sophoren gestaltet werden soll, wie sie vor dem Rathaus schon so prächtig stehen.

Das Areal zwischen Großem Garten und Altstadt soll völlig neu bebaut und zum wichtigsten Kerngebiet zur Entlastung der Altstadt gestaltet werden. Die vorwiegende Büronutzung soll dabei durch 25 Prozent Wohnen sowie Läden entlang des Altstadtrings, ein Kaufhaus am Pirnaischen Platz und mit Hotel, Kino, Theater etc. an den Grünachsen zum Großen Garten ergänzt werden. Wir schlagen hierfür eine Blockstruktur vor, welche die historischen Sichtachsen aus dem Großen Garten auf die Altstadt wieder aufnimmt und zusätzlich neue sinnvolle Querverbindungen schafft.

Die Lingner-Allee soll in ihrer alten Breite wiederhergestellt werden. Sie führt auf den Hausmannsturm des Dresdner Schlosses zu. Die alte Pirnaische Straße ist die älteste Wegeverbindung durch das Areal. Da sie schon immer auf die Kuppel der Frauenkirche zuführte, sollte diese Achse angesichts des baldigen Wiederaufbaus der Frauenkirche unbedingt wiederhergestellt werden.

Das Areal zwischen Georgplatz und Prager Straße ist eine reine City-Lage, weshalb wir vorge-

1
Luftaufnahme
Georgplatz, 1993

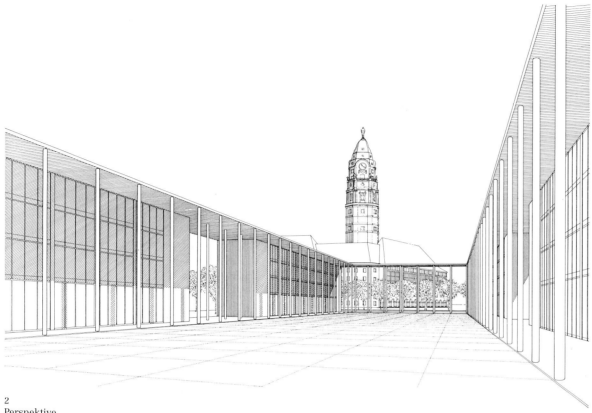

2
Perspektive

As the area between Georgplatz and Prager Strasse is a prime urban site, we suggest that, while existing housing should be retained, new facilities with a predominantly inner city function should be built. St. Petersburger Strasse should be closed to traffic and can then be halved in width, so that the free-standing tower blocks can be integrated into the existing housing areas.

We propose designing Georgplatz as an urban square framed by tall and slender pillars.

The area between Bürgerwiese and Alleenring is often referred to as the city's 'loggia' or as the 'Grande Place', in reference to the Place Royale in Paris. This begs the question of whether, instead of looking back to Dresden's Baroque past, it might be more appropriate to seek prototypes in the city's twentieth-century architecture as a source of inspiration for the reconstruction of the inner city.

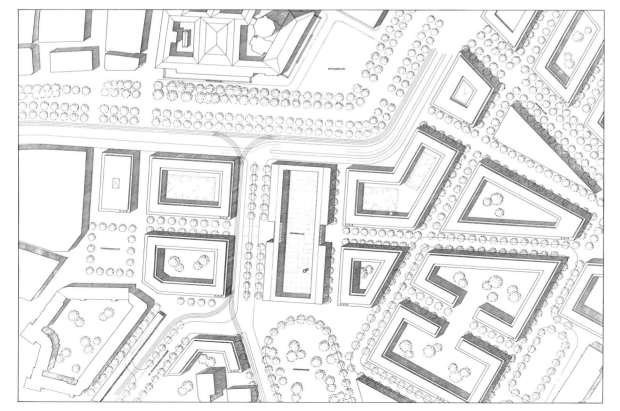

3
Lageplan

4 Modell Georgplatz (Foto: WM, Dresden)

5 Perspektive Altstadtring

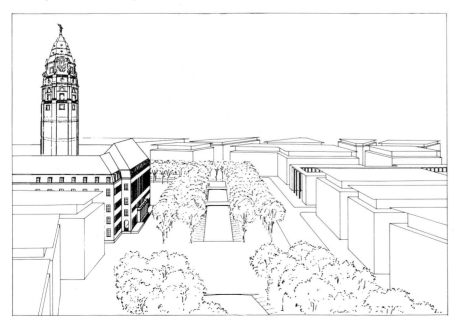

schlagen haben, die vielen heute dort bestehenden Wohnungen zwar zu erhalten, an neuen Nutzungen aber vorwiegend City-Nutzungen wie Kaufhäuser, Laden- und Bürogebäude zu errichten. Die St. Petersburger Straße soll langfristig ihre übergeordnete Verkehrsfunktion aufgeben und kann dann auf die Hälfte ihrer Breite zurückgebaut werden, wodurch die heute noch freistehenden Wohntürme in eine Blockrandbebauung eingebunden werden können.

Der Georgplatz selbst bildet nicht nur die Mitte zwischen diesen charakteristisch unterschiedlichen Stadtvierteln, sondern auch das Gelenk zwischen der von Lenné gestalteten Bürgerwiese und der Altstadt mit ihrem neugeplanten Alleenring.

Wir schlagen vor, den Georgplatz zu einem von schlanken hohen Stützen gerahmten Stadtplatz zu gestalten: als neuer gemeinsamer Mittelpunkt der so verschiedenen angrenzenden Stadtquartiere und als urbaner freier Stadtraum zwischen den Grünzügen Bürgerwiese und Alleenring.

Der inzwischen auch als ›Stadtloggia‹ oder als ›Grande Place‹ nach dem Vorbild der Pariser Place Royale bezeichnete Stadtraum versucht auch die Frage zu beantworten, ob es nicht auch Vorbilder und Anknüpfungspunkte in der Dresdner Architektur des 20. Jahrhunderts gibt, auf die beim Wiederaufbau der zerstörten Innensadt zurückgegriffen werden kann, statt sich immer wieder nur auf die Barockstadt Augusts des Starken zu berufen. So z. B. auf Tessenow, dessen heute leider fast völlig zerstörte Landesschule in Klotzsche sicher eines der bedeutendsten Ensembles der zwanziger Jahre darstellt.

Stephan Braunfels

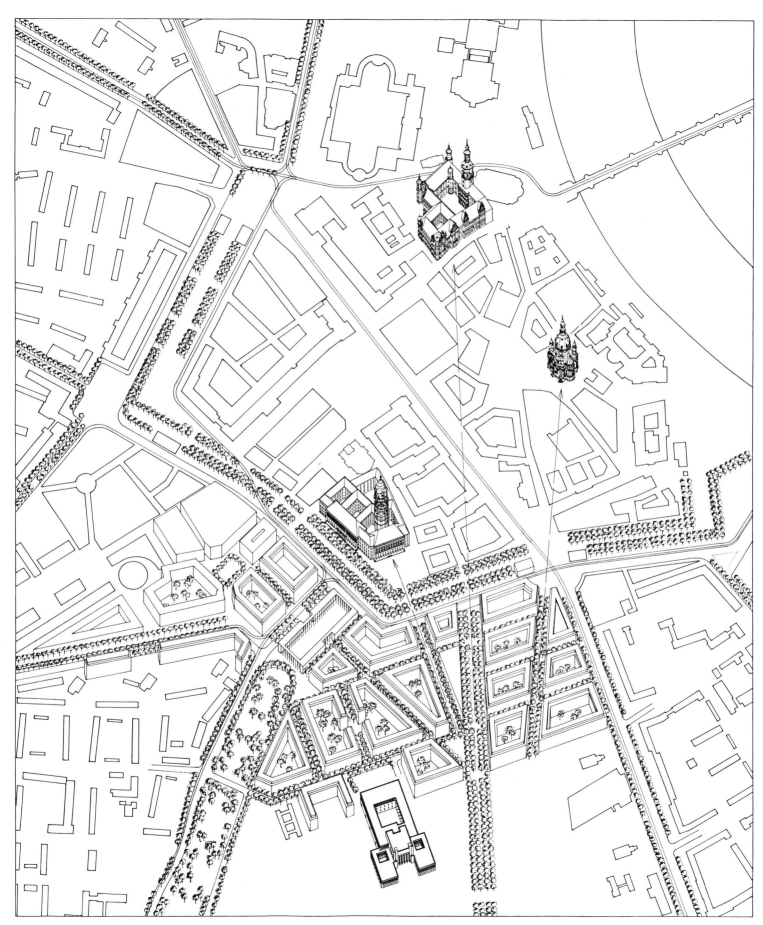

6 Isometrie

Diener & Diener

Hauptniederlassung einer Bank, München

Städtebaulicher Wettbewerb 1994, Auszeichnung

Headquarters of a Bank
Located in the area between Frauenplatz and the Hofgarten, this Hypo-Bank project relates more to the grandeur of the nineteenth-century architecture to the north than to the small-scale urban structure to the south. A large, simple ground-plan shape unites the many different functions of the buildings, anchoring them firmly in the urban context. Though not built flush to the street, the various tracts follow the run of the thoroughfares. Arcades open on to a space in which commercial premises are situated.

The Hypo-Bank headquarters – the Hypo-Haus – are the focal point of the complex. In contrast to the long, bar-like tract in Theatinerstrasse, the Hypo-Haus fits like a block in between the existing buildings. The stone slab facing creates a visual link between the Hypo-Haus and the Kunsthalle and functions tract to the east.

The two buildings in Theatinerstrasse are multi-functional: shops are situated on the lower floors, offices and flats on the upper ones.

The alignment and layout of the new building tracts with the Hypo-Haus in Kardinal-Faulhaber-Strasse are intended to create an architectural ensemble that is accessible as a whole.

Zu dem von der Hypo-Bank ausgeschriebenen Wettbewerb waren vier Münchner, zwei Berliner und dreizehn internationale Architekturbüros eingeladen. In dem dicht bebauten Viertel südlich der Theatinerkirche, das zum Teil noch von historischen Stadtpalästen gesäumt ist, soll zum Bankbetrieb und der Kunsthalle eine neue öffentlich zu nutzende Mehrzweckhalle hinzukommen. Es sollen Läden, Restaurants, Büros und Wohnungen entstehen, die durch Höfe und Passagen erschlossen werden. Siehe auch S. 182.

Zwischen Frauenplatz und Hofgarten gelegen, orientiert sich das Projekt für die Hypo-Bank mehr am Maßstab der nördlich gelegenen Anlagen der Residenzstadt des 19. Jahrhunderts als an der kleinteiligen Stadtstruktur im Süden. Eine große, einfache Figur nimmt die vielen unterschiedlichen Nutzungen auf und setzt sie in einen stadträumlichen Zusammenhang. Es sind großzügige, reguläre Gebäudestrukturen, welche innerstädtisches Leben in seiner Vielfalt gewährleisten sollen.

Die geometrische Komposition der Räume und der Aufbau der vorgeschlagenen Gebäude erinnern an die großen stadträumlichen Anlagen in Turin. Ein ähnliches Licht zeichnet die Gebäude leuchtend hell in ihrer Körperhaftigkeit. Die eingeschriebenen Arkaden eröffnen – wie in Turin – eine Raumflucht, an der die Geschäfte gelegen sind. Beide Bereiche der Anlage erschließen sich dem Passanten an der Theatinerstraße gleichermaßen: die stadträumliche Komposition der elementaren Gebäudekörper im Licht und die Folge der Arkaden im Schutze der Häuser. Die duale Wahrnehmung von abstraktem, städtischem Raum und von urbanem Geschäftsleben ist mit dem besonderen Programm der Anlage unmittelbar verknüpft: die Hypo-Kunsthalle ist als elementarer Gebäudekörper ausgebildet und bleibt, trotz ihrer zentralen Position, im hellen Licht

des Platzraums von der kommerziellen Betriebsamkeit bewahrt, die sie im Schatten der Arkaden umgibt.

Spannung und Rhythmisierung der Anlage sind durch die stadträumliche Komposition gegeben. Die verschiedenen Gebäudetrakte dagegen sind einheitlich ausgebildet. Sie sind zu einfachen Figuren zusammengesetzt. Diese Anordnung betont den Prozeß des Fügens. Obwohl nicht bündig geschlossen, bewahren die Gebäudetrakte die Flucht der Straßenräume. Der ganze Komplex kann deshalb sowohl als eine eigenständige Komposition wie auch als Teil einer zusammenhängenden Stadtstruktur gelesen werden.

Die Hauptniederlassung der Hypo-Bank bildet einen Schwerpunkt der ganzen Anlage. Im Gegensatz zu den balkenförmigen Gebäuden an der Theatinerstraße ist das Hypo-Haus als ein Block zwischen die bestehenden Gebäude eingepaßt. Im Zentrum liegt eine zweigeschossige Schalterhalle mit Oberlicht. Es ist das einzige Gebäude mit einer straßenseitig vorgelagerten Arkade, die an der Stelle des monumentalen Gebäudes an der Kardinal-Faulhaber-Straße die Fassade des neuen Hauses zusammenfaßt. Eine Verblendung mit großformatigen, vermauerten Steinplatten ergänzt das Bild des Hypo-Hauses, das aus hochwertigen Materialien schlicht, aber fest gefügt ist.

Auf der Ostseite liegt der Gebäudetrakt mit der Kunsthalle und dem Veranstaltungsbereich. Eine einfache Gebäudestruktur erlaubt die Einrichtung der Ausstellungsräume mit Kabinetten und Sälen. Das Beton-Skelett ist mit Naturstein und Glas ausgefacht. Der Stein setzt den Trakt der Kunsthalle mit dem Hypo-Haus in Beziehung. Die gewählte Konstruktion mit dem Skelett und der Ausfachung bestätigt den abstrakt geometrischen und zugleich den körperhaften Charakter des Hauses, das mitten auf dem zentralen Platz der neuen Anlage steht.

Die beiden Gebäude an der Theatinerstraße setzen den stadträumlichen Maßstab der nördlich gelegenen Struktur mit der Theatinerkirche fort. In einem ähnlichen Takt verbinden sie den Straßenraum mit dem stattlichen Eckhaus an der Maffei-Straße. Trotz seiner architektonischen Qualität ist deshalb der Abbruch des kleinen dazwischenliegenden Gablerhauses (Theatinerstraße 8) vorgesehen. Die vorgeschlagenen Bauten sind von einem widersprüchlichen Gleichgewicht zwischen einer signifikanten Form und einer vielfältigen, wandelbaren Nutzung geprägt. In den unteren Geschossen der beiden Gebäude sind Einzelhandelsgeschäfte vorgesehen, die in verschiedenen Einheiten kombinierbar sind. Darüber liegen die traditionell ausgebildeten Bürogeschosse. In den obersten Geschos-

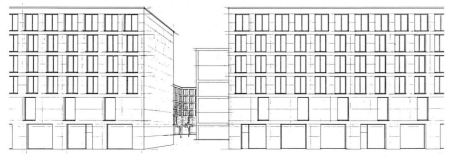

1 Blick von der Theatinerstraße in den Hof mit der Kunsthalle

2 Ansicht Theatinerstraße

3 Ansicht Salvatorstraße

4 Ansicht Kardinal-Faulhaber-Straße

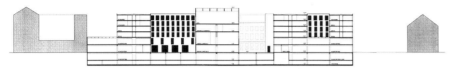

5 Schnitt Maffeistraße – Kunsthalle – Salvatorstraße

sen sind die Appartements und Wohnungen organisiert. Sie sind, wie die darunterliegenden Büros, von einem Mittelgang erschlossen, der von oben belichtet ist. Die Fassaden der beiden Gebäude sind aus großformatigen, massiven Platten aus eingefärbtem Kunststein gedacht, die als Verblendung vermauert werden.

Die Anordnung der einzelnen neuen Gebäudetrakte mit dem Hypo-Haus an der Kardinal-Faulhaber-Straße sollte es erlauben, einen gangbaren Bauablauf zu entwickeln, der durch den Verzicht auf bestehende Gebäude zusätzlich entlastend wird.

Diener & Diener

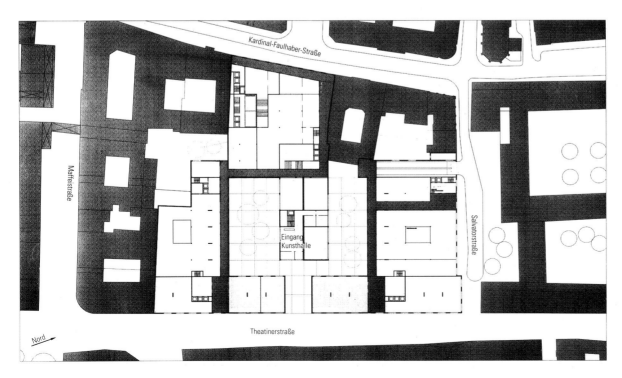

6
Grundriß Erdgeschoß

Max Dudler
Betti Plog

Grund- und Gesamtschule Hohenschönhausen, Berlin

Mitarbeit   Sonia Glasberg, Jacqueline Schwarz, Heike Simon
1992–

Primary and Comprehensive School

The brief involved the construction of two new school buildings bordering on the suburban architecture of Hohenschönhausen. Amidst an infrastructural fabric and housing of questionable architectural quality, a new and distinctive complex was to be created as a 'public space' where people would linger. This urban ensemble – comprising a primary school, a comprehensive school and public gym halls – is intended to create a new identity for the district.

The aims underlying this urban development concept are as follows:
– There is to be no disjointed collection of individual buildings, but a series of interrelated components.
– There is to be no large, hierarchically ordered 'whole', but a spatial and perspective presentation of distinct structures.
– Indoor and outdoor spaces are not to be closed

Die Bauaufgabe besteht im Neubau von zwei Schulen, angrenzend an die bestehende Vorstadtarchitektur von Hohenschönhausen. Inmitten von Straßenräumen, unterschiedlichen und fragwürdigen Wohnungsbauten, soll hier eine neue Identität als differenzierte ›Großform‹, als raumbildende Anlage, als ein ›öffentlicher Raum‹, in dem man sich gerne aufhält, entstehen. Die zwei Schulen, die neue Identität innerhalb dieses Stadtteils, die Ablesbarkeit von Grundschule, Gesamtschule und – als öffentliches Gebäude – den Turnhallen, bestimmen dieses städtebauliche ›Ensemble‹.

Ziele für dieses städtebauliche, architektonische Konzept sind:
– Keine Wiederholung eines Nebeneinander von Solitären, sondern eine Abfolge von inhaltlich und visuell ineinandergreifenden Teilen.
– Kein großes, hierarchisch geordnetes Ganzes, sondern eine räumliche, perspektivische Vorstellung von inhaltlich ablesbaren Gebäudestrukturen.
– Die Innen- und Außenräume werden nicht abgeschlossen oder begrenzt sein, sondern mit Durchgängen, Öffnungen, Durchblicken, Bewegungen transparent gemacht. Richtungen der Gebäudekörper und Freiflächen als gefaßte Räume prägen die neue Gesamtanlage.
– Die Notwendigkeit der Schaffung von klaren, überschaubaren Lebens- und Schulräumen, die einerseits den Maßstab einer Stadt aufnehmen, andererseits aber wieder Freiräume, gestaltetes Grün, Bezüge zur Umgebung, zur Landschaft zulassen.
– Alle Bereiche (Zusammenhang von Leben, Lernen und Arbeiten) des städtischen Lebens sollen als ›Transformation einer Stadtidee‹ zu einem ›Großen Ganzen‹ zusammengefügt werden. Es wird versucht, zwischen dem Erscheinungsbild und der Funktion der zwei Schulen eine Übereinstimmung herzustellen.
– Die Fassaden, die Eingänge, die Plätze, Innenhöfe, die ›Zwischenräume‹, die Abfolge der Schulräume (Heimatbereiche), die Zuordnung von verschiedenen Bereichen (die räumliche Ordnung) müssen daher sinnlich erfaßbar sein.
– Bewußte Reduktion und sinnvolle Einfachheit sind in Verbindung mit räumlich zueinander ausgewogenen Bauteilen die architektonischen Prinzipien dieser Neubebauung. Der gleiche Ausdruck setzt sich in den Materialien fort: Als städtebauliches Ensemble zeigen sich alle Bauteile als ›Steinhäuser‹ mit zurückliegenden Stahlsprossenfenstern. Die Anordnung und Höhe der Baukörper wird durch die angrenzende Stadt und Landschaft bestimmt.

Methodisch wichtige Teile des Projekts sind die unterschiedlichen Elemente der Raumbildung. Die weitgehende Zurückhaltung in der Verwendung einfacher und klar ablesbarer Elemente – Wände, Stützen, Decken, Fensterreihen, Beleuchtungskörper, Orientierung, Eingangssituation, Flure, Treppen, Höfe, natürliche Belichtungssysteme und ähnliches – bestimmt die formale Sprache des Projekts. Die so gestalteten Räume wollen nichts vortäuschen und kein Verhalten aufzwingen, was besonders für eine Schule von Bedeutung sein kann. Jeder soll zu jeder Zeit und bei jeder Gelegenheit einen Ort vorfinden, an dem sich Begegnungen ereignen und Erlebnisse wiederholen können. Der Raum füllt sich mit Erinnerungen und Möglichkeiten. Atmosphäre entwickelt sich im Zusammenspiel von Raum und Wahrnehmung und dem Verhalten der Benutzer. Dieses Konzept soll im weitesten Sinne zur Geistesbildung und Kultur des Benutzers beitragen und ihm das Gefühl geben, als Individuum Teil der Gemeinschaft zu sein, die sein Dasein prägt.

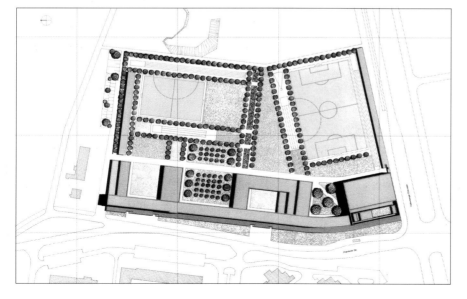

1
Lageplan

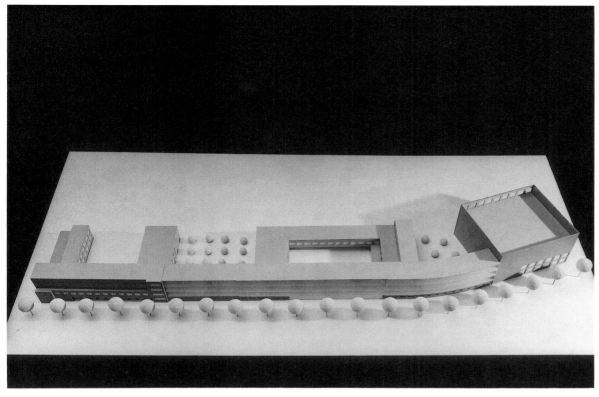

2   Modellansicht von Westen (Foto: Wilmar Koenig)

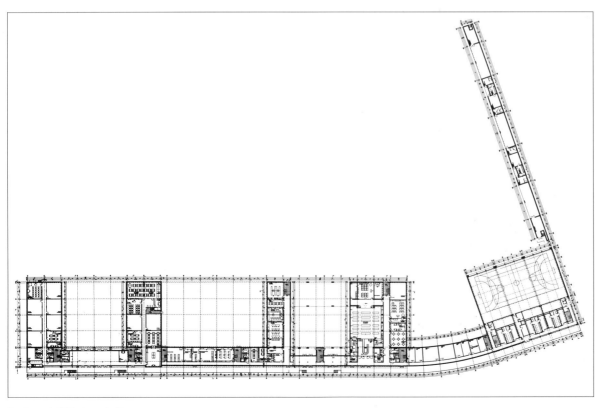

3   Grundriß Erdgeschoß

off or restricted, but made more transparent by means of passage-ways, apertures, etc. Buildings and open spaces are to be aligned as 'self-contained spaces' shaping the new site.
– There is a need to create clear spaces for living and learning, echoing the scale of the urban surroundings while also creating 'green' references to the environs.
– All areas of urban life – the correlation between living, learning and working – are to be drawn together in order to create a 'master complex'.
– The facades, entrances, squares, courtyards and 'intermediate spaces', the sequence of schoolrooms and the interrelation of various areas, should therefore be readily perceptible.
– Deliberate reduction and meaningful simplicity, together with harmonious spatial relationships between parts, are the architectural principles behind this development. Similar thinking governs the use of materials: in keeping with their character as items in an urban ensemble, all components are 'stone-built' and the slightly recessed windows have bars of steel. The alignment and height of the buildings relates to the urban 'landscape'.
   Variety of spatial structure is an important factor. The discretion applied in the use of simple and clearly legible elements determines the formal syntax of the project. This design approach avoids any attempt at creating illusions or influencing behaviour – a fact of no little significance in a school. Everyone who uses the buildings should have the feeling that this is a place where people meet and events take place.

4
Ansicht von
Westen

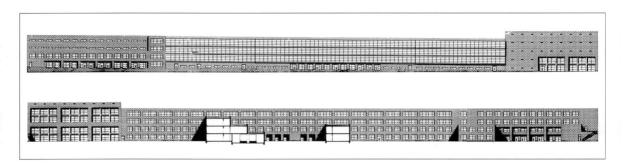

5
Ansicht
und Schnitt
von Osten

6
Perspektive auf das
südwestliche Ende
der Gesamtanlage,
die Sporthalle

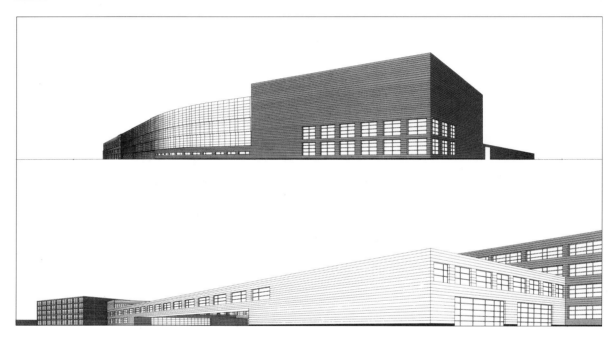

7
Perspektive
auf die Ostseite

8
Modellansicht
von Südosten
(Foto: Wilmar Koenig)

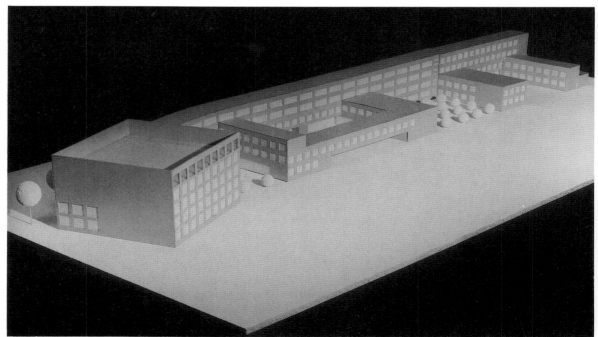

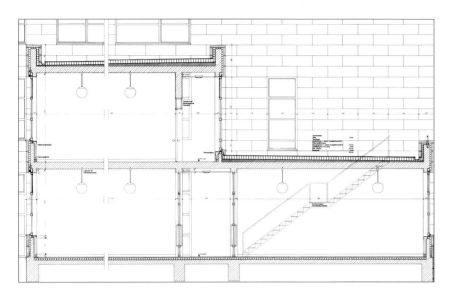

9
Detailausschnitt
Grundschule
Schnitt A-A

10
Detailausschnitt
Schnitt Treppe

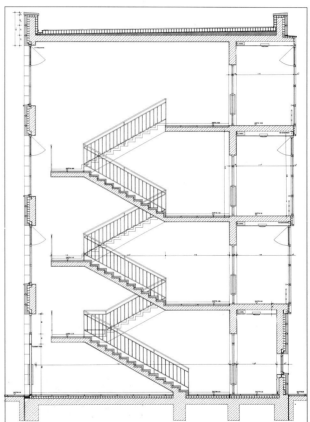

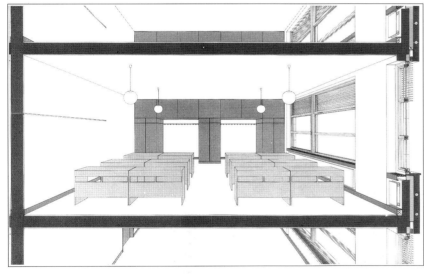

11
Grundschule
Schnitt 2
Obergeschoß

12
Sporthalle
Schnitt
West-Ost

Norman Foster **Hochhaus, Zentrale einer Bank, Kaiserplatz, Frankfurt am Main**

Projektleitung Uwe Nienstedt

1994–1997

Headquarters of a Bank

The bank's head office is to be expanded by building a new high-rise and block at the intersection of Grosse Gallusstrasse and Kirchnerstrasse. The tower, excluding the aerial, will reach a height of 258.7 m, with two basement levels, a three-storey entrance hall and forty-five office floors. The ground-plan of the building is a slightly distorted equilateral triangle with 60 m sides. A standard floor consists of two office wings and a garden wing.

The main load-bearing structure is a steel frame. The ceilings are supported by eight-storey bearers. The structural principle permits columnless office rooms spanning up to 16.5 m. The two-leaf double-glazed aluminium curtain facade has window units which can all be opened, even on the upper storeys, and which are fitted with integral sunshades. The atrium runs the entire height of the building and is divided by a glass roof every twelve stories. Each twelfth floor has three gardens, in graduated alignment. The gardens facing in each direction are to be given specific themes according to their situation: Asiatic towards the East, Mediterranean towards the South and North American towards the West. The gardens can be used as conference areas and recreation zones. The atrium and the gardens create a link to the outside environment and provide natural light in the offices around the atrium.

Die Zentrale der Commerzbank wird durch den Neubau eines Hochhauses und Blockrandbebauungen an der Großen Gallusstraße und Kirchnerstraße erweitert. Der Turm wird ohne Antenne eine Höhe von 258,70 m haben, die sich auf zwei Tiefgeschosse, eine dreigeschossige Eingangshalle und 45 Büroetagen verteilt. Der Grundriß des Hochhauses ist ein gekrümmtes gleichseitiges Dreieck; die Schenkellänge beträgt ca. 60 m. In den Winkeln des Dreiecks liegen die aussteifenden Gebäudekerne mit Transport- und Versorgungseinrichtungen. Die Grundfläche eines Regelgeschosses besteht aus zwei Büroflügeln und einem Gartenflügel.

Das Haupttragwerk besteht aus einer Stahlskelettkonstruktion. Die Geschoßdecken werden von achtgeschossigen Trägern gehalten. Dieses Konstruktionsprinzip ermöglicht stützenfreie Büroräume mit einer Spannweite bis zu 16,5 m. Die zweischalige, doppelverglaste Aluminiumvorhangfassade zeichnet sich durch Fenstereinheiten aus, die sich bis in die obersten Etagen öffnen lassen und eine integrierte Sonnenschutzvorrichtung besitzen. Das Atrium erstreckt sich über die gesamte Gebäudehöhe und ist alle zwölf Geschosse durch eine Glasdecke unterteilt. Zu jeder zwölfgeschossigen Einheit gehören drei Gärten, die jeweils versetzt zueinander angeordnet sind. Entsprechend der durch die Lage und die klimatischen Bedingungen vorgegebenen Situation liegt der Bepflanzung die Idee zugrunde, den Gärten der jeweiligen Himmelsrichtung ein verbindendes Thema zu geben: nach Osten asiatisch, nach Süden mediterran und nach Westen nordamerikanisch. Die Gärten werden als Konferenz- und Ruhezonen genutzt. Über das Atrium und die Gärten sind der Außenbezug und ein natürlicher Lichteinfall in die Atriumbüros gewährleistet.

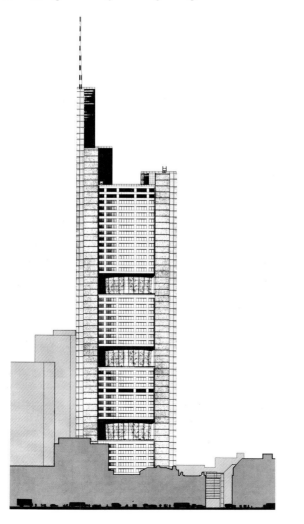

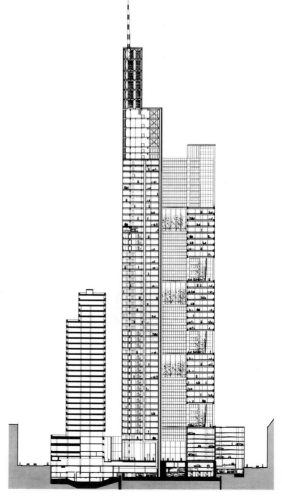

1
Aufriß

2
Schnitt

3 Das Hochhaus in der Stadtsilhouette. Fotomontage

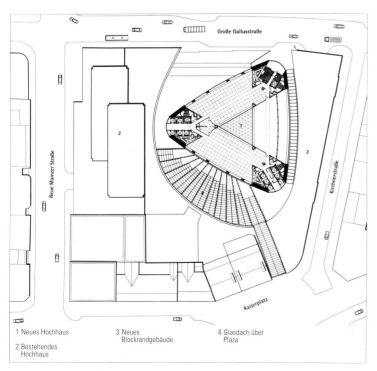

1 Neues Hochhaus   3 Neues   4 Glasdach über
                            Blockrandgebäude   Plaza
2 Bestehendes
  Hochhaus

4 Lageplan

1 Eingangshalle   4 Verbindung zu bestehendem   7 34 Parkplätze   10 Auditorium
                       Gebäude
2 Empfang   5 Eßmarkt Sitzbereich   8 Wohnungen   11 Bankfiliale
3 Aufzugsvorraum   6 Bedienungsbereich   9 Fluchttreppe   12 Restaurant

5 Grundriß 1. Obergeschoß

Norman Foster
**Hochhaus, Zentrale einer Bank,
Frankfurt am Main**

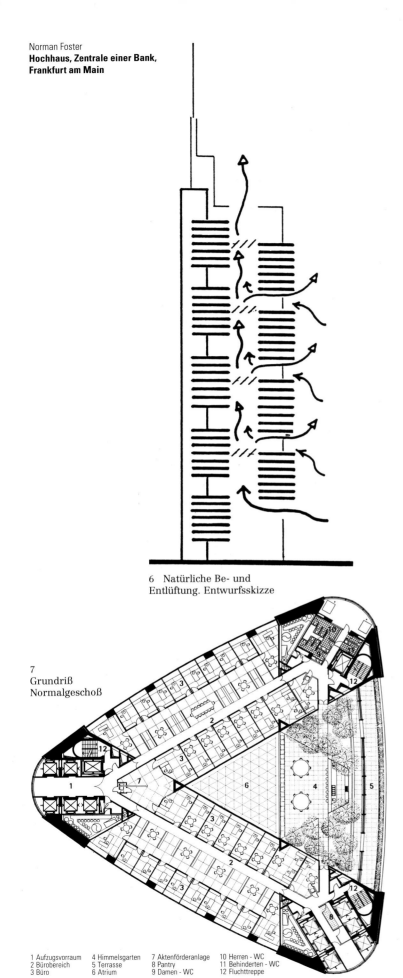

6   Natürliche Be- und
Entlüftung. Entwurfsskizze

7
Grundriß
Normalgeschoß

1 Aufzugsvorraum   4 Himmelsgarten   7 Aktenförderanlage   10 Herren - WC
2 Bürobereich   5 Terrasse   8 Pantry   11 Behinderten - WC
3 Büro   6 Atrium   9 Damen - WC   12 Fluchttreppe

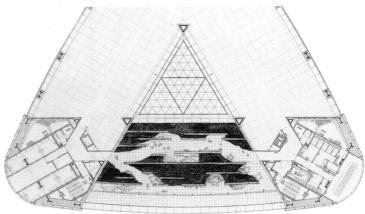

8   Asiatischer Garten auf der Ostseite. Geschosse 7, 19, 31

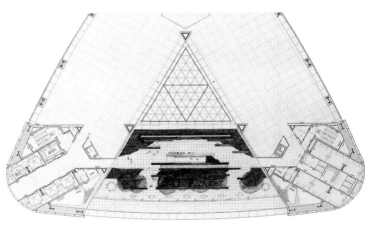

9   Mediterraner Garten auf der Südseite. Geschosse 11, 23, 35

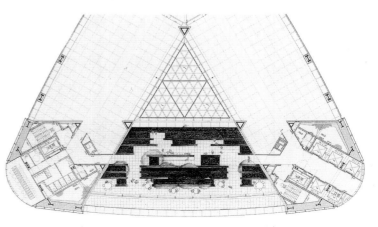

10   Nordamerikanischer Garten auf der Westseite. Geschosse 15, 27, 39

11　Fassadendetail mit Gartenzonen

12　Blick aus dem Gebäude durch die Gartenzone
auf die Stadtsilhouette. Entwurfsskizze

13　Blick in das Atrium. Computersimulation

Giorgio Grassi

Neues Museum und Ergänzungsbauten auf der Museumsinsel, Berlin

Realisierungswettbewerb 1994 1. Preis

Neues Museum and Extensions

The Neues Museum (1841–59) was badly damaged in the Second World War. Grassi intends to restore the exterior to its former appearance. His main extension is a building along the Kupfergraben. Links with the other museums on the Museumsinsel are to be channelled underground or, where they run above ground, to be discreet and low-level. At the same time, Grassi wishes to reinstate the colonnaded court as a central component linking the surrounding museums. He has therefore chosen to locate the main entrance to the Pergamon Museum at the rear of the building, facing the River Spree. This turn-around effectively transforms the forecourt into what, in former times, would have been a palace garden. Hence, Grassi has included an appropriate garden in his plans.

In einem beschränkten einstufigen Realisierungswettbewerb mit 16 in- und ausländischen Teilnehmern gewann Giorgio Grassi den Bauwettbewerb Neues Museum. Die Beauftragung des Preisträgers ist zwingend vorgesehen, eine Forderung der Architekten angesichts der Erfahrungen mit öffentlichen Bauherrn.

Das Neue Museum war 1841–1859 von dem Schinkel-Schüler August Stüler errichtet und im Zweiten Weltkrieg stark beschädigt worden. Grassi will das Gebäude in seiner äußeren Erscheinung gänzlich wiederherstellen. Seine wesentliche Erweiterung

besteht in einem Gebäuderiegel entlang des Kupfergrabens. Die Verbindungsgänge zu den anderen Museumsbauten sollen unterirdisch (zum Alten Museum) oder unauffällig, in geringer Höhe oberirdisch geführt werden. Gleichzeitig will Grassi dem Kolonnadenhof seine Rolle als Verteilungselement der umliegenden Museen zurückgeben. Den Haupteingang des Pergamonmuseums legt er daher auf die Hinterseite des Gebäudes, auf die Spreeseite. Diese Umkehrung wird eine wichtige typologische Konsequenz haben: Der Ehrenhof wandelt sich in den hinter dem Gebäude liegenden Hof um, in das, was in Stadtpalästen normalerweise der Hofgarten ist; er soll dementsprechend als Baumgarten angelegt werden.

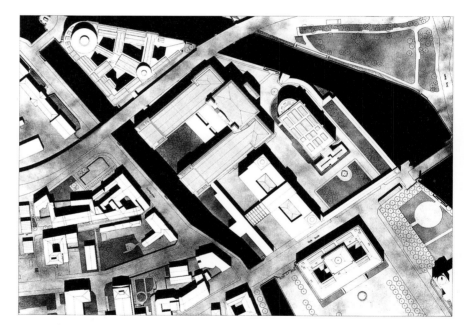

1 Lageplan

2 Ansicht vom Kolonnadenhof

3   Ansicht von der Bodestraße

4   Ansicht vom Kupfergraben

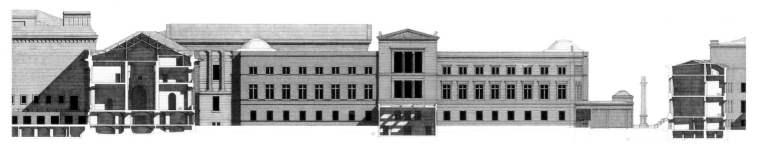

5   Schnitt D-D

6   Schnitt C-C

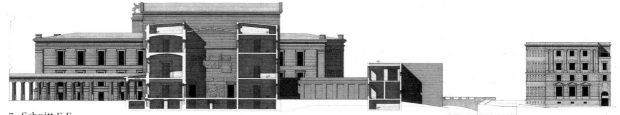

7   Schnitt E-E

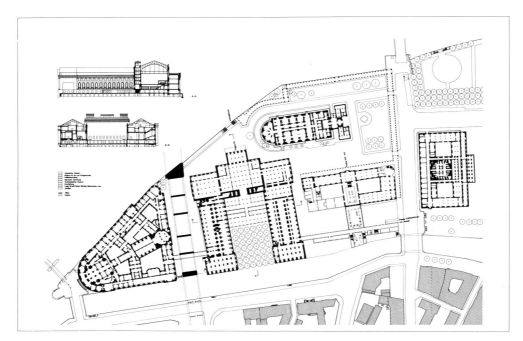

8
Funktionsplan
Museumsinsel
Erdgeschoß

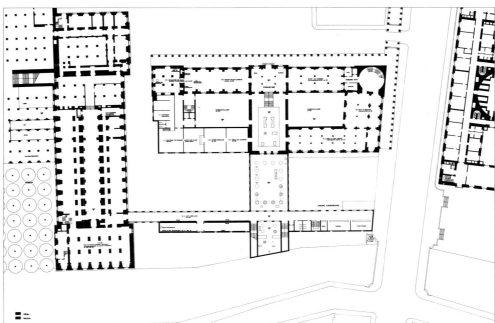

9
Grundriß
Erdgeschoß

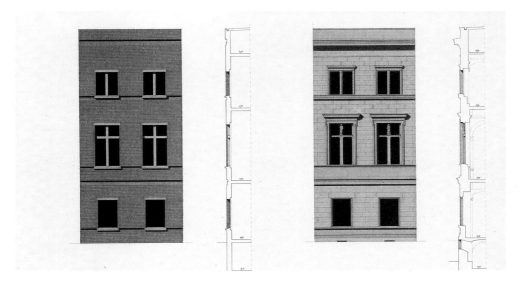

10
Fassadenschnitte
Altbau / Neubau

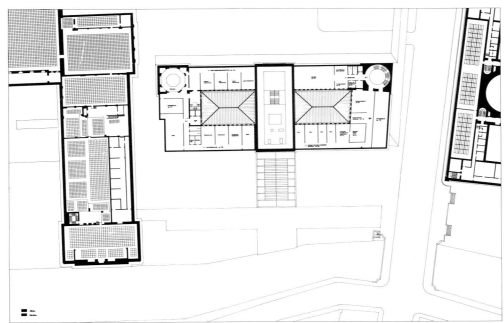

11
Grundriß
3. Stock

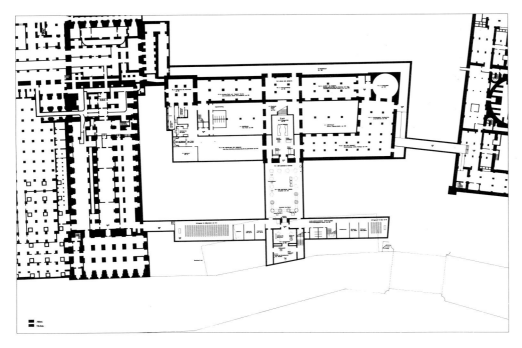

12
Grundriß
Untergeschoß

Jacques Herzog
Pierre de Meuron

Hauptniederlassung einer Bank, München

Projektleitung   Christine Binswanger, Dieter Dietz

Mitarbeit   Ascan Mergenthaler, Ursula Schneider,
Peter Zimmerli, Emmanuel Christ

Städtebaulicher Wettbewerb 1994, 1. Preis

Headquarters of a Bank

The character of the site is determined by two fundamentally different urban typologies. One is the intricate network of tiny, irregularly shaped sites in the inner city; the other, in complete contrast, is the drawing-board geometry of the royal residence and other urban complexes created by the Bavarian kings.

The present project takes up these typologies, integrating them into a new, yet still traditional urban pattern. On the one hand, the self-contained nature of the area is reflected in the formal clarity of the courtyards; on the other, the individuality of the components themselves – the various blocks of the Hypo-Bank, Kunsthalle, Neues Gablerhaus, Prannerhaus and Saalhaus – is emphasized.

A system of courtyards inspired by those of the royal residence gives the project its distinctive urban character. The four new longitudinal courts – the Viscardihof, the Perusahof, the Prannerhof and the central Salvatorhof – are themselves distinctive. Their elongated form lends them the air of streets or alleys, a directional thrust that gives rise to associations with window shopping and, at the same time, underlines their function as links in the urban geography. They also suggest piazzas or city squares in the sense that they enclose a space, while the combination of street and square gives them a certain affinity with covered markets. One is outdoors

In München sind der Städtebau und die Architektur viel ausgeprägter als in jeder anderen deutschen Stadt einer klassischen und klassizistischen Tradition verpflichtet. Dies ist auch der Grund für die ungewohnte Homogenität und die räumliche Großzügigkeit vielerorts in dieser Stadt. Das vorliegende Projekt steht in dieser Münchner Tradition und ist Ergebnis der Überzeugung, daß Städtebau heute nicht neu erfunden werden muß. Das Projekt versteht sich aber auch als radikal zeitgenössisches städtebauliches Gefüge, welches vertraute, traditionelle Elemente wie den Hof und den städtischen Block in einer neuen, spezifischen, nur für diesen Ort entwickelten Weise interpretiert.

Die Lage des Projektes ist gekennzeichnet durch zwei grundverschiedene städtische Typologien, die auf dem Stadtplan wie urbane Vokabeln aus dem Münchner Geschichtsbuch lesbar sind: einerseits

die innerstädtische Parzellenstruktur, die bis in die Anfänge der mittelalterlichen Stadt zurückreicht; andererseits, als Gegenstück zu dieser individualistischen und geometrisch kaum erfaßbaren Aufteilung, die geometrisch ausgerichtete, in eine klare Formensprache gefaßte Hoftypologie der Residenz und anderer städtebaulicher Anlagen der bayerischen Könige, mit denen die ideale Stadt sozusagen als physisches Abbild für eine ideale Welt angestrebt wurde.

Das vorliegende Projekt verwendet beide städtischen Typologien und integriert sie in ein neuartiges und gleichzeitig auch traditionelles städtebauliches Muster, das sowohl die Geschlossenheit des Gevierts mit der klaren Form der Höfe betont als auch die Individualität der einzelnen Bausteine, d. h. der verschiedenen, aneinandergebauten Blöcke: Hypo-Bank, die Kunsthalle, das Neue Gablerhaus, das Prannerhaus und das Saalhaus. Ein Hofsystem, inspiriert durch die Höfe der Residenz, verleiht dem Projekt sein unverwechselbares stadträumliches Gepräge. Vier längliche Höfe charakterisieren und benennen den öffentlichen Raum innerhalb des neuen Gevierts: der Viscardihof, der Perusahof, der Prannerhof und der zentrale Salvatorhof.

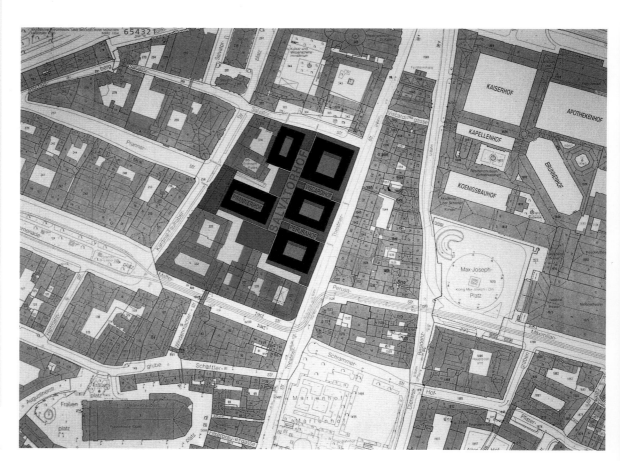

1
Lageplan

2 Ansicht Theatinerstraße

3 Ansicht Salvatorstraße

4 Ansicht Kardinal-Faulhaber-Straße

Die vier neuen Höfe prägen den öffentlichen Raum der Stadt innerhalb des Hypo-Gevierts auf eine ganz eigenständige und unverwechselbare Weise: Sie bilden eine Art räumliches Orientierungssystem. Die längsförmigen Höfe tragen die Namen der anschließenden Straßen und Gassen, auf die sie wie stadtgeographische Zeichen hinweisen. Große, den Boden der Höfe durchmessende Buchstaben aus Steinplatten nennen die Namen. Die vier neuen Höfe sind auch in ihrer Raumform eigenständig und unverwechselbar; sie haben etwas von einer Straße oder einer Gasse, weil sie durch ihre längliche Ausrichtung eine Bewegung, eine Dynamik ausdrücken, die mit dem Vorbeigehen an Geschäften und Schaufensterauslagen zu tun hat und gleichzeitig ihren verbindenden, stadtgeographischen Charakter unterstreicht. Die Höfe sind in gewisser Weise auch Plätze, weil sie einen Raum umschließen, dabei die angrenzenden Baublöcke in eine Form zwingen und ihnen eine einheitliche Konzeption für die angrenzenden Fassadenteile abverlangen. Durch die Kombination von Straße und Platz haben die Höfe natürlich auch eine Verwandtschaft zu Passagen; wie diese bilden sie das Herzstück in einem städtischen Gefüge, sind hier aber nicht mit Glaskonstruktionen überdeckt

und auch nicht ganz so einheitlich wie Passagen konstruiert. In ihrer räumlichen Ausdehnung sind die Höfe vergleichbar mit dem Kapellenhof in der Residenz. Dieser benachbarte Hof diente als vergleichender Maßstab, als eine Art lebensgroßes Modell. In ihrer unmittelbar physischen Präsenz inmitten der Stadt sind die vier Höfe auch vergleichbar mit den Uffizien in Florenz, die gleichzeitig als Außenraum und als Innenraum erlebbar sind. Dazu gehört ein entsprechendes Fassadenkonzept, das verschiedene, an einer weiteren Planung beteiligte Architekten zu einer verbindlichen Gestaltungsidee verpflichtet: eine durchbrochene, z. B. textile äußerste Fassadenschicht in den vier Höfen; Stores gestaltet von Daniel Buren oder Vorhänge bedruckt durch Gerhard Richter oder Rollos beschriftet durch Rémy Zaugg und Lawrence Weiner. Die Fassaden an den Außenseiten des gesamten Gevierts sind eher zurückhaltend gestaltet; verschiedene Architekten werden sich verschiedenartig ausdrücken können, ohne daß deswegen das städtebauliche Konzept verwischt würde. Die Fassadenstrategie will stehenbleibende historische Fassaden in die Fassadenabwicklung des ganzen Gevierts einbinden, um ein neues Gesamtbild mit einer rhythmischen Abfolge entstehen zu lassen.

and yet inside a space. This demands a corresponding concept for the courtyard facades, which would have to be taken into account by other architects involved in later measures: a pierced outer layer consisting of, say, textiles. The facades on the outside of the complex are designed discreetly; different architects will be able to express themselves in different ways here without obscuring the overall concept.

183

Herzog & de Meuron
**Hauptniederlassung einer Bank,
München**

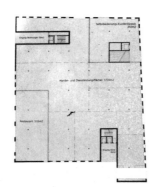 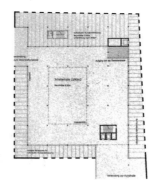 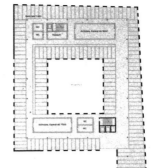 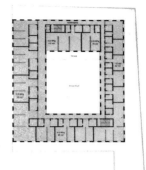

5–8 Haus Hypo-Bank.
  Grundrisse:

5 Erdgeschoß

6 1. Obergeschoß

7 3. und 4. Obergeschoß.
  Bürofläche 1872 m²

8 5. und 6. Obergeschoß.
  Wohnfläche 1188 m²

9 Grundriß Erdgeschoß

10–13 Grundrisse:

10 Dachaufsicht

11 5. und 6. Obergeschoß.
  Wohnungen

12 3. und 4. Obergeschoß.
  Büros

13 1. Obergeschoß

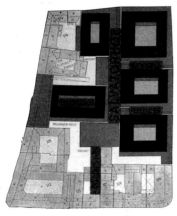 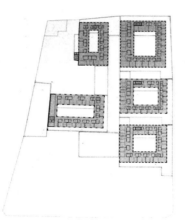 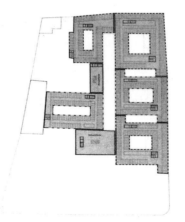 

14–17 Grundrisse:

14 Etappierung

15 Erdgeschoß

16 1. Untergeschoß. Anlieferung

17 2. Untergeschoß.
  Tiefgarage mit 317 Stellplätzen

18   Längsschnitt Salvatorhof

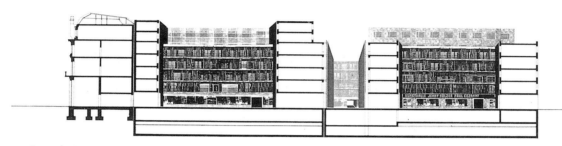

19   Querschnitt

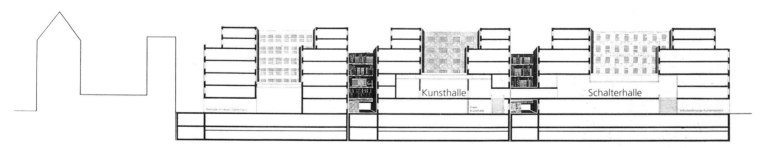

20   Längsschnitt Theatinerstraße

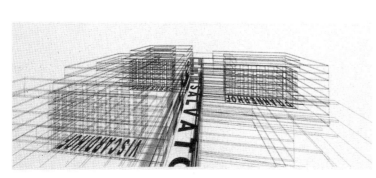

21   Die vier neuen Höfe als räumliches Orientierungssystem.
Computersimulation.

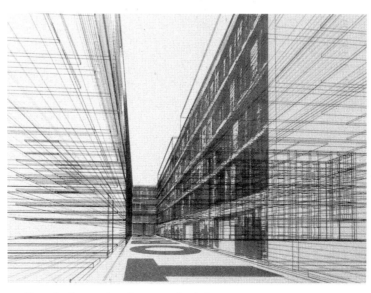

22   Fassadenkonzeption. Computersimulation

AS & P
Albert Speer & Partner

Büro- und Wohnkomplex, Solmsstraße, Frankfurt am Main

Projektleitung	Jens Happ
Mitarbeit	Elvira Weisensee, Ludwig Freienstein, Rolf Jakob, Thomas Klemm
Tragwerksplanung	Stroh und Ernst
Haustechnik	Domotec
Projektsteuerung	PGS Bauplanung
	1992–1995

Office and Housing Complex

In Frankfurt's 'City West' a number of former industrial areas are being redefined by urban developers and city planners.

In his 1986 urban development study for the City West, Oswald Mathias Ungers proposed a service area with high-rise buildings. A few years later, the city of Frankfurt decided to include 20 per cent housing to offset the otherwise one-sided utilization. In 1992 a competition was held for investors to develop a triangular, 1.5 hectare site on Solmsstrasse. The objective is to integrate

An der Solmsstraße in der Frankfurter ›City West‹ befindet sich unweit von Innenstadt und Messegelände das Grundstück der ehemaligen Bockenheimer Eisengießerei. Verschiedene Bereiche dieses westlichen Frankfurter Stadtgebiets erfahren derzeit einen strukturellen Umbruch, wie er auch in zahlreichen anderen nachindustriellen Stadtlandschaften zu beobachten ist: Ehemalige, aufgelassene Industrieareale müssen planerisch und städtebaulich neu definiert werden.

In seiner städtebaulichen Studie für die ›City West‹ von 1986 schlägt Oswald Mathias Ungers einen Dienstleistungsbereich mit Hochhäusern vor. Einige Jahre später beschließt die Stadt Frankfurt am Main, die einseitige Nutzung durch einen 20prozentigen Wohnflächenanteil aufzulockern. Vor diesem Hintergrund findet 1992 ein eingeladener Investorenwettbewerb für ein 1,5 Hektar großes Areal an der Solmsstraße statt, ein Dreiecksgrundstück am westlichen Ende von Voltastraße und verlänger-

ter Ohmstraße. Ziel ist es, eine Mischung von 120 Wohneinheiten und 40 000 qm Bürofläche in einer Lösung zu integrieren. Die städtebauliche Idee des vorliegenden Projekts nimmt Bezug auf die Ungers-Studie ›City West‹. Die Entwurfsidee wird jedoch weiterentwickelt durch die Aufnahme der im östlichen Teil Bockenheims beginnenden städtebaulichen Doppelachse und durch die Stärkung des räumlichen Abschlusses mit einem 25geschossigen Büroturm als städtebaulicher Dominante im westlichen Teil des Plangebiets. Der Entwurf gewinnt dadurch Bedeutung für den gesamten Stadtteil Bockenheim-Süd. Vorgabe für den Entwurf ist der bereits vorhandene Bebauungsplan, dessen Grundmotiv die Anordnung von Wohnungsbau in einer lärm- und verkehrsgeschützten Mittelzone ist. Diese Zone wird nördlich und südlich von Gewerbe- bzw. Dienstleistungsgebäuden flankiert. Die Idee einer Nord-Süd-Gliederung des Plangebiets orientiert sich am vorhandenen oder geplanten unmittelbaren städtebaulichen Umfeld: Rebstock und Kuhwaldsiedlung. Der Entwurf sieht ein in sich geschlossenes Quartier mit charakteristischer Kammstruktur vor. Die gläsernen Querriegel der Kämme interpretieren dabei die Weiterführung der städtebaulichen Doppelachse des Stadtteils Bockenheim in Ost-West-Richtung. Zwei aus einem Kammgrundriß entwickelte Bürobauten bilden einen dreieckigen Grünraum, in den drei achtgeschossige Wohnhäuser eingestellt sind, die sich an der Langseite des nördlichen Büroriegels anlehnen.

Der architektonische Entwurf ist dialektisch aufgebaut: Jeweils drei in Nord-Süd-Richtung gestellte, mit einer steinernen Lochfassade versehene Gebäudetrakte werden durch einen gläsernen Querriegel verbunden. Sie spiegeln sowohl die Achsenbetonung als auch die Schutzfunktion der Gebäude für den dazwischenliegenden Wohn- und Grünbereich wider. Trotz des durch den Bebauungsplan vorgegebenen hohen Maßes der baulichen Nutzung (GFZ 3,0) wird durch Anordnung und Stellung der Baukörper und durch unterschiedliche Fassadengestaltung ein großzügiger Gesamteindruck erzielt. Die straßenbegleitenden Bürogebäude weisen eine formale Strenge auf, die durch die freier gestalteten, in den innenliegenden Park eingestellten Wohngebäude kontrapunktiert wird. Baustruktur und Grünflächen werden so miteinander verzahnt. Ein weiteres Element der Verzahnung stellt die vorgesehene Dach- und Fassadenbegrünung dar. Daneben wird der Raum um die Wohnhäuser von einer modellierten Wiesenmulde durchzogen, die durch das Regenwasser von den Flachdächern der umliegenden Gebäude bewässert wird.

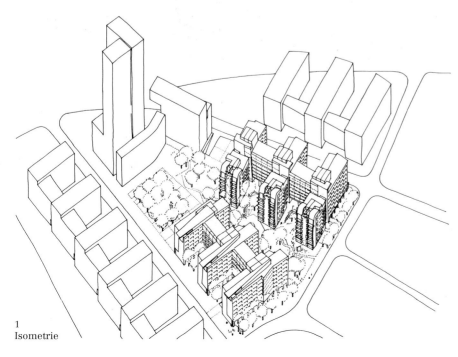

1
Isometrie

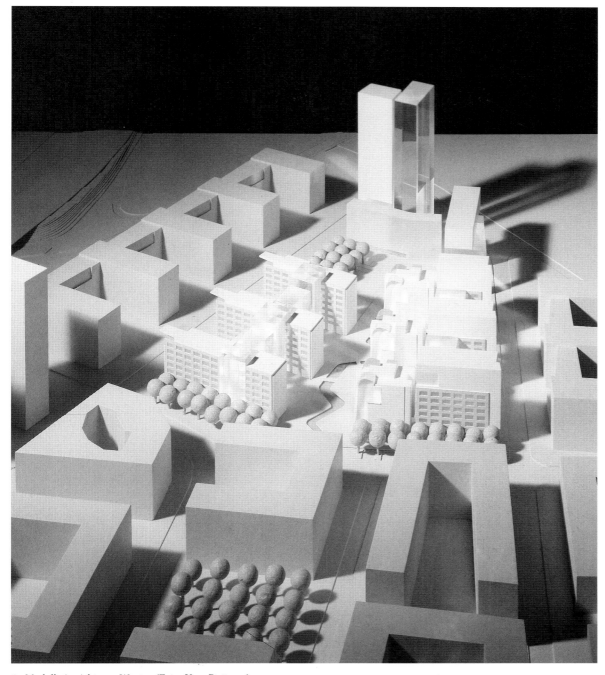

120 housing units and 40.000 m² of office space in the plan. Based on Ungers's development study, the idea is to be taken one step further by including the double axis which runs from the east of the Bockenheim district and by emphasizing the spatial delineation of the area with a 25-storey office tower in the western part. One fundamental aim is to align the housing in a central zone sheltered from noise and traffic. This zone is to be flanked to the north and south by commercial and service buildings.

The design envisages a self-contained district with a distinctive comb-like structure. Two office buildings designed on a comb-like ground-plan create a triangular green space in which there are three eight-storey accommodation blocks.

The architectural design is dialectically structured: three tracts running in a north-south direction with a pierced stone facade are linked by a glazed transverse tract. In spite of the dense development prescribed by the plan, a spacious overall effect is achieved by the alignment and position of the buildings. A further element of linkage is created by the envisaged roof-top gardens

2 Modell. Ansicht von Westen (Foto: Uwe Dettmar)

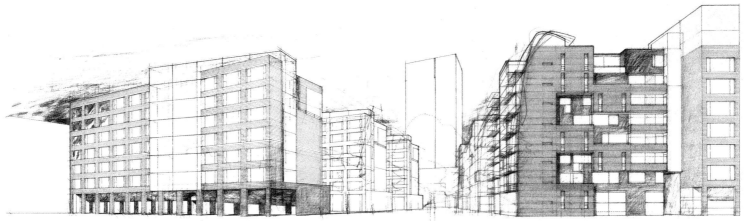

3 Perspektive von Westen

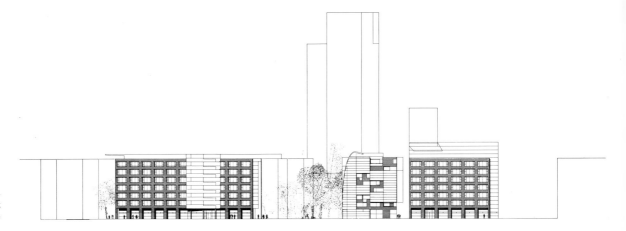

4
Ansicht
Voltastraße

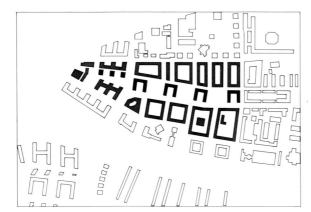

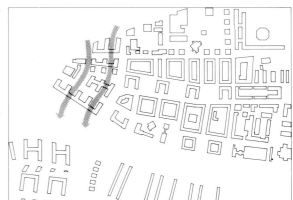

5
Nutzung:
Büro und
Wohnen

6
Durchlüftung

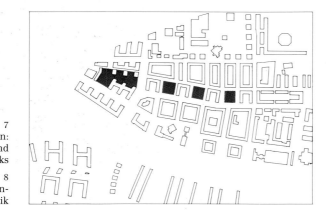

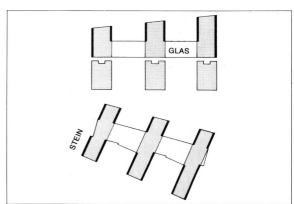

7
Freiflächen:
Plätze und
Parks

8
Fassaden-
charakteristik

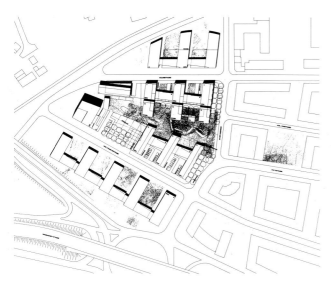

9
Lageplan

10
Grundriß
Erdgeschoß

and facade greenery. In addition, the area around the housing units is to have a landscaped meadow, irrigated by rain-water channelled off the flat roofs of the surrounding buildings.

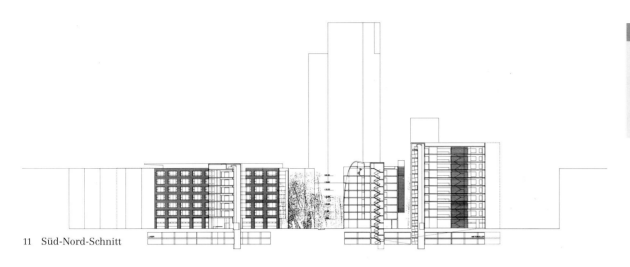

11 Süd-Nord-Schnitt

12 Ansicht Dammheide (Wohnen)

13 Ansicht Dammheide (Büro)

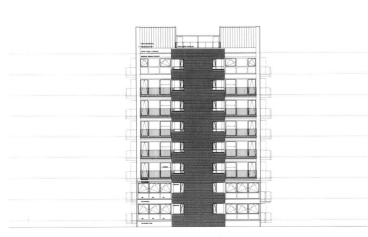

14 Ansicht von Süden

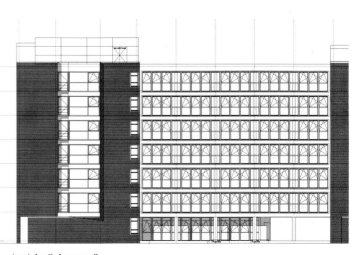

15 Ansicht Solmsstraße

16   Modell. Ansicht von Norden (Foto: Uwe Dettmar)

Aus dem Archiv des DAM

From the Archives of the DAM

Anette Struck

Stationen der Planung
und des Bauens
Ludwig Mies van der Rohe

**Planning and Building:
Mies van der Rohe**

The collection of the Deutsches Architektur-Museum includes drawings by Mies van der Rohe for the Armour (now Illinois) Institute of Technology and for the unrealized Hubbe House project of 1935 in Magdeburg. In 1993 the museum was able to purchase nine original drawings by Mies for the Hubbe House that complement perfectly the existing collection of plans.

The Hubbe House follows in the tradition of other villas and country houses designed by Mies, such as the Tugendhat House in Brno (1929) or the Esters and Hermann Lange Houses in Krefeld (1927–30). In particular, it bears an affinity to his 1923/4 experimental designs for a reinforced concrete country house and a brick country house, both of which he

1
Ludwig Mies van der Rohe,
Projekt für ein Landhaus
aus Backstein, 1923–24,
Perspektive und Grundriß

1993 gelang es dem Deutschen Architektur-Museum, neun Originalzeichnungen von Ludwig Mies van der Rohe anzukaufen. In der Sammlung des Museums befanden sich schon Zeichnungen dieses Architekten für das Armour (heute Illinois) Institute of Technology und das Wohnhausprojekt Haus Hubbe. Die neu angekauften Arbeiten beziehen sich auf das nicht ausgeführte Projekt Haus Hubbe aus dem Jahr 1935 und geben einen Einblick in die sogenannten Hofhäuser, mit deren Konzeption sich Mies in den dreißiger Jahren beschäftigte. So stellen die Skizzen und Zeichnungen eine ideale Ergänzung zu der Sammlung des Museums dar. Keinesfalls sollen diese Blätter als autonome Kunstwerke betrachtet werden, aber die Entwürfe sind zeichnerische Dokumente einer intensiven Suche nach einer geistigen Form.

Zunächst seien die grundlegenden Überlegungen zu den Wohnhausprojekten von Mies vorgestellt. Das Haus Hubbe steht in der Tradition der gebauten Villen und Landhäuser des Architekten, wie das Haus Tugendhat (1929) in Brünn, die Häuser Esters und Lange (1927–30) in Krefeld, besonders aber die experimentellen Entwürfe ›Landhaus in Eisenbeton‹ und ›Landhaus in Backstein‹ aus den Jahren 1923 und 1924. Das Landhaus in Eisenbeton wurde 1923 in der Zeitschrift ›G‹ veröffentlicht. Der Entwurf eines Landhauses in Backstein wurde 1924 auf der ›Großen Berliner Kunstausstellung‹ gezeigt. Mit diesen Entwürfen trat Mies van der Rohe in eine neue Phase ein. Er propagierte mit Hilfe von Publikationen und Ausstellungen die moderne Kunst, vor allem die Architektur, und leitete zwischen 1921

und 1925 die Ausstellungen der ›Novembergruppe‹, einem Zusammenschluß von radikalen Künstlern, die sich 1918 unter dem Eindruck der Novemberrevolution formiert hatten. Zu dieser noch keineswegs konstitutiven Zeit entstanden eben die Entwürfe der Landhäuser in Eisenbeton und Backstein. Die theoretische Auseinandersetzung fand in der Zeitschrift ›G‹ statt, deren Mitbegründer Mies zusammen mit Werner Gräff und Hans Richter war. In der Zeitschrift ›G‹ forderte Mies eine Umgestaltung des gesamten Bauwesens, da mit der Forderung nach neuen Materialien und deren Montage auf der Baustelle der gesamte Bauprozeß geändert wurde. Es ergaben sich aus den neuen industriellen Produktionsweisen standardisierte Betonelemente, Schlackensteine und Fließfertigung auf der Baustelle. Dies allein würde die neuen Grundformen nicht erklären.

Um das Raumverständnis von Mies van der Rohe bei den Landhaus-Entwürfen zu klären, ist es unerläßlich, sich mit der Theorie der 1917 gegründeten niederländischen Gruppe De Stijl, die in engem Kontakt zur ›Novembergruppe‹ stand, auseinanderzusetzen. De Stijl hatte sowohl theoretisch als auch praktisch großen Einfluß auf Kunst, Architektur und Gestaltung der Zeit. Als Sprachrohr der Gruppe diente die Zeitschrift gleichen Namens, deren Herausgeber Theo van Doesburg, Gerrit Rietveld und Piet Mondrian waren; einer der Mitarbeiter war wiederum Hans Richter. Theo van Doesburg verlegte 1921 seinen Wohnsitz nach Weimar und stand im regen Austausch mit dem Bauhaus. Zu den Vorstellungen der De-Stijl-Gruppe liest man in dem ›Manifest V‹ aus dem Jahr 1923:

»V. Wir haben die Wechselbeziehungen zwischen Maß, Proportion, Raum, Zeit und Material geprüft und eine endgültige Methode gefunden, aus ihnen eine Einheit zu konstruieren.

VI. Durch die Sprengung der Geschlossenheit (Mauern usw.) haben wir die Dualität zwischen Innen und Außen aufgehoben.«[1]

Das Manifest bezog sich auf alle Bereiche der Kunst und die nötige kollektive Zusammenarbeit. Die großen polaren Kräfte des Lebens, »Natur und Geist, oder das weibliche und männliche Prinzip, das Negative und Positive, das Statische und Dynamische, das Horizontale und Vertikale« sollten in der Kunst zum Ausdruck kommen.[2]

Oft werden in Publikationen die Gemälde von Mondrian und van Doesburg mit dem Grundriß des Hauses in Backstein gegenübergestellt, und tatsächlich ist man versucht, den Entwurf von Mies ästhetisch mit den Gemälden zu vergleichen. Das lineare Gerüst dieses Blattes ist aber kein eigenständiges Kunstwerk im Sinne eines Tafelbilds, son-

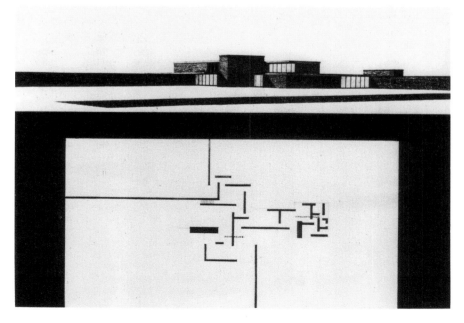

dern ein Grundriß, der einen dreidimensionalen Raum beschreibt. »Der Grundriß ist offensichtlich nicht das Planungsmedium des Entwurfs, sondern eine nachträgliche, überarbeitete Erläuterung des Planungsergebnisses. Durch ihn wird der Platzcharakter des Außen- und Innenraums deutlich (…). Ein Strich ist vor allem eine Wand (oder eine Tür bzw. eine Stufe) und dann erst eine bildhafte Linie.«[3]

Drei Mauerzüge, deren Herkunft und Ziel im Ungewissen liegen, ordnen den Bauplatz und geben die Koordinaten. Die Grundrißlösung bei den Landhausprojekten ist ein raumgreifender ›Windmühlen-Grundriß‹. Dadurch wird das Haus mit der Umgebung verzahnt. Die Räume werden durch Wände gebildet, die sich als Gestaltungselemente verselbständigen. Das Bild der umschließenden, raumbildenden Wand im traditionellen Sinn wird negiert. Ganze Wandteile sind nach außen hin herausgenommen und durch Glasflächen ersetzt. Wiederum wird der Bezug zur Umgebung deutlich, und die Wand verliert ihren abschließenden Charakter. Bei diesem Grundriß sind die Wände von ihrer tragenden Funktion befreit und werden so zu Raumteilern und Flächen im Raum. Die Außenmauern stellen eine Übergangsfunktion dar. Läßt man sich in der Phantasie auf diesen Entwurf in seiner Dreidimensionalität ein, so wird die erzählende Struktur klar. Wie aber sind diese Reduktionen in Architektur und Kunst zu verstehen?

Genau wie bei der Betrachtung eines Gemäldes von Piet Mondrian können auch bei der Anschauung des Entwurfs von Mies van der Rohe nicht formanalytische, sondern ideengeschichtliche Problemstellungen erörtert werden. Die im De-Stijl-Manifest erwähnte »Sprengung« ermöglicht weniger ästhetische als ausgesprochen universalistische Darstellungsabsichten. Die Hausentwürfe symbolisieren ein Raumkonzept, das Innen und Außen miteinander verschmelzen läßt. Im Inneren ist nichts mehr voneinander abgeschlossen; die Bedeutung der Wand wird neu definiert und ihrer bisherigen Funktion enthoben. Das Gemälde von Mondrian kann die Entfaltung des sogenannten »reinen Sehens«[4] zu einem Erlebnis einer Adäquanz zwischen Individuum und Universum ermöglichen. Die Architektur schafft mit diesem Konzept ein ganzheitliches Gefühl, das eben über das Sehen hinausgeht, durch die Raumerfahrung Freiheit schafft und läßt. Machines à méditer – »I want to examine my thoughts in action … I want to do something in order to be able to think«, umschrieb Mies seine Gebäude, und Richard Padovan interpretiert: »Seine Aussage impliziert eine zweiseitige Beziehung zwischen Geist und Dingen: der Intellekt

formt die Dinge, die Dinge ihrerseits wirken informierend auf den Intellekt zurück.«[5]

Die Forderungen der modernen Architektur wurden durch die Skelettbauweise (Stahlbeton oder Stahlskelett) ermöglicht. Die Trennung von tragenden und nichttragenden Elementen und damit der freie Auf- und Grundriß konnten umgesetzt werden.

Ende der zwanziger Jahre erstellte Wohnhäuser von Mies van der Rohe wurden in Ziegelmauerwerk ausgeführt, wie seine Bauten Haus Wolf (1925–27), Haus Esters und Haus Lange zeigen. Umgang mit Materialien, Verhältnis zur Landschaft, Raumkomposition und die Gleichberechtigung von Kunstwerken sollen an den Häusern Esters und Lange in Krefeld untersucht werden. Die Häuser wurden für die miteinander befreundeten Seidenfabrikanten Hermann Lange und Josef Esters auf nebeneinanderliegenden Grundstücken entworfen. Von Anfang an stellte sich die Frage nach Bauten, die als Ensemble wirken, aber auch die Privatheit der einzelnen Familien beachten. Die Gartenanlage sollte ebenfalls eine Einheit bilden und wurde daher nicht parzelliert. Mies veränderte diese Anlage, aber mit Rücksicht auf den vorhandenen Pflanzenbestand. Photos und Aussagen belegen, daß der Baumbestand des Gartens schon vor dem Hausbau existiert hatte. Die Familie Esters hatte das 1923 erworbene Grundstück vor der Bebauung als Wochenendgarten benutzt. Er blieb ein Zier- und Wohngarten.

Die Häuser haben einen kubischen Charakter, und die Vegetation erweist sich als wirkungsvoller Gegensatz. Im Zusammenspiel von Bau und Natur vermittelt Mies zwischen diesen Kontrapunkten. Mies schreibt dazu: »Architektur und Landschaft stehen eben nicht rein und unvermittelt wie zwei isolierte Pole nebeneinander. Während die Kletterpflanzen als Teil der organischen Natur die scharfkantigen Linien des Bauwerks brechen und dadurch dem kristallinen Körper die Härte nehmen, zwingen die strengen Formen der Architektur die scheinbar unkontrolliert gewachsene Landschaft in ein geometrisches Ordnungsschema.«[6]

Die Häuser sind aus Ziegelstein, und man ist geneigt, Mies' Entwurf für ein Landhaus in Backstein bei der Betrachtung mit einzubeziehen. Die Auflösung des Raums wird bei diesen Bauten nicht konsequent verwirklicht, aber ohne die experimentellen Vorüberlegungen wären sie so nicht entstanden. Der Aufriß beider Häuser besteht aus einer Verschachtelung von Kuben aus Klinkern mit raumgreifenden Überdachungen im Eingangs- und Gartenbereich. Das Material Ziegelstein suggeriert solide, bürgerliche Qualität, ganz im traditionellen Sinn. Aber wie ungewöhnlich behandelt dieser Architekt das Material! Die Bauten haben eine pla-

created during his involvement in the exhibitions of the *Novembergruppe*, a loose association of radically minded artists that took its name from the revolution of November 1918. Mies's approach to space was profoundly influenced by the fifth manifesto of the Dutch *De Stijl* group, which called for the 'dissolution of the duality between inside and outside by exploding closed space'.

In the project for a brick country house, the layout – reminiscent of a painting by Piet Mondrian – links the house with its surroundings. Entire walls are replaced by expanses of glass; the wall thus loses its enclosing character. The separation of bearing and non-bearing elements, and the resulting free ground-plan and elevation, was possible only because of the skeleton frame structure.

The Esters and Lange Houses, adjacent to one another, were constructed of brick masonry, but nevertheless possess large expanses of glass. On the one hand, these create an interaction between interior and exterior and, on the other, make of the interior an uninterrupted space.

The Hubbe House itself belongs to the tradition of houses erected around a courtyard. The basic layout of the building can be described as two interlocking L-shapes, with the centre defined by two glass walls that do not meet. The accommodation tract is extended to the south by a walled courtyard and garden, since the view in that direction was 'entirely devoid of charm, almost irritating'. A terrace opens out towards the east.

The sketches allow as to follow the development of the architect's ideas. A rectangular site, a link between interior and exterior and rectangular modules may be

2
Ludwig Mies van der Rohe,
Denkmal für Karl Liebknecht
und Rosa Luxemburg,
Berlin, 1926, Seitenansicht

regarded as basic require-
ments. In the first version
there are exterior, and interior 'diagonals' that intersect
without merging. In the second version the space is
divided by a cross, creating
four courtyards, one of
which was subsequently jet-
tisoned. In a further version
the inner courtyar d is walled
in the south (because of the
unattractive view); the same
is planned for the north.
    The drawings acquired by
the DAM show more than just
the various stages in planning the Hubbe House; they
constitute a cross-section of
Mies van der Rohe's creative
work.

3
Ludwig Mies van der Rohe,
Haus Lange, Krefeld, 1928,
Innenansicht

stische Qualität. 1926 zeigte Mies an dem Monument für Karl Liebknecht und Rosa Luxemburg eine
perfekte Huldigung der Quaderform des Ziegels als
Baustein. So wie sich Ziegel in den Verbund schieben
können, ergeben sich hier Blöcke des Gesamten.

    Es zeigt sich an diesem Monument, daß Mies die
Architektur plastisch versteht. Der Ziegel wird
ästhetisch ernstgenommen, denn die Kuben scheinen zu schweben und werden in ihrer Textur
betont. Im Inneren des Monuments scheint ein
Betonkern bestanden zu haben (so Arnold Schink).
Die überlappenden rechteckigen Formen greifen
nicht ineinander, und sie suggerieren eher Gewicht
als Höhe.

    Bei den Häusern entwickelt sich ähnlich wie bei
dem Monument ein lebendiges Spiel der einzelnen
Formen. Die inneren Raumwürfelungen und deren
Verschränkungen sind für den außenstehenden
Betrachter nicht zu entschlüsseln. Es öffnen sich
einzelne Mauerpartien radikal zu Glasflächen.

Erste Entwurfszeichnungen von Haus Esters zeigen
die südliche Fassade aufgelöst durch große Fenster-
scheiben. In dieser Form wurde das Haus allerdings nicht verwirklicht. Zwei Aspekte sind bei diesen Häusern bemerkenswert: 1. der Gebrauch von
großen Glasflächen, die sich an der rückwärtigen
Gartenseite befinden und bei Haus Lange versenk-
bar sind. Innen- und Außenraum werden in Wech-
selbeziehung gesetzt. 2. Mit dem gleichen Konzept
löst er den Innenraum in einen ununterbrochenen
Raum auf. Obwohl die Häuser tragende Wände
besitzen, entsteht dieser Eindruck.

    Das Konzept impliziert eine endgültige Vernei-
nung der Wand in ihrer bisherigen Funktion, denn
durch die Glasflächen definiert sich der Innenraum. Der Bewohner hat das außergewöhnliche
Gefühl von Offenheit. Bei der Planung der Häuser
bestand der Wunsch der Bauherren, die umfangreichen Kunstsammlungen geeignet präsentieren zu
können. Wie gut dieser Wunsch bei dem Entwurf
gelungen ist, zeigt sich am besten daran, daß die
Häuser heute ›Museen‹ sind. »Es gibt immer neue
Ansätze im räumlichen, im atmosphärischen Verhältnis von Haus und Kunstwerk. Beide interpretieren sich gegenseitig.«[7]

    Mies erhielt zwischen 1933 und 1938 nur vier Auf-
träge: ein Fabrikgebäude für die Seidenindustrie in
Krefeld 1932/33, Haus Ulrich Lange 1935, Haus
Hubbe 1935 und ein Verwaltungsgebäude für die
Seidenindustrie in Krefeld 1937. Haus Hubbe steht
in der Tradition der Hofhäuser, zu denen schon das
Haus auf der Berliner Bauausstellung 1931 gehört
hatte. Gerade die Auseinandersetzung mit den Hof-
häusern läßt sich an den Zeichnungen des Deutschen Architektur-Museums zeigen, die zwar auf
das Projekt Haus Hubbe bezogen sind, aber verschiedene Überlegungen zur Raumlösung der Hofhäuser vorstellen.

    Ausgeführt wurden diese Zeichnungen auf Skiz-
zenblock- oder Detailpapier. Teilweise sind sowohl
die Vorder- als auch die Rückseite des Papiers für
die Entwurfsskizzen benutzt worden. Die Blätter
sind kleinformatig und in Tinte oder weichem Blei-
stift ausgeführt. Es macht ein großes Vergnügen,
diese ausdrucksstarken Zeichnungen zu betrach-
ten, denn man wird gleichsam aufgesogen und ver-
anlaßt, in die Raumvorstellung Mies van der Rohes
einzutauchen.

    Keines der Blätter enthält genaue Angaben, son-
dern es werden immer abstrakte Überlegungen
vorgestellt, obwohl sie auf ein konkretes Projekt,
das Haus Hubbe, bezogen sind. Dokumentiert wird
mit diesen Arbeiten nicht nur die Periode zwischen
1930 und 1935, sondern auch eine Zusammenfassung der bisherigen Arbeiten von Mies. An diesem

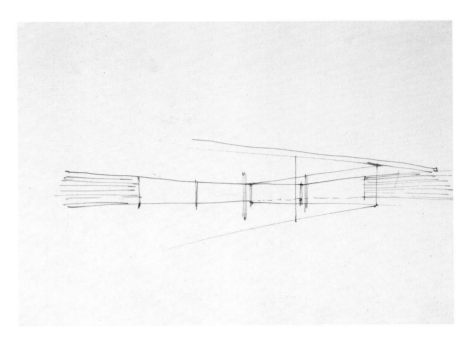

4
Ludwig Mies van der Rohe,
Haus Hubbe, Projekt,
Magdeburg, 1935. Entwurf
für ein Atriumhaus,
perspektivische Ansicht,
Tinte auf Papier,
21,5 x 29,7 cm, DAM

Wohnhaus zeigt sich auch, inwieweit er sich auf einem Rückzug von der Ideologie des Dritten Reiches befand, wobei dies hier nicht vertieft werden kann. Auftraggebern der Zeit wurde offen abgeraten, Architekten und Designer zu beschäftigen, die als Anhänger der Moderne eingestuft wurden. Die Bauherrin des Hauses Hubbe kannte Mies schon aus seiner Zeit als Zweiter Vorsitzender des Deutschen Werkbundes.

Zu dem Haus Hubbe äußerte sich Mies: »Auf der Elbe-Insel in Magdeburg sollte das Haus errichtet werden, unter alten schönen Bäumen mit einem weiten Blick über die Elbe. Es war ein ungewöhnlich schöner Platz zum Bauen. Nur die Sonnenlage bot Schwierigkeiten. Der schöne Blick ging nach Osten, nach Süden war der Blick ganz reizlos, fast störend. Es war nötig, diesen Mangel in der Baulage auszugleichen. Ich habe deshalb den Wohnteil des Hauses nach Süden hin durch einen von Mauern umgrenzten Gartenhof erweitert und so diesen Blick aufgefangen und doch die volle Besonnung freigehalten. Elbabwärts dagegen ist das Haus ganz geöffnet und geht frei in den Garten über. Damit folgte ich nicht nur der örtlichen Situation, sondern erreichte auch einen schönen Wechsel stiller Abgeschlossenheit und offener Weite. Diese Gliederung entspricht auch dem Wohnbedürfnis der Bauherrin, die das Haus zwar allein bewohnt, aber doch freie Geselligkeit und Gastfreundschaft pflegen wollte. Hierauf ist auch die innere Ordnung des

Hauses abgestimmt. Auch hier die notwendige Abgeschlossenheit bei aller Freiheit der offenen Raumform.«[8]

Der Grundriß des Hauses Hubbe zeigt einen durch Mauern umschlossenen Raum, wobei die Außenwände, die nach Westen und Süden gelegen sind, eine L-Form bilden. Die westliche Wand wird durch den Wohnteil vorgegeben, der den langen Teil der L-Form darstellt. Der untere Teil dieser Form wird durch den Gartenhof gebildet. In diese Formation wurde eine zweite L-Form eingeschoben, die durch die gefliese, nach Osten geöffnete Terrasse und den ebenso gestalteten Eingangsbereich im Westen beschrieben wird.

Die erste L-Form beschreibt den Innenbereich des Hauses, während das zweite L zum größten Teil aus dem Außenbereich gebildet wird. Der Bereich, der sich in der Mitte der beiden L-Formationen befindet, ist durch Glaswände definiert. An dieser Stelle zeigt sich keine Abgrenzung zwischen Innen- und Außenraum. In diesem ›Zentrum‹ der Verschmelzung befinden sich zwei in T-Form aufgestellte Wände, die nicht aneinanderstoßen. Der obere Balken dieser T-Form unterstützt die Fluchtrichtung der ersten L-Formation. Der untere Balken verstärkt entsprechend die Wirkung der zweiten L-Form. So stellt sich der fertige Grundriß

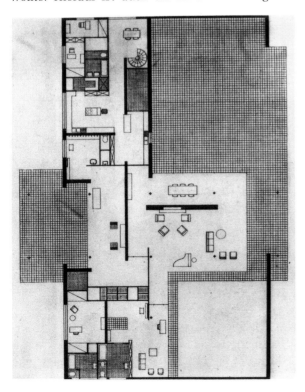

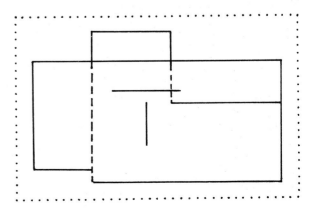

5
Ludwig Mies van der Rohe,
Haus Hubbe, Projekt,
Magdeburg, 1935,
Grundriß

6
Umzeichnung des
Grundrisses aus der
doppelten L-Form

8
Ludwig Mies
van der Rohe,
Haus Hubbe, Projekt,
Magdeburg, 1935.
Axonometrie eines frühen
Stadiums, Tinte auf Papier,
21,5 x 29,7 cm, DAM

7
Umzeichnung der
Außen- und Innen-
bereich-Diagonalen

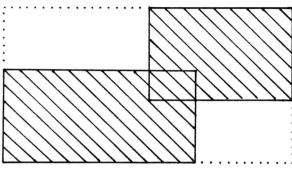

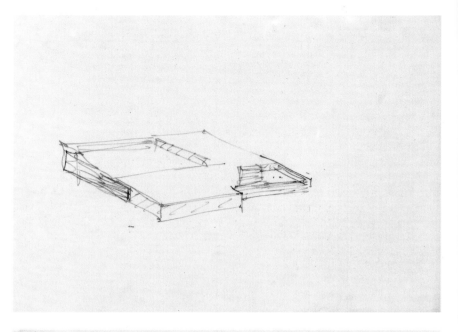

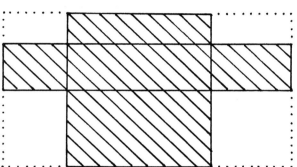

9 Umzeichnung des Grundrisses mit vier Höfen

11
Ludwig Mies van der Rohe,
Haus Hubbe, Projekt,
Magdeburg, 1935.
Perspektivische Ansicht
des Innenraums,
Tinte auf Papier,
21,5 x 29,7 cm, DAM

10
Ludwig Mies van der Rohe,
Haus Hubbe, Projekt,
Magdeburg, 1935.
Grundrißvariante, Tinte auf
Papier, 21,5 x 29,7 cm, DAM

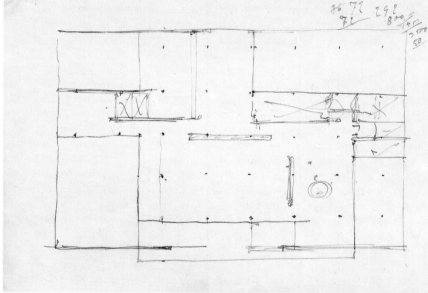

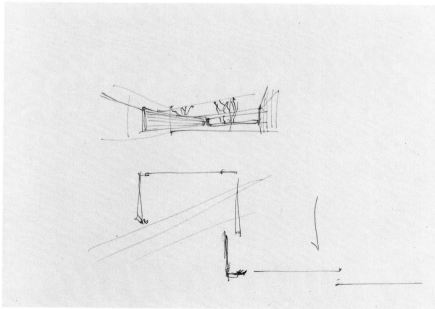

dar. Mies benutzte ein Stützensystem, das ermöglichte, große Glasflächen einzusetzen, denn die
Außenwände hatten keine tragende Funktion mehr.
Die Leichtigkeit des Baukörpers wurde suggeriert.
Mies negierte die herkömmliche Funktionsbestim-
mung der einzelnen Räume und gruppierte statt
dessen die Räume zu Funktionseinheiten.

Die Skizzen zeigen die gedanklichen Schritte zu
diesem Plan. Mies transformierte verschiedene
Ideen der Hofhäuser in das Haus Hubbe. Ange-
nommen werden bei der Planung folgende Forderungen: ein rechteckiges Grundstück, Verbindung
von Innen- und Außenraum sowie rechteckige
Module. So sind als Planungsergebnisse die folgenden Überlegungen von Mies zu erkennen. (Die sche-
matischen Umzeichnungen stammen von der Auto-
rin und sollen die Planungsstadien verdeutlichen.)

Bei der ersten Variante (Abb. 7, 8) existieren
Außen- und Innenbereich->Diagonalen<, die sich zwar
schneiden, aber keine Verschmelzung ergeben. In

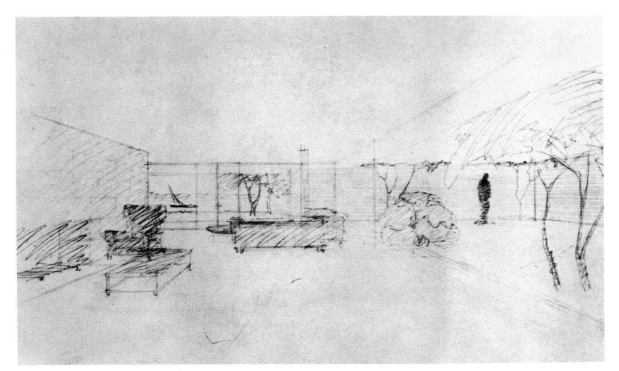

12
Ludwig Mies van der Rohe,
Haus Hubbe, Projekt,
Magdeburg, 1935.
Wohnzimmer, perspek-
tivische Ansicht

der zweiten Variante (Abb. 9, 10) wird der zu bebauende Raum durch ein Kreuz aufgeteilt. So ergeben sich vier Höfe, die von den Mittellinien der Rechtecke getrennt werden. In einer weiteren Skizze von Mies (Abb. 11) wird die Überlegung einer Durchsicht von innen nach außen dargestellt, wobei eine Annäherung an die ausgereifte Perspektive (Abb. 12) gezeigt wird. Die nächste Grundrißvariante zeigt, daß Mies von den vier Höfen abgeht und zwei Höfe verbindet oder trennt, je nach der Materialwahl (Abb. 13, 14). Die in Abb. 11 zu sehende Mauer wird in Abb. 14 realisiert.

Erinnert sei an die Beschreibung des Grundstücks von Mies und die Aussage, daß der Blick nach Süden reizlos war. So wurde der Innenhof durch eine Mauer nach Süden hin geschlossen. Das gleiche wurde zur nördlichen Seite geplant (Abb. 15, 16). Die Zeichnungen Abb. 14 und 16 zeigen einen ähnlichen Grundriß. Auf beiden Blättern wurden die freistehenden Wände als Zeichen der Verschmelzung geplant. Umgekehrt könnte aber dieses Zeichen als Aufhebung angesehen werden, da der obere Teil der T-Formation abschirmend zum Wohntrakt wirkt. Stellt man sich den Eingangsbereich und den nord-östlichen Hof in Gedanken gefliest vor, so erhält dieser Grundriß wieder die ineinander verschlungenen L-Formen, wie in der ersten Umzeichnung (Abb. 6) dargestellt.

Mies van der Rohe hat mit dem Haus Hubbe Raum geschaffen, der im Inneren vielfältige Blicke schafft: freien Blick in die Landschaft, Blicke, die nur die Architektur betreffen, Gartenhöfe, die eine

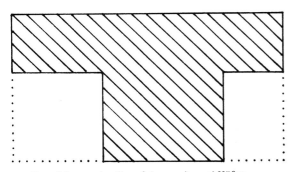

13   Umzeichnung des Grundrisses mit zwei Höfen

14
Ludwig Mies van der Rohe,
Haus Hubbe, Projekt,
Magdeburg, 1935.
Grundrißvariante,
Tinte auf Papier,
21,5 x 29,7 cm, DAM

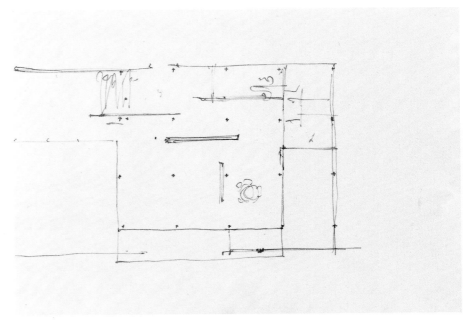

16
Ludwig Mies
van der Rohe,
Haus Hubbe, Projekt,
Magdeburg, 1935.
Grundrißvariante,
Tinte auf Papier,
21,5 x 29,7 cm. DAM

15
Umzeichnung des Grundrisses
mit südlich abgeschlossenen
Innenhöfen

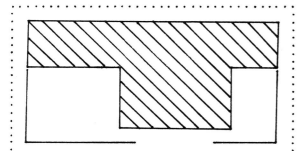

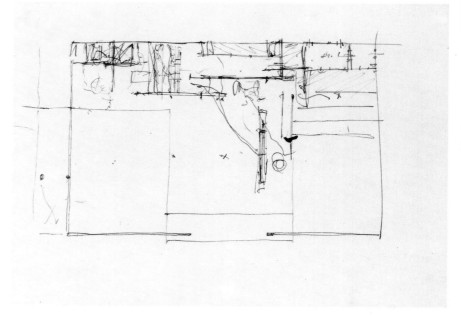

künstliche Landschaft darstellen. Die Höfe sind
durch ihre Zwitterstellung die Plätze, in denen
Skulpturen plaziert werden. Wie schon bei den
Überlegungen zu den Häusern Esters und Lange
spielt der Raum für Kunstwerke eine gleichberech-
tigte Rolle im Verhältnis zur Architektur.

Die Zeichnungen des DAM zeigen nicht nur Sta-
dien der Planung für das Haus Hubbe, vielmehr
beinhalten sie einen Querschnitt durch das Schaffen des Architekten. Ein besonderer Schwerpunkt
liegt bei Mies van der Rohe in universalistischen
Darstellungsabsichten, bei denen zusätzlich zu den
Kunstwerken der De-Stijl-Gruppe funktionelle Aspekte Berücksichtigung finden müssen.

Anmerkungen

1 Zitiert nach *Programme und Manifeste zur Architektur des 20. Jahrhunderts*, herausgegeben von Ulrich Conrads, Frankfurt/Wien 1964
2 ›Theo van Doesburg: der Wille zum Stil‹, in : *Theo van Doesburg 1883–1931*, Ausst. Kat. van Abbemuseum, Eindhoven 1968
3 Arnold Schink, *Mies van der Rohe*, Stuttgart 1990
4 Begriff von Max Imdahl
5 Richard Padovan, ›Machines à méditer‹, in: *Der vorbildliche Architekt*, (Hg. Bauhaus Archiv), Berlin 1986
6 J. W. Jacobs, ›Über den Zusammenhang zwischen Innen und Außen im Werke Ludwig Mies van der Rohes (1886–1969)‹, Diplomarbeit am Fachbereich 14 der TU Berlin, 1989
7 Julian Heynen, in: *Dreißig Jahre durch die Kunst*, Ausst. Kat. Krefeld 1985
8 ›Haus H., Magdeburg‹, in: *Die Schildgenossen* 14. Jg., Heft 6, 1935

Die Autoren

WOLFGANG BACHMANN
geboren 1951, Chefredakteur der Architekturzeitschrift ›Baumeister‹, München.

ACHIM FELZ
geboren 1933, lebt und arbeitet in Berlin als freier Architekt.

NIELS GORMSEN
geboren 1927, Architekt und Stadtplaner, seit 1990 Stadtrat für Stadtentwicklung und Raumplanung der Stadt Leipzig.

KATHARINA HEGEWISCH
Studium der Kunstgeschichte am Courtauld Institute in London und an der Universität Heidelberg, seit 1978 freie Kunstkritikerin unter anderem für die Frankfurter Allgemeine Zeitung.

FALK JAEGER
geboren 1950, Architekturhistoriker und -kritiker, Inhaber des Lehrstuhls für Architekturtheorie an der Technischen Universität Dresden.

LOTHAR JUCKEL
geboren 1929, freier Architekt und Publizist in Berlin, Herausgeber der Edition StadtBauKunst, Redakteur des Architektur Jahrbuches Berlin, wissenschaftlicher Sekretär der Deutschen Akademie für Städtebau und Landesplanung.

URSULA KLEEFISCH-JOBST
geboren 1956, Kunsthistorikerin mit Forschungsschwerpunkt in mittelalterlicher und moderner Architekturgeschichte, lebt in Kronberg.

HANS KOLLHOFF
geboren 1946 in Lobenstein/Thüringen; Studium der Architektur und Diplom an der Universität Karlsruhe 1975; seit 1978 Büro in Berlin; seit 1990 Professor für Architektur und Konstruktion an der Eidgenössischen Technischen Hochschule in Zürich.

STEFFEN KRÄMER
geboren 1963, promoviert im Fach Kunstgeschichte an der Universität München.

STEFAN W. KRIEG
geboren 1956, Kunsthistoriker, arbeitet am Sonderforschungsbereich 315 ›Erhalten historisch bedeutsamer Bauwerke‹ an der Universität Karlsruhe. Forschungen zur Architektur der italienischen Renaissance und des 19. und 20. Jahrhunderts.

KARIN LEYDECKER
geboren 1956, Journalistin, Architektur- und Kunstkritikerin, lebt in Rheinland-Pfalz.

ANGELI SACHS
geboren 1956, Kunsthistorikerin, lebt in Wiesbaden.

ROMANA SCHNEIDER
geboren 1952, Architekturhistorikerin, seit 1990 wissenschaftliche Mitarbeiterin am Deutschen Architektur-Museum, Arbeitsschwerpunkt: Ausstellungstrilogie ›Moderne Architektur in Deutschland 1900–1950‹.

SABINE SCHNEIDER
geboren 1960, Redakteurin der Architekturzeitschrift ›Baumeister‹ in München.

ULRICH MAXIMILIAN SCHUMANN
geboren 1964, Kunsthistoriker, Assistent am Lehrstuhl für Geschichte des Städtebaus der Eidgenössischen Technischen Hochschule in Zürich.

ANSGAR STEINHAUSEN
geboren 1966, Kunsthistoriker und Journalist, tätig unter anderem für die ›Frankfurter Allgemeine Zeitung‹, lebt in Freiburg.

ANETTE STRUCK
geboren 1961 in Dortmund; Studium der Rechtswissenschaften und Kunstgeschichte; Arbeit am Kaiser-Wilhelm-Museum, Krefeld, Museum am Ostwall, Dortmund, und dem Deutschen Architektur-Museum, Frankfurt; lebt in Dortmund und Stuttgart.

WILFRIED WANG
geboren in Hamburg, Architekturstudium in London, Büro in London mit John Southall, Mitherausgeber der Zeitschrift ›9 H‹, Lehrauftrag an der Graduate School of Design an der Universität Harvard.